纲鉴易知录评注

七

国务院参事室　中央文史研究馆　编

中华书局

纲鉴易知录卷八二

　　卷首语：本卷起宋高宗绍兴二十三年
(1153)，止宋孝宗隆兴元年(1163)，共记载十一
年的史事。在这段时期，秦桧专权结束，宋高宗
亲掌政务，调整人事，但为政基调未变。绍兴三
十一年(1161)，金完颜亮大举南侵，在采石之败
后因政变被杀，金世宗完颜雍被拥立即位。宋高
宗禅让退位，宋孝宗受禅继位，任命张浚主持北
伐，遭遇符离之败。宋金双方在结束战争的共识
下，达成隆兴和议，恢复和平。宋金关系及各自
的内政进入新的阶段。

南宋纪

高宗皇帝

〔金迁都于燕京〕

纲 癸酉,二十三年(绍兴二十三年,1153)①,春三月,金迁都于燕。

目 金主自上京至燕京,初备法驾,下诏改元。以燕,列国之名,不当为京师号,遂改燕京为中都大兴府,汴京为南京,削上京之名止称会宁府。又改中京大定府为北京,而东京辽阳府、西京大同府如旧。

纲 冬,宋朴罢,以史才签书枢密院事。

纲 甲戌,二十四年(1154)②,春正月,地震。

纲 夏六月,史才罢,以魏师逊签书枢密院事。

纲 秋七月,张俊卒。

目 俊握兵最早,屡立战功,帝于诸将中眷注特厚③。然忌刘锜,附秦桧杀岳飞,为世所鄙薄焉。

纲 以敷文阁待制秦埙(xūn)修撰实录院④。

---

① 金贞元元年。
② 金贞元二年。
③ 眷注:眷念,关注。
④ 敷文阁:收藏宋徽宗文集、书法等的殿阁。秦埙:秦桧之孙,秦熺之子。

纲 冬十一月,魏师逊罢,以施巨参知政事,郑仲熊签书枢密院事。加秦
　　熺少傅,封嘉国公。

纲 乙亥,二十五年(1155)①,夏四月,施巨罢。

纲 六月,郑仲熊罢,以汤思退签书枢密院事。

纲 改岳州为纯州②,岳阳军为华阳军③。

目 或言"岳州乃岳飞驻军之地,又与其姓同,乞改之。"盖以媚秦桧也。
　　岳州人谓:"飞驻军乃鄂州,于我州何与而改之?"

纲 金汴京火。

纲 秋八月,下赵鼎子汾等于大理狱④。

目 秦桧于一德格天阁书赵鼎、李光、胡铨三人姓名,必欲杀之。及鼎死
　　而憾不已。江西运判张常先笺注前帅张宗元与张浚诗⑤,言于朝,其
　　词连逮者数十家⑥,将诬以不轨而尽去之。会汪召锡告宗室知泉州
　　令衿(jīn)观桧《家庙记》,口诵"君子之泽,五世而斩",谪居汀州⑦。
　　桧乃讽殿中侍御史徐喆(zhé)论赵汾与令衿饮别厚赆(jìn)⑧,必有奸
　　谋。诏送汾、令衿大理鞫问,使汾自诬与张浚、李光、胡寅、胡铨等五

----

① 金贞元三年。
② 岳州:治今湖南岳阳市。
③ 岳阳军:藩镇名,治岳州。
④ 大理狱:大理寺下设的监狱。
⑤ 运判:转运司判官。
⑥ 连逮:牵连。
⑦ 汀州:治今福建长汀县。
⑧ 赆:临别赠与财物。

十三人谋大逆。狱成,而桧病不能书矣。

纲 以董德元参知政事。

纲 冬十月,徙洪皓于袁州,未至卒。

目 皓居英州九年,始复朝奉郎①,徙袁州,至南雄卒。卒后一日,秦桧死。
皓久在北庭,为金人所敬。既归,金人至,必问皓为何官,居何地。不
幸为桧所忌,不死于敌国,而死于谗慝(tè)②,闻者悼之。

〔秦桧死〕

纲 进封秦桧为建康郡王,加其子熺少师,并致仕。是夕,桧死。

目 桧病,帝幸其第问焉,无一语,惟流泪而已。熺奏请:"代居相位者为
谁?"帝曰:"此事卿不当与。"帝还宫,命沈虚中草桧及熺制,并令致
仕。是夕,桧卒,赠申王,谥忠献。

　桧居相位十九年,倡和误国,忘仇斁(dù)伦③,包藏祸心,劫制君父,郡
国事惟申省,无至上前者。同列论事上前,未尝力辨,但以一二语倾
挤之,俾帝自怒,一时忠臣良将,诛锄略尽。其顽钝无耻者,率为桧
用,争以诬陷善类为功。晚年残忍尤甚,屡兴大狱。开门受赂,富敌
于国,外国珍宝,死犹及门。桧每事与帝争胜,其势渐不可制。桧既
死,帝谓杨存中曰:"朕今日始免防桧逆谋矣。"

纲 黜秦桧姻党。十一月,释赵汾及李孟坚、王之奇等自便。

----

① 朝奉郎:文臣寄禄官,正七品。
② 谗慝:进谗陷害。
③ 斁伦:败坏伦常。

纲以魏良臣参知政事。

纲十二月,复张浚、胡寅、张九成等二十九人官,徙李光、胡铨于近州。

纲丙子,二十六年(1156)①,春正月,追复赵鼎、郑刚中等官。

纲二月,魏良臣罢。

〔罢宰相兼枢密使〕

纲三月,罢宰相兼枢密使。

纲以万俟卨参知政事。

纲窜东平进士梁勋于远州。

目勋上书言:"金人必举兵,宜为之备。"帝怒,编管勋于千里外州军,而下诏曰:"讲和之策,断自朕志,秦桧但能赞朕而已,岂以存亡而渝定议邪? 近者无知之辈,鼓倡浮言,以惑众听,朕甚骇之! 自今有此,当重置典宪。"

纲夏五月,以沈该、万俟卨为左、右仆射,并同平章事。汤思退知枢密院事。

目初,秦桧病笃,召董德元、汤思退至卧内,属以后事,各赠黄金千两。德元虑桧以为自外②,不敢辞;思退虑桧以为期其死,不敢受。帝闻思退不受,以为非桧党,遂信任之。

---

① 金正隆元年。

② 自外:怀有贰心。

纲六月,以程克俊参知政事。

〔宋钦宗卒于金国〕

纲靖康帝卒于金。

纲秋七月,彗出井①,诏求直言。

纲八月,程克俊罢,以张纲参知政事。

目纲初为给事中,以秦桧用事,遂致仕,卧家者二十余年。尝书座右曰:
　　"以直行己,以正立朝,以静退高天下。"其笃守如此。

纲九月,以陈诚之同知枢密院事。

纲冬十月,复安置观文殿大学士张浚于永州。

目浚去国二十年,天下士无贤不肖,莫不倾心慕焉。金使至,必问浚安
　　在,惟恐其复用,而秦桧惧其正论害己,必欲杀之。桧死,乃复观文殿
　　大学士,判洪州。时丧母将归葬,会星变求直言,浚虑虏数年间,势必
　　求衅用兵,而吾方溺于宴安,谓虏可信,莫为之备。沈该、万俟卨居相
　　位,尤不厌天下望②。自以大臣义同休戚,不敢以居丧为嫌,乃上疏
　　极言。沈该、万俟卨、汤思退谓"敌未有衅,而浚乃若祸在年岁间者",
　　皆笑其狂。台谏汤鹏举、凌哲等论浚"名在罪籍,唱异议以动国是,若
　　使归蜀,恐或远方生患"。复安置永州。

_____

① 井:二十八星宿之一。
② 厌:满足。

纲 丁丑,二十七年(1157),春二月,以汤鹏举参知政事。

纲 三月,万俟卨卒。夏六月,以汤思退为尚书右仆射、同平章事。秋八月,以汤鹏举知枢密院事。九月,张纲罢,以陈康伯参知政事。冬,汤鹏举免。

纲 戊寅,二十八年(1158),春二月,以陈诚之知枢密院事,王纶同知院事。

纲 秋七月,金以李通参知政事。

纲 九月,以王刚中为四川制置使。

目 初,刚中言:"夷狄之情,强则犯边,弱则请盟。今勿计其强弱,而先择将帅,蒐士卒①,实边储,备军械,加我数年,国势富强,彼请盟则为汉文帝,犯边则为唐太宗。"上壮其言,会西蜀谋帅,帝曰:"无如王刚中矣。"遂有是命。

纲 冬十月,金营汴宫。

纲 己卯,二十九年(1159),春二月,金籍诸路兵,造战具。

纲 夏五月,贬礼部侍郎孙道夫知绵州②。

目 道夫使金还,具奏金有南侵之意。帝曰:"朝廷待之甚厚,彼以何名为兵端?"道夫曰:"彼身弑其君而夺之位,兴兵岂问有名!"汤思退、沈该不以为然。道夫每对帝,辄言武事,该疑其引用张浚,忌之,故贬。

---

① 蒐:检阅。

② 绵州:治今四川绵阳市。

纲 六月,陈诚之罢,沈该免。秋七月,以贺允中参知政事。

纲 八月,召监潭州南岳庙朱熹①,不至。

目 熹,徽州婺源人②,少有求道之志。父松,知饶州,疾亟,属熹曰:"胡
宪、刘勉之、刘子翚(huī)三人,学有渊源,吾所敬畏。吾即死,汝往事
之。"熹奉以告而禀学焉。既博求之经传,复遍交当世有识之士。及
举进士,为泉州同安县主簿③,罢归。闻延平李侗学于罗从彦,得伊洛
之正④,徒步往从之。其学大要穷理致知,反躬践实,而以居敬为主。
筑室武夷山中,四方游学之士从之者如市。上闻其贤,故召之,熹卒
不至。

宪,安国从子,生而静悫⑤,不妄笑语。绍兴中与勉之同入太学,时禁
伊洛之学,宪与勉之求得程颐书,潜钞默诵,夜以继日。闻涪陵谯定
受易学于颐⑥,二人往从受业,久未有得,定曰:"心为物渍⑦,故不有
见,惟学乃可明耳。"宪悟曰:"所谓学者,非克己工夫邪?"自是一意
下学,不求人知。一旦揖诸生归崇安故山⑧,力田卖药,以奉其亲,从
游日众,号籍溪先生。仕终秘书省正字⑨。朱熹尝言从宪及勉之、子

---

① 监潭州南岳庙:宫观官,优享俸禄而无职事。
② 徽州:治今安徽歙县。婺源:县名,今江西婺源县。
③ 同安县:今福建厦门市翔安区。
④ 伊洛之正:伊洛之学的正统。程颢、程颐讲学于伊河洛水之间,故称其学派为伊洛之学。
⑤ 静悫:沉静谨慎。
⑥ 涪陵:郡名,指涪州。
⑦ 渍:浸染。
⑧ 崇安:县名,今福建武夷山市。
⑨ 秘书省正字:秘书省属官,掌校定典籍、刊正文字。

羣三君子游,而事籍溪先生为久,得其学为多。

勉之从谯定、刘安世、杨时受学,卒业乃还崇安,结草堂读书其中。力耕自给,澹然无求于世,惟与宪、子翬日相往来讲论,学者踵至,勉之随其才器为说圣贤之道,因以女妻熹,门人号曰白水先生。

子翬,韐(gé)仲子,以父死国难,痛愤致疾,弃兴化通判,隐居武夷山中者十七年。与宪、勉之交相得,每见,讲学外无杂言,他所与游,皆知名士,而期以任重致远者朱熹而已。熹初从子翬游,子翬以《易》之"不远复"三言①,俾佩之终身。学者称为屏山先生。

纲 九月,以汤思退、陈康伯为尚书左、右仆射,并同平章事。

纲 皇太后韦氏崩。

纲 冬十月,以王纶知枢密院事。

纲 庚辰,三十年(1160),春正月,以叶义问同知枢密院事。

〔宋高宗以普安郡王赵瑗为皇子〕

纲 二月,以普安郡王瑗为皇子,更名玮,进封建王。

目 初,帝知瑗之贤,欲立为嗣,恐太后意所不欲,迟回久之。及后崩,帝问吏部尚书张焘以方今大计,对曰:"储嗣者,国之本也。天下大计,无逾于此。今两邸名分宜早定②。"帝喜曰:"朕怀此久矣,开春当议典礼。"焘顿首谢。至是,利州提点刑狱范如圭,掇至和、嘉祐间名臣

---

① 不远复:失之未远,能复于善。
② 两邸:普安郡王、恩平郡王府邸,借指二郡王。

奏章,凡二十六篇,合为一书,囊封以献,请断以至公勿疑。帝感悟,即日下诏以普安郡王为皇子,加恩平郡王璩开府仪同三司,判大宗正寺,称皇侄。

綱夏六月,王纶罢。秋七月,以叶义问知枢密院事,朱倬(zhuō)参知政事。

目倬初以张浚荐,自宜兴簿入对,时方以刘豫为忧,倬策其必败。帝大喜,而秦桧恶之,出为越州教授。桧死,倬知惠州,陛辞,因言前事,帝问:"卿何久淹如此①?"倬言:"为桧所扼②。"帝愀然慰谕,目送之,且曰:"人不知卿,惟朕独知。"遂累擢至中丞,论事多所裨益,帝信任之。

綱八月,贺允中致仕。

綱九月,以李宝为浙西副总管。

目宝尝陷金,拔身自海道来归,至是召对,询以北事,历历如数,乃授官,令于平江督海舟捍御。

綱冬十二月,汤思退有罪,免。

目侍御史陈俊卿论思退"挟巧诈之心,济倾邪之术,观其所为,多效秦桧。盖思退致身,皆秦桧父子恩也。宜寘之宪典"。遂奉祠。

綱初行会子。

目户部侍郎钱端礼被旨造会子。储见钱于城内外流转,其合发官钱,并

---

① 淹:滞留,停滞。
② 扼:阻碍。

许兑会子,输左藏库①。初行于两浙,遂通行诸州。

纲 辛巳,三十一年(1161)②,春正月朔,日食,帝不受朝。

纲 风、雷、大雨雪。

目 侍御史汪澈言:"《春秋》鲁隐公时大雨,震电,继以雨雪。孔子以八日之间,再有大变,谨而书之。今一夕之间,二异交至,阴盛也。今臣下无奸萌,戚属无乖剌(là)③,而又无女谒之私④,意者殆为夷狄乎?愿陛下饬大臣,当谨于备边也。"

纲 二月,分经义、诗赋为两科以取士。

目 礼部侍郎金安节言:"熙宁、元丰以来,经义、诗赋,废兴离合,随时更革。近合科以来,通经者苦赋体雕刻,习赋者病经旨渊微,心有弗精,业难兼济,后进往往得志,而老生宿儒多困也。请复立两科,永为成宪。"从之。

纲 三月,以杨椿参知政事。

纲 以陈康伯、朱倬为尚书左、右仆射,并同平章事。

纲 以吴拱知襄阳府。

目 先是,陈康伯以金人必败盟,请早为之备。及闻金人决欲败盟,乃召

① 左藏库:国库。
② 金正隆六年;十月改元大定。
③ 乖剌:违逆,乖戾。
④ 女谒:后宫妇人请托。

杨存中及三衙帅至都堂议举兵①，又诏侍从、台谏集议。康伯传上旨曰："今日更不论和与守，直问战当如何？"时上意雅欲视师，内侍省都知张去为阴沮用兵②，且陈退避策，中外妄传幸闽、蜀，人情汹汹。朱倬无一语。康伯奏曰："金敌败盟，天人共愤。今日之事，有进无退。圣意坚决，则将士之意自倍。愿分三衙禁旅助襄汉，待其先发应之。"乃以利州西路都统制吴拱知襄阳，部兵三千戍之。拱，玠之子也。

〔金完颜亮图谋侵宋〕

纲　夏五月，金主亮使人来求汉淮之地③，始闻靖康帝之丧。

目　金主亮尝密隐画工于奉使中，俾写临安湖山以归，为屏，而图己之像，策马于吴山绝顶④，题诗其上，有"立马吴山第一峰"之句。至是，遣其签书枢密院事高景山、右司员外郎王全来贺天中节⑤。亮谓全曰："汝见宋主，即面数其焚南京宫室⑥、沿边买马、招致叛亡之罪。当令大臣来此，朕将亲诘之。且索汉淮之地；如不从，则厉声诋责之，彼必不敢害汝。"盖欲激怒以为南侵之名也。又谓景山曰："回日以全所言奏闻。"全至临安，一如金主之言以诋帝，帝谓全曰："闻公北方名家，何乃如是？"全复曰："赵桓今已死矣。"帝始闻渊圣崩，遽起发哀而

---

① 三衙：殿前司、侍卫亲军马军司、侍卫亲军步军司。
② 内侍省都知：宦官名，内侍省长官。沮：阻止。
③ 汉淮之地：汉水及淮水流域，泛指淮河以南、长江以北一带。
④ 吴山：在今浙江杭州市。
⑤ 天中节：据《宋史·高宗本纪》当作"天申节"。天申节为宋高宗诞节，在五月二十一日。
⑥ 南京：金朝南京，开封府。

罢①,诏持斩衰三年。

纲 以吴璘为四川宣抚使。

纲 六月,以刘锜为江淮、浙西制置使,屯扬州。

〔金迁都于汴京〕

纲 金主亮迁都于汴。

纲 秋七月,金大括马于诸路②。

〔完颜亮杀宋辽宗室〕

纲 金主大杀宋、辽宗室之在其国者。

纲 八月,宿迁人魏胜起兵复海州,诏以胜知州事。

目 胜多智勇,应募为弓箭手,居山阳,及金人籍诸路民为兵,胜跃曰:"此其时也!"聚义士三百,北渡淮,取涟水军,宣布朝廷德意,不杀一人。金知海州事高文富遣兵捕胜,胜迎击走之,追至城下,文富闭门固守。胜令城外多张旗帜,举烟火为疑兵,又使人向诸城门谕以金人弃信背盟,无名兴兵,及本朝宽大之意,城中人闻即开门,独文富与其子安仁率牙兵拒之。胜杀安仁,擒文富,民皆安堵如故。

〔完颜亮举国南侵〕

纲 金主亮弑其太后徒单氏,九月,遂大举入寇。

————————

① 发哀:举行哀悼仪式。
② 括马:征集民间马匹。

目 徒单后闻亮欲南侵,数以言谏之。亮不悦,寻弑之。遂分诸道兵为三十二军。九月,亮戎服乘马,具装启行,妃嫔皆从,众六十万,号百万,毡帐相望,钲(zhēng)鼓之声不绝①。李通造浮梁于淮水之上,将自清河口入淮东②。远近大震。

纲 以黄祖舜同知枢密院事。

纲 金人犯黄牛堡③,吴璘等败之,遂复秦、陇、洮(táo)三州④。

纲 刘锜遣兵复泗州。

纲 高平人王友直起兵复大名⑤,遣使入朝。

目 友直幼从父佐游,志复中原,闻金主亮渝盟,乃结豪杰谓之曰:"权所以济事,权归于正,何害于理?"即矫制自称河北等路安抚制置使⑥,以其徒王任为副使,遍谕州县勤王。未几,得众数万,制为十三军,置统制官以统之。进攻大名,一鼓而克。抚定众庶,谕以绍兴年号,遣人入朝奏事。未几,自寿春来归⑦,诏以为忠义都统制⑧。

纲 冬十月,金人围海州;魏胜、李宝合击,大败之。

_____

① 钲鼓:行军时击鼓表示前进,敲钲表示停止。
② 清河口:即清口,在今江苏淮安市。
③ 黄牛堡:在今陕西凤县。
④ 洮:州名,治今甘肃临潭县。
⑤ 高平:据《宋史·高宗本纪》,王友直为博州人。博州,治今山东聊城市。大名:府名,治今河北大名县。
⑥ 矫制:假托君命行事。
⑦ 寿春:北寿春府,治今安徽凤台县。
⑧ 忠义都统制:南宋将活跃在华北的民间抗金武装称为忠义军,授其首领以都统制等职。

⿰纟冈金人渡淮，刘锜进军楚州以拒之。

〔金世宗完颜雍即位〕

⿰纟冈金人立曹国公乌禄为帝于辽阳，更名雍。

⿴囗目金东京留守乌禄①，许王讹里朵之子②，太祖之孙也。性仁孝，沉静明达，众心归之。会故吏六斤自汴还，具言金主弑母等事，且曰："将遣使害宗室兄弟矣。"乌禄惧，谋于其舅兴元少尹李石③，石劝乌禄先杀副留守高存福。乌禄遂御宣政殿即位，改元大定，下诏暴扬亮罪恶数十事④。

⿰纟冈刘锜将王权军溃于昭关，锜引还扬州。金主亮入庐州。

⿰纟冈帝亲征，诏叶义问督视江淮军马，虞允文参谋军事⑤。

⿴囗目帝闻王权败，召杨存中至内殿议御敌之策，因命存中就陈康伯议欲航海避敌。康伯延之入，解衣置酒。帝闻之，已自宽。明日，康伯入奏曰："闻有劝陛下幸越趋闽者，审尔⑥，大事去矣。盍静以待之。"一日，帝忽降手诏曰："如敌未退，散百官。"康伯焚诏而后奏曰："百官散，主势孤矣。"帝意既坚，康伯乃请下诏亲征，帝从之。以叶义问督视江淮军马，

---

① 东京留守：金国东京辽阳府留守司的长官。
② 讹里朵：汉名完颜宗辅，金太祖之子。
③ 兴元：据《金史·世宗纪上》当作"兴中"。兴中府，治今辽宁朝阳市。
④ 暴扬：暴露传扬。
⑤ 参谋军事：据"目"文与《宋史·刘锜传》，当作"参赞军事"。
⑥ 审尔：果真如此。

中书舍人虞允文参赞军事,寻以杨存中为御营宿卫使①。

纲王权退屯采石,金主亮入和州。

纲李宝大破金人于陈家岛②,杀其将完颜郑家③。

纲金人陷扬州,刘锜遣兵拒于皂角林④,大败之。

纲十一月,召张浚判建康府。

目殿中侍御史陈俊卿上疏,极言浚忠荩。帝悟,乃诏复官,判建康。浚至岳阳,买舟,冒风雪而行。时金兵充斥,浚遇东来者,云:"敌兵方盛,焚采石,烟焰涨天,慎毋轻进!"浚曰:"吾赴君父之急,知直前求乘舆所在而已!"遂乘小舟径进,时长江无一舟敢行北岸者。

纲编管王权于琼州,以李显忠代将其军。

纲金人侵瓜洲,叶义问使中军统制刘汜(sì)御之,败绩,义问走建康。

〔虞允文采石之捷〕

纲虞允文大败金军于采石。金主亮趋扬州。

目亮筑台江上,自披金甲登台,杀黑马以祭天,以一羊、一豕投于江中,誓明日渡江,晨炊玉麟堂,先济者与黄金一两。亮置黄旗、红旗于岸上,以号令进止。

---

① 御营宿卫使:掌皇帝出行宿卫之事。
② 陈家岛:在今山东胶州市。
③ 完颜郑家:据《宋史·高宗本纪》《李宝传》,当作"完颜郑家奴"。
④ 皂角林:在今江苏扬州市。

时叶义问命虞允文往芜湖迎李显忠交王权军①,且犒师。允文至采石,权已去,显忠未来,敌骑充斥,官军三五星散,解鞍束甲坐道旁,皆权败兵也。允文谓坐待显忠则误国事,遂立召诸将,勉以忠义,曰:"金帛、告命皆在此②,以待有功。"众曰:"今既有主,请死战。"或谓允文曰:"公受命犒师,不受命督战,他人坏之,公受其咎邪!"允文叱之曰:"危及社稷,吾将安避?"乃命诸将列大阵不动,分戈船为五,其二并东、西岸③;其一驻中流,藏精兵待战;其二藏小港,备不测。部分甫毕④,敌已大呼,亮操小红旗麾数百艘绝江而来,瞬息之间,抵南岸者七十艘,直薄官军。军小却,允文入阵中,抚统制时俊之背曰:"汝胆略闻四方,立阵后,则儿女子尔!"俊即挥双刀出,士殊死战,中流官军以海鳅船冲敌舟⑤,皆平沉⑥,敌半死半战,日暮未退。会有溃卒自光州至,允文授以旗鼓,从山后转出,敌疑援兵至,始遁。允文又命劲弩尾击追射,大败之。

金兵还和州,会报曹国公已即位于东京,改元大定。亮拊髀(bì)叹曰⑦:"朕本欲平江南,改元'大定',此非天乎!"遂召诸将帅谋北还,率其军趋扬州。

纲刘锜罢,以成闵、李显忠、吴拱为两淮、京湖三路招讨使。

————————

① 芜湖:县名,今安徽芜湖市。交:交接。
② 告命:告身敕命,任官凭证。
③ 并:依傍。
④ 部分:部署。
⑤ 海鳅船:窄小的快船。
⑥ 平沉:沉没。
⑦ 髀:大腿。

目 显忠至采石,虞允文语之曰:"敌入扬州,必与瓜洲兵合。京口无备,我当往,公能分兵相助乎?"显忠分万六千与之,允文遂还京口。时敌屯重兵滁河①,造三闸储水,深数尺,塞瓜洲口。杨存中、成闵、邵宏渊诸军皆集京口,凡二十万。允文命张深守滁河口,扼大江之冲,以苗定驻下蜀为援②。且谒刘锜问疾,锜执允文手曰:"疾何必问!朝廷养兵三十年,一技不施,而大功乃出一儒生,我辈愧死矣!"以疾笃召还,提举万寿观。诏以闵等为招讨使,闵淮东,显忠淮西,拱湖北、京西。

〔完颜亮被杀〕

纲 金主亮为其下所杀。

目 亮至瓜洲,居于金山寺③。虞允文与杨存中临江按试,命战士踏车船,中流上下三周金山,回转如飞。敌持满以待,相顾骇愕。亮笑曰:"纸船耳。"有一将跪奏:"南军有备,不可轻,愿驻扬州,徐图进取。"亮怒,杖之五十,召诸将约以三日济江,否则尽杀之。军士危惧,欲亡归,乃决计于都统制耶律元宜,且曰:"前阻淮,渡皆成擒矣!比闻辽阳新天子即位,不若共行大事,然后举军北还。"元宜然之。诘旦,元宜等帅诸将以众薄亮营,遂杀之。元宜自为左领军副大都督,使人杀太子光英于汴,退军三十里,遣人持檄诣镇江军议和。未几,金军皆北还。

---

① 滁河:在今江苏南京市六合区。
② 下蜀:今江苏句容市下蜀镇。
③ 金山寺:在今江苏镇江市。

綱十二月,成闵、李显忠收复两淮州郡。

綱帝如建康。

目张浚至建康,即具行宫仪物,请车驾临幸,帝从之。帝至建康,张浚迎
　拜道左,卫士见浚,莫不以手加额。浚起复用,风采隐然,军民皆倚
　为重。

綱金主雍入燕。

綱壬午,三十二年(1162),春正月朔,日食。

〔辛弃疾劝耿京归宋〕

綱山东人耿京起兵复东平,遣其将辛弃疾来朝。

目金主亮死,中原豪杰并起,山东忠义耿京据东平,自称天平节度使,以
　齐州历城人辛弃疾掌书记①。弃疾劝京来归,京遣弃疾奉表诣行在。
　帝大喜,厚赉之,以京知东平府。

綱金主雍遣使来聘。

綱二月,以虞允文为川陕宣谕使。

目允文还朝,帝慰藉嘉叹,谓陈俊卿曰:"允文,朕之裴度。"及是陛辞,
　言:"金亮既诛,新主初立,彼国方乱,天相我恢复也②。和则海内气
　沮,战则海内气伸。"帝以为然。允文至蜀,遂与吴璘经略中原。

────────────

① 齐州:济南府。历城:县名,今山东济南市历城区。
② 相:帮助。

纲 帝还临安。

纲 闰月，吴璘复大散关，分兵守和尚原。金人走宝鸡①。

纲 杨椿罢。

纲 太尉、威武节度使刘锜卒。

目 锜以刘汜败，发怒呕血数升，至是卒。赠开府仪同三司，谥武穆。锜慷慨深毅，有儒将风。金主亮之南下也，令有敢言锜姓名者斩，枚举南朝诸将，问其下孰敢当者，皆随名姓以对，其答如响，至锜，莫有应者。亮曰："吾自当之！"惜锜以疾不能成功，赍(jī)恨而没。

纲 耿京将张安国杀京以降金。辛弃疾还，执安国送临安，斩之。

纲 遣起居舍人洪迈使金。

目 金高忠建至临安，议遣使报聘，且贺即位。工部侍郎张阐，请"严遣使之命，正敌国之礼，彼或不从，则有战耳。如是，则中国之威可以复振"。帝然之，遂遣洪迈充贺登极使。迈行，书用敌国礼。帝手札赐迈曰："祖宗陵寝隔阔三十年，不得以时洒扫祭祀，心实痛之！若彼能以河南地见归，必欲居尊如故，正复屈己，亦何所惜！"迈奏言："山东之兵未解，则两国之好不成。"至燕，金阁门见国书不如式②，抑令于表中改"陪臣"二字，朝见之仪必欲用旧礼。迈执不可，金锁使馆三日，水浆不通。及见，金人语不逊，欲留迈，张浩不可，乃遣还。迈，皓季子也。

---

① 宝鸡：县名，在今陕西宝鸡市。
② 阁门：金国宣徽院的下属机构，掌签判阁门事及赞导殿庭礼仪。

纲夏四月,以汪澈参知政事。

纲金人复攻海州,镇江都统张子盖及魏胜大败之。

纲金追废亮为海陵炀王。

〔宋高宗立太子〕

纲五月,立建王玮为皇太子,更名眘(shèn)。

目初,金亮南侵,两淮失守,朝臣多劝帝退避。建王玮不胜其愤,及帝下
诏亲征,玮请率师为前驱。直讲史浩闻之,入言于玮曰:"皇子不宜将
兵。"因为草奏请扈跸以供子职①。帝亦欲玮遍识诸将,遂命从幸金
陵。及还临安,帝欲逊位,陈康伯密赞大议,乞先正名,俾天下咸知圣
意,遂草《立太子诏》以进,帝从之。玮既立,更名眘。

纲罢三招讨司。

纲六月,追封子偁为秀王②。

纲朱倬罢。

〔宋高宗传位太子赵眘〕

纲帝传位于太子,自称太上皇帝,皇后称太上皇后。太子即位,大赦。

纲帝朝太上皇于德寿宫。

———————

① 扈跸:随侍天子出行,负责侍从警戒。
② 子偁:宋孝宗赵眘生父。

纲 以龙大渊为枢密副都承旨①，曾觌(dí)干办皇城司②。

纲 诏中外臣庶陈时政阙失。

目 监南岳庙朱熹上封事③，首言："帝王之学，必先格物致知，以极夫事物之变，使义理所存，纤悉必照，则自然意诚心正，而可以应天下之务。"次言："修攘之计不时定者④，讲和之说疑之也。今虏于我，有不共戴天之仇，则不可和也明矣！愿断以义理之公，参以利害之实，闭关绝约，任贤使能，立纪纲，厉风俗，使吾修政攘夷之外，孑然无一毫可恃为迁延中已之资，而不敢怀顷刻自安之意，更相激厉，以图事功。数年之外，国富兵强，视吾力之强弱，观彼衅之浅深，徐起而图之，中原故地不为吾有而将焉往？"次言："四海利病，系斯民之休戚；斯民之休戚，系守令之贤否。监司者，守令之纲；朝廷者，监司之本。欲斯民之得所，本原之地，亦在朝廷而已。"

〔宋孝宗召张浚入朝〕

纲 秋七月，召张浚入朝，以为江淮宣抚使，封魏国公。

目 帝手书召浚入见，浚至，帝改容曰："久闻公名，今朝廷所恃惟公。"因赐之坐，浚从容言："人主之学，以心为本，一心合天，何事不济？所谓天者，天下之公理而已，必兢业自持⑤，使清明在躬，则赏罚举措无有

———————————

① 枢密副都承旨：枢密院承旨司副长官，佐都承旨掌承宣旨命，通领枢密院事务。
② 干办皇城司：皇城司长官，掌宫城守卫、宫门启闭、亲从官与亲事官名籍等事。
③ 封事：密奏。
④ 修攘：内修政教，抵御外敌。
⑤ 兢业：谨慎戒惧。

不当,人心自归,敌仇自服。"帝竦然曰:"当不忘公言。"加浚少傅、魏
国公,宣抚江淮。

浚见帝英武,力陈和议之非,劝帝坚意以图恢复。欲遣舟师自海道捣
山东,命诸将出师掎(jǐ)角以向中原①。翰林学士史浩以潜邸旧臣②,
时预枢密议,欲城采石、瓜洲。浚言:"不守两淮而守江干③,是示敌
以削弱,怠战守之气,不若先城泗州。"浩不悦,遂与有隙。凡浚所规
画,浩必沮之,竟无成功。

纲 追复岳飞官,以礼改葬。

目 官其孙六人。

纲 八月,以史浩参知政事。九月,罢川陕宣谕使虞允文。

目 浩上言:"官军西讨,东不可过宝鸡,北不可过德顺④。若兵宿于外,
去川口远⑤,则敌必袭之。"朝廷遂欲弃三路⑥。允文上言:"恢复莫先
于陕西,陕西五路新复州郡又系于德顺之存亡,一旦弃之,则窥蜀之
路愈多,利害至重,不可不虑。"于是允文罢知夔州⑦,以王之望代之。
明年,允文入对,言今日有八可战,且以笏画地⑧,陈弃地利害,帝曰:
"此史浩误朕也。"改允文知太平。

---

① 掎角:分兵牵制或夹击敌人。
② 潜邸旧臣:皇帝即位前的僚属。
③ 江干:江岸。
④ 德顺:即德顺军,治今甘肃静宁县。
⑤ 川口:即蜀口,南宋川陕地区抵御金军南下的关隘。
⑥ 三路:宋军收复的秦凤、熙河、永兴三路的部分地区。
⑦ 夔州:治今重庆奉节县。
⑧ 笏:朝会时大臣所执的手板。

纲 冬十月，叶义问罢，以张焘同知枢密院事。

纲 十一月，金以仆散忠义为都元帅，纥(hé)石烈志宁副之。

目 金主以宋不称臣，乃诏忠义总戎事，居南京节制诸军，复令志宁驻军淮阳。忠义将行，金主谕之曰："宋若归侵疆，贡礼如故，则可罢兵。"忠义至汴，简阅士卒，分屯要害。

纲 十二月，诏宰相复兼枢密使。

纲 诏吴璘班师。

孝宗皇帝

纲 癸未，孝宗皇帝隆兴元年(1163)①，春正月，置武举十科。

纲 吴璘还河池，金人遂陷新复十三州、军②。

目 璘得诏，僚属交谏曰："将在军，君命有所不受，此举所系甚重，奈何退师？"璘知朝论主和，乃曰："璘岂不知此！顾主上初政，璘握重兵在远，有诏，璘何敢违？"遂退师还河池。金人乘其后，璘军亡失者三万三千③，部将数十人，连营痛哭，声振原野。于是秦凤、熙河、永兴三路新复十三州、三军，皆复为金取。

纲 以史浩为尚书右仆射、同平章事，兼枢密使。

---

① 金大定三年。

② 军：据"目"文及《建炎以来系年要录》卷一九九，当作"三军"，即积石、镇戎、德顺三军。

③ 三万三千：据《建炎以来系年要录》卷二○○载"正兵三万，得还者仅七千人"，当作"二万三千"。

〔张浚开府建康〕

纲 以张浚为枢密使,都督江淮军马,开府建康。

目 浚荐陈俊卿为宣抚判官。先是,帝召俊卿及浚子栻赴行在,浚附奏,请帝临幸建康以动中原之心,用师淮壖(ruán)以为吴璘声援①。帝见俊卿,问浚动静饮食颜貌,曰:"朕倚魏公如长城,不容浮言摇夺。"浚开府江淮,参佐皆一时之选,栻以少年内赞密谋,外参庶务,其所综画,幕府诸人皆自以为不及。及入奏事,因进言曰:"陛下上念祖宗之仇耻,下闵中原之涂炭,惕然于中②,思有以振之。臣谓此心之发,即天理之所存也。愿益加省察,而稽古亲贤以自辅,无使少息,则今日之功可以立成。"帝大异之。

纲 二月,黄祖舜罢。

纲 三月,以张焘参知政事,辛次膺(yīng)同知枢密院事。

目 初,次膺为右正言,力谏和议,为秦桧所怒,流落者二十年。帝即位,召为中丞,次膺每以名实为言,多所裨益,帝呼其官而不名。若成闵之贪饕(tāo),汤思退之朋比③,叶义问之奸罔④,皆被论罢。每章疏一出,天下韪(wěi)之⑤。渡江已后,直言之臣,称次膺为首。

纲 金人以书来求海、泗、唐、邓、商州之地及岁币。

---

① 淮壖:淮河沿岸。
② 惕然:惶恐忧虑,警觉醒悟。
③ 朋比:勾结阿附,结成私党。
④ 奸罔:奸诈诬罔。
⑤ 韪:是,肯定。

<u>纲</u> 张焘罢。

〔张浚北伐〕

<u>纲</u> 夏四月，张浚使李显忠、邵宏渊分道伐金。

<u>目</u> 帝锐意恢复。张浚入见，乞即日降诏幸建康。帝以问史浩，浩对曰：
"先为备守，是为良规。议战议和，在彼不在此。傥听浅谋之士，时兴
不教之师，寇退则论赏以邀功，寇至则敛兵而遁迹，取快一时，含冤万
世。"及退，诘浚曰："帝王之兵，当出万全，岂可尝试以图侥幸！"复辩
论于殿上，浚因内引①，奏浩意不可回，恐失机会，且谓"金人至秋必
为边患，当乘其未发攻之。"帝然其言，乃议出师渡淮。三省、枢密院
不预闻。会显忠、宏渊亦献捣虹县、灵壁之策②，帝命先图二城。浚
乃遣显忠出濠州趋灵壁，宏渊出泗州趋虹县。

<u>纲</u> 五月，史浩免。

<u>目</u> 省中忽见邵宏渊出兵状，始知不由三省。浩因奏言："张浚锐意用兵，
若一失之后，恐陛下不得复望中原。"因力丐免③。侍御史王十朋论
浩怀奸误国等八罪，遂罢浩知绍兴府。

<u>纲</u> 李显忠复灵壁，遂会邵宏渊复虹县，金将士多降。

<u>目</u> 显忠自濠梁渡淮至陡沟④，金右翼都统萧琦用拐子马来拒。显忠与之

---

① 内引：早朝奏事结束后，大臣被引入内殿，与皇帝继续议政。
② 虹县：今安徽泗县。灵壁：县名，今安徽灵璧县。
③ 丐：乞请，请求。
④ 濠梁：在今安徽凤阳县。陡沟：在今安徽固镇县。

力战,遂复灵壁。显忠入城,宣布德意,不戮一人,于是中原归附者接
踵。宏渊围虹久不下,显忠遣灵壁降卒开谕祸福,金守将蒲察徒穆、
大周仁皆出降。宏渊耻功不自己出,会有降千户诉宏渊之卒夺其佩
刀,显忠立斩之,由是二将不协。未几,萧琦复降于显忠。

〔李显忠宿州之捷〕

纲 张浚渡江,李显忠大败金人,复宿州。

目 显忠兵傅宿州城①,金人来拒,显忠大败其众,追奔二十余里。宏渊至,
谓显忠曰:"招抚真关西将军也。"显忠闭营休士,为攻城计,宏渊等不
从,显忠引麾下杨椿上城开北门,不逾时拔其城,宏渊等殿后趣之,遂复
宿州,中原震动。捷闻,帝手书劳张浚曰:"近日边报,中外鼓舞,十年
来无此克捷。"既而宏渊欲发仓库犒卒,显忠不可,移军出城,止以见钱
犒士,士皆不悦。诏以显忠为淮南、京东、河北招讨使,宏渊副之。

纲 帝率群臣诣德寿宫上寿②。

纲 以辛次膺参知政事,洪遵同知枢密院事。

〔李显忠、邵宏渊符离之溃〕

纲 李显忠、邵宏渊之师溃于符离。

目 纥石烈志宁自睢阳引兵攻宿州③,李显忠击却之。金孛撒复自汴率步

---

① 傅:靠近,迫近。
② 德寿宫:宋高宗退位后所居宫殿。
③ 睢阳:郡名,指金归德府、宋应天府,治今河南商丘市。

骑十万来攻宿州,显忠谓宏渊并力夹击,宏渊按兵不动,显忠独以所部力战,俄而敌大至,显忠用克敌弓射却之。宏渊顾众曰:"当此盛夏,摇扇于清凉且犹不堪,况烈日被甲苦战乎!"人心遂摇,无复斗志。诸将以显忠、宏渊不协,各遁去。宏渊又言:"金添生兵二十万来,傥我兵不返,恐不测生变。"显忠知宏渊无固志,势不可孤立,叹曰:"天未欲平中原邪? 何沮挠如此!"遂夜引还,至符离,师大溃。是举,所丧军资器械殆尽,幸而金不复南。

时张浚在盱眙,显忠往见浚,纳印待罪。浚以刘宝为镇江诸军都统制,乃渡淮入泗州抚将士,遂还扬州,上疏自劾。

纲 六月,汪澈罢,以周葵参知政事。

纲 贬张浚为江淮宣抚使,安置李显忠于筠州①。

目 初,宿师之还,士大夫主和者皆议浚之非。帝赐浚书曰:"今日边事,倚卿为重,卿不可畏人言而怀犹豫。前日举事之初,朕与卿任之,今日亦须与卿终之。"浚乃大饬守备。帝复召浚子入奏事,浚附奏曰:"自古有为之君,心腹之臣相与协谋同志,以成治功。今臣以孤踪,动辄掣肘,陛下将安用之?"因乞骸骨。帝览奏,谓杙曰:"朕待魏公有加,虽乞去之章日上,朕决不许。"帝对近臣言,必曰"魏公",未尝斥其名。至是帝以符离师溃,乃议讲和,召汤思退为醴泉观使,奉朝请,而下诏罪己。于是尹穑(sè)附思退劾浚,遂降授浚特进、枢密使,充宣抚,治扬州。显忠责授果州团练副使②,筠州安置,而邵宏渊仍前建康

① 筠州:据《宋史》卷三三《孝宗本纪一》、卷三六七《李显忠传》,当作"潭州",下同。
② 果州:治今四川南充市。团练副使:无职事,多为贬降官。

都统制。后朝廷知其故,复显忠太尉、奉祠。

纲 辛次膺罢。

目 次膺以疾祈免,且奏曰:"王十朋虽上亲擢,天下皆知臣荐其贤。汤思退召将至,亦知臣尝疏其奸。"遂罢,奉祠。陛辞,帝甚惜其去,次膺奏曰:"臣与思退理难同列。"帝曰:"有谓思退可用者。"次膺曰:"今日之事,恐非思退能办。思退固不足道,窃恐有误国家尔。"

纲 秋七月,以汤思退为尚书右仆射、同平章事,兼枢密使。

纲 八月,复以张浚都督江淮军马。

〔宋金议和〕

纲 金人复以书来求地及岁币,诏淮西安抚干办官卢仲贤报之①。

目 纥石烈志宁以书贻三省、密院云:"故疆、岁币如旧及称臣、还中原归正人②,即止兵;不然,当俟农隙往战。"帝以付张浚,浚言:"金强则来,弱则止,不在和与不和。"汤思退,秦桧党也,急于求和。陈康伯、周葵、洪遵等皆上疏谓:"敌意欲和,则我军民得以休息,为自治之计,以待中原之变而图之,是万全之计也。"工部侍郎张阐独曰:"彼欲和,畏我邪? 爱我邪? 直款我耳③!"力陈六害,不可许。帝意亦然,姑随宜应之。乃遣卢仲贤持报书如金师云:"海、泗、唐、邓等州,乃正隆渝盟之后,本朝未遣使之前得之。至于岁币,固非所较,第两淮凋瘵

① 安抚干办官:安抚使属官,掌处理安抚使司日常事务。
② 中原归正人:中原地区归附、投降宋朝的军民人等。
③ 款:延缓,拖延。

(zhài)之余①，恐未如数。"仲贤陛辞，帝敕以勿许四郡，而思退等命许之。张浚奏"仲贤小人多妄，不可委信"，不听。既而命廷臣议金师所言四事，其说不一。帝曰："四州、岁币可与，名分、归正人不可从也。"

纲 冬十月，立贤妃夏氏为皇后。

纲 十一月，卢仲贤还，有罪除名。遣审议官胡昉如金军。

目 仲贤至宿州，仆散忠义惧之以威，仲贤皇恐，言归当禀命，遂以忠义遗三省、密院书来，上其画定四事：一欲通书称叔侄，二欲得唐、邓、海、泗四州，三欲岁币银绢之数如旧，四欲归彼叛臣及归正人。仲贤还，帝大悔。张浚遣子栻入奏仲贤辱国无状，帝怒，遂下大理，问其擅许四州之罪，夺三官，寻除名窜郴州。

汤思退奏以王之望充金国通问使，龙大渊副之，许割弃四州，求减岁币之半。初，之望为都督府参赞军事，不欲战，请入朝，因奏"移攻战之力以自守。自守既固，然后随机制变，择利而应之"。思退悦其言，故奏遣之。会右正言陈良翰言②："前遣使已辱命，大臣不悔前失，而复遣王之望，是金不折一兵而坐收四千里要害之地，决不可许四郡也。若岁币，则俟得陵寝然后与，庶为有名。今议未决而之望遽行，恐其辱国不止于仲贤。愿先驰一介往，俟议决然后行，未晚也。"遂以胡昉为金国通问所审议官。张浚亦力言金未可与和，请帝幸建康以图进兵。帝乃手诏王之望等并一行礼物并回，待命境上，而令胡昉先往，谕金以四州不可割之意，如必欲得四州，当追使人罢和议矣。

---

① 凋瘵：衰败，困乏。
② 右正言：谏官，掌规谏讽谕。

纲诏廷臣集议和金得失,召张浚还。

目陈康伯等以和金未决,乞召张浚归国特垂咨访,仍命侍从台谏集议,帝从之。群臣多欲从金人所请,张浚及湖北、京西宣谕使虞允文、起居郎胡铨、监察御史阎安中上疏力争,以为不可与和。汤思退怒曰:"此皆以利害不切于己,大言误国,以邀美名,宗社大事,岂同戏剧!"帝意遂定。浚在道闻王之望行,上疏力辨其失曰:"自秦桧主和,阴怀他志,卒成逆亮之祸①。桧之大罪未正于朝,致使其党复出为恶。臣闻立大事者以人心为本,今内外之议未决,而遣使之诏已下,失中原将士四海倾慕之心,他日谁复为陛下用命哉!人心既失,如水之覆,难以复收,而况于天则不顺,于义则不安,窃为陛下忧之!"不听。

纲以朱熹为武学博士②,既而罢之。

目熹应诏入对,言"君父之仇不与共戴天。今日所当为者,非战无以复仇,非守无以制胜。"时相汤思退方倡和议,不悦,除武学博士,后与洪适(kuò)论不合而归。

纲十二月,陈康伯罢,以汤思退、张浚为尚书左、右仆射,并同平章事,兼枢密使。浚仍都督江淮军马。

黄晓巍 评注

张　帆　高纪春 审定

---

① 逆亮之祸:完颜亮南侵。

② 武学博士:学官名。

纲鉴易知录卷八三

卷首语:本卷起宋孝宗隆兴二年(1164),止淳熙十六年(1189),所记为宋孝宗朝二十六年的史事。隆兴北伐后,宋金签订隆兴和议,重归和平。宋孝宗励精图治,广开言路,但也存在任用近幸、为政专断的问题。金国在金世宗的治理下,与民休息,安定兴盛。宋孝宗虽有意北伐,收复中原,却始终未能获得合适的机会。宋高宗去世后,孝宗效法高宗内禅,将皇位禅让给太子赵惇。

南宋纪

孝宗皇帝

纲 甲申,二年(隆兴二年,1164)①,春正月,金人执胡昉,寻遣还。

目 昉至金,金人以失信执之。帝闻昉被执,谓浚曰:"和议不成,天也。
自此事当归一矣。"诏王之望以币还②。既而仆散忠义以书进金主,
金主览之,曰:"行人何罪? 即遣还。边事令元帅府从宜措画③。"

纲 三月,张浚视师江、淮,金军退。

目 汤思退阴谋去浚,令王之望等驿奏:"兵少粮乏,楼橹器械未备④。"又
言:"委四万众以守泗州,非计。"帝惑之。会户部侍郎钱端礼言:"兵
者凶器,愿以符离之溃为戒,早决国是,为社稷至计。"乃诏浚行视江
淮。时浚所招徕山东、淮北忠义之士以实建康、镇江两军,凡万二千
人,万弩营所招淮南壮士及江西群盗,又万余人,陈敏统之以守泗州。
凡要害之地,皆筑城堡。增置江、淮战舰,诸军弓矢器械悉备。金人
方屯重兵为虚声胁和,有"刻日决战"之语,及闻浚复视师,亟撤兵归。
于是淮北之来归者日不绝,山东豪杰悉愿受节度。浚以萧琦契丹望
族,沉勇有谋,欲令尽领降众,且以檄谕契丹,约为应援,金人益惧。

---

① 金大定四年。
② 币:岁币。
③ 元帅府:金国都元帅府,战时设置的统军机构。
④ 楼橹:望楼,瞭望观察敌情的建筑。

纲 夏四月,罢张浚判福州。

目 汤思退讽右正言尹穑论浚跋扈,且费国不赀。浚乃请解督府,凡八上
　疏乞致仕。帝察浚之忠,欲全其去,乃命以少师、保信节度使判福州。
　左司谏陈良翰、侍御史周操言浚忠勤,人望所属,不当使去国,皆
　坐罢。

纲 秋七月,洪遵罢。

纲 撤两淮边备。

〔张浚卒〕

纲 八月,少师、保信节度使、魏公张浚卒。

目 浚既去,朝廷遂决弃地求和之议。浚犹上疏言尹穑奸邪,必误国事,
　且劝帝务学亲贤。或劝浚勿复以时事为言,浚曰:"君臣之义,无所逃
　于天地间。吾荷两朝厚恩,久居重任,今虽去国,惟日望上心感悟,苟
　有所见,安忍弗言! 上如欲复用浚,浚当即日就道,不敢以老疾为辞;
　如若等言,是诚何心哉!"闻者耸然。行次余干①,得疾,手书付二子
　栻、杓曰②:"吾尝相国,不能恢复中原,雪祖宗之耻,即死,不当葬我
　先人墓左,葬我衡山足矣③!"数日而薨。赠太保。后帝思浚忠,加赠
　太师,谥忠献。

纲 以贺允中知枢密院事。

---

① 余干:县名,今江西余干县。
② 杓:据《朱文公文集·张浚行状》《诚斋集·张魏公传》,当作"杓"。
③ 衡山:南岳衡山。张浚墓在今湖南宁乡市。

〔魏杞使金议和〕

纲 遣宗正少卿魏杞使金。

目 汤思退奏遣杞如金议和，书称："侄大宋皇帝某，再拜奉于叔大金皇帝岁币二十万。"帝面谕杞曰："今遣使，一正名，二退师，三减岁币，四不发归附人。"杞陛辞，奏曰："臣将旨出疆，岂敢不勉！万一无厌，愿速加兵。"帝善之。兵部侍郎胡铨言："虏不可和。臣恐再拜不已，必至称臣；称臣不已，必至请降；请降不已，必至纳土；纳土不已，必至舆榇（chèn）①；舆榇不已，必至如晋帝青衣行酒而后为快②。今日举朝之士，皆妇人也！"不听。

纲 九月，以王之望参知政事。

纲 诏汤思退都督江淮军马，思退辞不行。

纲 冬十月，贺允中罢。

纲 诏辅臣晚对便殿。

目 诏曰："朕每听朝议政，顷刻之际，意有未尽。自今执政大臣，或有奏陈，宜于申未间入对便殿③，庶可坐论，得尽所闻，期跻于治④。"

〔魏胜淮阳之败〕

纲 金兵复渡淮。十一月，魏胜拒战于淮阳，败绩，死之，楚州陷。

---

① 舆榇：载棺以随。
② 青衣行酒：晋怀帝被俘，刘聪命怀帝着奴仆之青衣，在宴会斟酒。
③ 申：申时，下午三点至五点。未：未时，下午一点至三点。
④ 跻：登，攀升。

目 汤思退以帝悔悟,恐事不成,阴遣孙造谕敌以重兵胁和。金仆散忠义等遂议渡淮,与纥石烈志宁分兵自清河口以犯楚州,都统制刘宝弃城遁。时胜奉诏专一措置清河口。金兵诈称欲运粮往泗州,由清河口入淮,胜欲御之,刘宝戒以方议和,不可。金兵轶境①,胜帅诸兵拒于淮阳,自卯至申②,胜负未决。金徒单克宁帅生兵至,胜与力战,矢尽,依土阜为阵,谓士卒曰:"我当死此,得脱者归报天子。"乃令步卒居前,骑兵为殿,至淮阴东十八里,中矢坠马死,楚州遂陷。

纲 以杨存中都督江淮军马。

纲 汤思退以罪窜永州。

目 言者论其主和误国之罪,遂落职,永州居住。太学生张观等七十二人伏阙上书,论思退及王之望、尹穑奸邪误国,钩致敌人之罪,乞斩三人以谢天下,并窜其党洪适等,而用陈康伯、胡铨、陈良翰、王十朋、虞允文等以济大计。思退行至信州,闻之,忧悸而死。

纲 复以陈康伯为尚书左仆射、同平章事、兼枢密使,钱端礼签书枢密院事,虞允文同签书院事。

纲 周葵罢。十二月,以钱端礼参知政事,虞允文同知枢密院事,王刚中签书院事。

纲 乙酉,乾道元年(1165)③,春正月,召杨存中还。

---

① 轶境:越境,意为突袭。
② 卯:卯时,上午五点到七点。
③ 金大定五年。

纲 二月,陈康伯卒。

纲 三月,以虞允文参知政事,王刚中同知枢密院事。

〔宋金达成隆兴和议〕

纲 魏杞还自金,始正敌国礼。

目 金馆伴张恭愈以国书称"大宋"①,胁杞去"大"字。杞拒之,具言:"天子神圣,才杰奋起,人人有敌忾意,北朝用兵能保必胜乎?"金君臣环听拱竦②。金主许损岁币,不发归正人,命元帅府罢兵分戍。杞卒正敌国礼而还,帝慰藉甚厚。

纲 夏六月,王刚中卒,以洪适签书枢密院事。

纲 秋八月,立邓王惜(qí)为皇太子,大赦。

纲 虞允文罢,以洪适参知政事,叶颙(yóng)签书枢密院事。

纲 钱端礼罢。

纲 九月,以汪澈知枢密院事。

纲 冬十二月,以洪适为尚书右仆射、同平章事兼枢密使,汪澈为枢密使,叶颙参知政事。

纲 丙戌,二年(1166)③,春三月,洪适罢。

---

① 馆伴:馆伴使,陪同外国使者的官员。
② 拱竦:拱手竦立,形容恭敬畏惧。
③ 金大定六年。

纲以魏杞同知枢密院。夏四月,汪澈罢。

纲五月,叶颙罢,以魏杞参知政事,林安宅同知枢密院事,蒋芾(fú)签书
院事。

纲秋八月,林安宅免。

纲冬十一月,宁远、昭庆节度使杨存中卒。

纲十二月,以叶颙知枢密院事。

纲以叶颙、魏杞为尚书左、右仆射,并同平章事,兼枢密使。蒋芾参知政
事,陈俊卿同知枢密院事。

目先是帝犹鞠戏①,又将游猎白石。俊卿上疏力谏,至引汉桓、灵,唐敬、
穆以为戒。后数日入对,帝迎谓曰:"前日之奏,备见忠谠②,朕决意
用卿矣。"遂有是命。

纲置制国用司③,以宰相领之。

目议者言:"近以宰相兼枢密使,盖欲使知兵也,而不知财谷出入之源,
可乎? 且唐制宰相兼领三司使。"于是诏:"自今宰相可带制国用使,
参知政事带同知。"

纲丁亥,三年(1167)④,春二月,出龙大渊为浙东总管,曾觌为福建总管。

———————

① 鞠戏:蹴鞠,踢球游戏。
② 忠谠:忠诚正直。
③ 制国用司:主管财政的官署,旋设旋废。
④ 金大定七年。

纲 以虞允文知枢密院事。

纲 三月,秀王夫人张氏卒①。

〔吴璘卒〕

纲 夏五月,太傅、四川宣抚使、新安王吴璘卒。

目 璘刚勇,喜大节,略苛细,代兄玠守蜀二十年,隐然为方面之重,威声
亚于玠。卒赠太师,谥武顺。

上皇尝问胜敌之术于璘②,璘对曰:"弱者出战,强者继之。"上皇曰:
"此孙武子三驷之法,一败而二胜也③。"璘选诸将率以功,有荐才者,
璘曰:"兵官非尝试难知其才。以小善进之则侥幸者获志,而边人宿
将之心怠矣。"寻以虞允文为四川宣抚使。

纲 六月,皇后夏氏崩。

纲 秋七月,太子愭卒。

纲 冬十一月,合祀天地于圜(yuán)丘④,雷⑤。叶颙、魏杞免。

纲 以陈俊卿参知政事,刘珙(gǒng)同知枢密院事。

目 珙自湖南召还,初入见,首论"独断虽英主之能事,然必合众智而质之

---

① 张氏:宋孝宗生母。
② 上皇:指宋高宗。
③ 孙武子:指孙膑,此处用田忌赛马的典故。
④ 圜丘:帝王祭天的圆形高坛。
⑤ 雷:郊祀而雷出,为非时之灾异。

以至公,然后有以合乎天理人心之正,而事无不成。若弃金谋①,徇私见②,而有独御区宇之心,则适所以蔽四达之明,而左右私昵之臣,将有乘之以干天下之公议者。"又论羡余、和籴之弊③。帝皆嘉纳之,授翰林学士。复上言:"世儒多病汉高帝不悦学,轻儒生。臣以为汉高帝所不悦者,特腐儒俗学耳。使当时有以二帝三王之学告之④,知其必敬信,功烈不止此。"因陈圣王之学所以明理正心,为万事之纲。帝称善,遂拜枢副。珙因荐张栻、汪应辰、陈良翰学行于帝。

纲 戊子,四年(1168)⑤,春二月,以蒋芾为尚书右仆射、同平章事,兼枢密使。以王炎签书枢密院事。

纲 秋八月,刘珙罢。

目 主管殿前司公事王琪,奉诏按视两淮城壁,琪擅令扬州增筑新城,扬民言不便;珙乞罢琪,忤帝意,遂罢珙。陈俊卿言珙正直有才,愿留之,不听。

纲 冬十月,起复蒋芾为尚书左仆射,以陈俊卿为右仆射并同平章事,兼枢密使。芾辞,许之。

纲 大阅于茅滩。

----

① 金谋:众人的谋划。
② 徇:顺从,曲从。
③ 羡余:地方官府完成上供钱物和各项支拨后余留的财赋。官府酷取于民以求羡余之多,成为当时一大弊政。和籴:官府出钱向民间购买粮食等物,后演变为无偿、强制的征发,属于杂税。
④ 二帝三王:泛指上古圣君。
⑤ 金大定八年。

目帝亲御甲胄指授方略,命三司合教为三阵①。戈甲耀日,旌旗蔽天,六师欢呼,犒赉有加。

纲十二月,召建宁布衣魏掞(shàn)之②,以为太学录③。

目掞之师胡宪,与朱熹游。诸司荐其学行,召赴行在。入对,帝曰:"治道以何为要?"掞之奏:"治道以分臣下邪正为要。"诏除太学录。时将释奠孔子④,掞之请废安石父子勿祀,而追爵程氏兄弟使从食,不听。又言:"太学之教宜以德行为先;今一以空言浮说取之,非是。"其他政事有系安危治乱之机者,无不抗疏尽言,至三四,皆不见省,遂罢为台州教授。寻以病卒,闻者惜之。

[措置两淮屯田]

纲己丑,五年(1169)⑤,春正月,措置两淮屯田。

目陈俊卿以两淮备御未设,民无固志,万一寇至,仓猝渡兵,恐不及事。请于扬州、和州各屯三万人,预为守计。仍籍民家三丁者取其一,以为义兵,授之弓弩,教以战阵,农隙之日,给以两月之食,聚而教之。沿江诸郡亦用其法,诸将渡江则使之城守,以备缓急,且以阴制州兵颉颃(xié háng)之患⑥。其两淮诸郡守臣,但当择才,不当复论文武,计

---

① 三司:禁军三衙,殿前司、侍卫马军司、侍卫步军司的合称。
② 建宁:府名,即建州,治今福建建瓯市。
③ 太学录:太学学官,掌行学规,兼考校训导之职。
④ 释奠:在学校设置酒食以奠祭先圣先师的典礼。
⑤ 金大定九年。
⑥ 颉颃:抗衡上级,不服指挥。

资历；捐以财赋，许辟官吏，略其小过，责其成功。要使大兵屯要害必争之地，待敌至而后决战，使民各守其城，相为掎角，以壮声势。帝意亦以为然，诏即行之。然竟为众论所持，俊卿寻亦去位，不能及其成也。

纲 二月，以梁克家签书枢密院事。

纲 罢制国用司。

纲 以王炎参知政事。三月，召四川宣抚使虞允文还，以炎代之。

纲 夏五月，帝不视朝①。六月，始视朝。

目 以射弩弦断伤目故也。陈俊卿言于帝曰：“陛下未能忘骑射者，盖志图恢复耳。诚能任智谋之士以为腹心，仗武猛之将以为爪牙，明赏罚以鼓士气，恢信义以怀归附，则英声义烈不出于尊俎之间②，而敌人固已逡（qūn）巡震慑于千万里之远③，尚何待区区驰射于百步之间哉！”

纲 以虞允文为枢密使。

纲 秋八月，以陈俊卿、虞允文为尚书左、右仆射，并同平章事兼枢密使。

目 俊卿以用人为己任，所除吏皆一时之选。奖廉退，抑奔竞，或才可用而资历浅者则密荐于帝，未尝语人。每接朝士及牧守自远至，必问以时政得失，人才贤否。

---

① 视朝：御殿受臣僚朝参、奏事，处理国家政务。
② 尊俎：盛酒肉的器皿，代指宴席。
③ 逡巡：顾虑徘徊，不敢前进。

允文为相,亦以人才为急,尝籍为三等,有所见闻即记之,号《材馆录》,故所用皆知名士。

纲 庚寅,六年(1170)①,夏四月,罢吏部尚书汪应辰。

目 应辰刚方正直,敢言不避,在朝多革弊政,中贵人皆侧目②。上皇方甃(zhòu)石池③,以水银浮金凫鱼于上④,帝过之,上皇指示曰:"水银正乏,此买之汪尚书家。"帝怒曰:"汪应辰力言朕建房廊与民争利,乃自贩水银邪?"时赐发运使史正志缗钱二百万⑤,为均输、和籴之用,应辰三上疏论之,遂出知平江府。然水银实非买应辰家也。

纲 五月,陈俊卿罢。

目 虞允文建议遣使如金,以陵寝为请⑥。俊卿以为未可,允文请不已。帝手札谕俊卿,俊卿奏曰:"陛下痛念祖宗,思复故疆,然大事须万全,俟一二年吾力稍完乃可,不敢迎合意指以误国事。"帝意方乡允文⑦,俊卿以论不合,因力求去,遂判福州。陛辞,犹劝帝远佞亲贤,修政攘夷,泛使不可轻遣。

[宋遣使求河南地]

纲 闰月,以起居郎范成大为金国祈请使。

---

① 金大定十年。
② 中贵人:受宠的近侍内臣。
③ 甃:用砖砌筑。
④ 凫:水鸟,如鸭。
⑤ 发运使:掌购买、漕运粮食等事。
⑥ 陵寝:北宋皇帝的陵墓,南宋以陵寝为名义,请求金国归还黄河以南地区。
⑦ 乡:同"向"。

目 求陵寝地及更定受书礼,盖泛使也。绍兴中,金使者至,捧书升殿北面立榻前跪进,帝降榻受书,以授内侍。金主初立,使者至,陈康伯令伴使取书以进。及汤思退当国,复循绍兴故事,帝意悔之,故令成大口以为请。成大至金,密草奏,具言受书式,怀之入。初进国书,辞意慷慨,金君臣方倾听,成大忽奏曰:"两国共为叔侄,而受书礼未称,臣有疏。"搢(jìn)笏出之①。金主大骇曰:"此岂献书处邪?"左右以笏摽(biāo)起之②,成大屹不动,必欲书达。既而归馆所,金庭纷然,其太子允恭欲杀成大,或劝止之,竟得全节而归。其复书略云:"和好再成,界河山而如旧;缄音遽至③,指巩洛以为言④。既云废祀,欲伸追远之怀;止可奉迁,即俟刻期之报。至若未归之旅榇⑤,亦当并发于行途。抑闻附请之辞,欲变受书之礼,于尊卑之分何如?顾信誓之诚安在!"于是二事皆无成功。

初,议遣使祈请陵寝,士大夫有忧其无备而召兵者,辄斥去之。起居郎张栻入对,帝曰:"卿知敌国事乎?"栻对曰:"不知也。"帝曰:"金国饥馑连年,盗贼四起。"栻曰:"金人之事臣虽未知,境内之事则知之矣。"帝曰:"何也?"栻曰:"臣窃见比年诸道多水、旱,民贫日甚,而国家兵弱财匮,官吏诞谩⑥,不足倚赖。正使彼实可图,臣惧我之未足以图彼也。"帝默然久之。栻复奏曰:"臣窃谓陵寝隔绝,诚臣子不忍言

① 搢笏:插笏于腰带间。
② 摽:挥之使去。
③ 缄:书信。
④ 巩洛:今河南洛阳市、巩义市一带,北宋皇帝陵寝所在地。
⑤ 旅榇:客死者的灵柩,指死于金国的宋钦宗。
⑥ 诞谩:荒诞虚妄。

之至痛。然今日未能奉辞以讨之,又不能正名以绝之,乃欲卑辞厚礼以求于彼,则于大义已为未尽,而或犹以为忧者,盖见我未有必胜之形故也。夫必胜之形当在于早正素定之时,而不在于两阵决机之日①。今日但当下哀痛之诏,明复仇之义,显绝金人,不与通使,然后修德立政,用贤养民,选将练兵,以内修外攘、进战退守通为一事,必治其实而不为虚文,则必胜之形隐然可见,虽有浅陋畏怯之人,亦且奋跃而争先矣。"帝深纳之。

纲 以梁克家参知政事。

纲 冬十一月,遣中书舍人赵雄如金。

目 遣雄如金贺生辰,别函书请陵寝及更受书之礼;金主不许。雄辞归,金主谓雄曰:"汝国何舍钦宗灵柩而请巩、洛山陵? 如不欲钦宗之柩,我当为尔国葬之。"

纲 辛卯,七年(1171)②,春正月朔,上太上皇尊号。

目 帝寻谕辅臣曰:"前日奉上册宝,上皇圣意甚悦。翌日过宫侍宴,邦家非常之庆,汉、唐所无也。"又曰:"本朝家法,远过汉、唐,惟用兵一事未及。"

纲 帝作《敬天图》。

目 帝谓辅臣曰:"《无逸》一篇③,享国长久,皆本于寅畏④。朕近日取

---

① 决机:临机决策。

② 金大定十一年。

③ 无逸:《尚书》篇名。

④ 寅畏:恭敬戒惧。

《尚书》所载敬天事,编为两图,朝夕观览,以自警省,名曰《敬天图》。"虞允文对云:"惟陛下尽躬行之实,敬畏不已,必有明效大验。"帝深然之。

〔宋孝宗立三子赵惇为皇太子〕

纲二月,立恭王惇为皇太子,大赦。进封庆王恺为魏王。

目庄文太子卒,庆王恺以次当立。帝以恭王惇英武类己,越次立之,而进封恺为魏王,判宁国府①。帝谓辅臣曰:"古人以教子为重,其事备见于《文王世子》②。须当多置僚属,博选忠良,使左右前后罔非正人;不然,'一薛居州'③,亦无益也。"寻以王十朋、陈良翰为太子詹事④,刘焞国子司业兼太子侍读⑤。

纲三月,金葬钦宗皇帝于巩洛之原。

纲以张说签书枢密院事,未拜而罢。

目说妻吴氏,太上皇后女弟也⑥。说因攀缘亲属,擢拜枢府,命下,朝论哗然,然未有敢诵言攻之者。左司员外郎兼侍讲张栻独上疏切谏,且诣朝堂责虞允文曰:"宦官执政,自京、黼始⑦;近习执政⑧,自相公

① 宁国府:治今安徽宣城市。
② 文王世子:《礼记》篇名。
③ 薛居州:《孟子·滕文公》中著名的"善士"。
④ 太子詹事:太子官属,领东宫之务。
⑤ 太子侍读:太子官属,为太子讲读经史。
⑥ 女弟:妹妹。
⑦ 京黼:宋徽宗朝宰相蔡京、王黼,二人执政期间,宦官童贯等用事。
⑧ 近习:即近幸,皇帝身边受宠信的人。

始。"允文惭愤不堪。杙复奏:"文武诚不可偏,然今欲右武以均二柄①,而所用乃得如此之人,非惟不足以服文吏之心,正恐反激武臣之怒。"帝感悟,命遂寝。

纲 夏四月,诏皇太子领临安尹。

〔刘珙辞起复〕

纲 五月,起复刘珙为荆襄宣抚使,珙固辞不起。

目 珙凡六疏辞之,引经据礼,词甚切至,最后言曰:"三年通丧,先王因人情而节文之,三代以来,未之有改。至于汉儒,乃有金革无避之说②,此固已为先王之罪人矣!然尚有可诿(wěi)者③,曰:'鲁公伯禽有为为之也④。'今以陛下威灵,边陲幸无犬吠之警,臣乃冒金革之名,以私利禄之实,不亦又为汉儒之罪人乎?抑陛下之诏臣,则有曰'义当体国',其敢噤(jìn)无一言以塞明诏⑤!"

乃手疏别奏,略曰:"天下之事,有其实而不露其形者,无所为而不成;无其实而先示其形者,无所为而不败。今德未加修,贤不得用,赋敛日重,民不聊生。将帅方割削士卒以事苞苴⑥,士卒方饥寒穷苦而生怨谤。凡吾所以自治而为恢复之实者,大抵阔略如此⑦,而乃外招归

———————

① 右武:崇尚武功。
② 金革:代指战争。
③ 诿:推诿,推卸责任。
④ 恪守周礼的伯禽,曾因特定原因在三年之丧期间兴兵讨伐。
⑤ 噤:闭口不言。
⑥ 苞苴:贿赂。
⑦ 阔略:粗疏、简略,不严实。

正之人,内移禁卫之卒,规算未立,手足先露,其势适足以速祸而致寇①。且荆襄,四支也;朝廷,元气也。诚使朝廷设施得宜,元气充实,则犁庭扫穴②,在反掌间耳,何荆襄之足虑? 如其不然,则荆襄虽得臣辈百人悉心经理,亦何足恃哉! 臣恐恢复之功未易可图,而意外立至之忧将有不可胜言者,惟陛下图之!"帝纳其言,为寝前诏③。

纲 秋七月,加王炎枢密使。

纲 壬辰,八年(1172)④,春二月,改左、右仆射为左、右丞相,以虞允文、梁克家为之,并兼枢密使。

纲 罢左司员外郎兼侍讲张栻。

目 宰相阴主张说,欲伸前命,故出栻知袁州。栻在朝仅一年,召对至六七,所言皆修身务学,畏天恤民,抑侥幸,屏谗谀,宰相、近习皆惮之。

纲 复以张说签书枢密院事,罢侍御史李衡等四人。

目 侍御史李衡、右正言王希吕,论说不可执政,直学士院周必大不草答诏,给事中莫济封还录黄⑤。帝诏翰林学士王曮(yǎn)草制,权给事中姚宪书行,而罢四人。都人作四贤诗以纪之。

纲 以曾怀参知政事,王之奇签书枢密院事。

---

① 速:招引。
② 犁庭扫穴:犁平其王庭,扫荡其巢穴。比喻彻底摧毁敌对势力。
③ 寝:停止。
④ 金大定十二年。
⑤ 录黄:中书舍人根据皇帝意旨起草诏令,录于黄纸之上。

纲秋七月,以曾觌为武泰节度使。

纲罢虞允文为四川宣抚使。

目帝命选谏官,允文以李彦颖、林光朝、王质对,三人皆鲠亮有文学①,为时所推重。帝不报,而用曾觌所荐者。允文、梁克家争之,不从。允文遂力求去,授四川宣抚使,进封雍国公。

纲癸巳,九年(1173)②,春正月,王炎、王之奇罢,以张说同知枢密院事,沈复、郑闻签书院事。

纲冬十月,梁克家罢。以曾怀为右丞相,郑闻参知政事,张说知枢密院事,沈复同知院事。十二月,沈复罢,以姚宪签书枢密院事。

纲甲午,淳熙元年(1174)③,春二月,少保、四川宣抚使、雍公虞允文卒。

纲夏四月,以姚宪参知政事,叶衡签书枢密院事。六月宪罢,以衡代之。

纲秋八月,张说免。

纲以杨倓(tán)签书枢密院事。

纲冬十月,郑闻卒。

纲十一月,以龚茂良参知政事。杨倓罢。

纲曾怀罢,以叶衡为右丞相兼枢密使。

————————

① 鲠亮:谅直,刚直诚实。
② 金大定十三年。
③ 金大定十四年。

纲十二月,以李彦颖签书枢密院事。以沈复为四川宣抚使。

纲乙未,二年(1175)①,夏六月,以沈复同知枢密院事,罢四川宣抚使。

纲秋八月,以左司谏汤邦彦为金国申议使。九月,叶衡罢。

纲赠赵鼎太傅,追封丰国公。

纲闰月,以李彦颖参知政事,王淮签书枢密院事。

纲丙申,三年(1176)②,夏四月,金始命京、府设学养士。

〔朱熹奏复白鹿洞书院〕

纲六月,召朱熹为秘书郎,不至。

目先是,陈俊卿、刘珙荐熹为枢密院编修官,累召不至。梁克家奏乞褒
　录之,帝曰:"熹安贫守道,廉退可嘉。"命主管台州崇道观。至是,龚
　茂良言熹操行耿介,除秘书郎。熹以改官之命,正以嘉其廉退,顾乃
　冒进擢之宠,是左右望而罔市利也,力辞不至。会复有言虚名之士不
　可用者,遂改主管武夷山冲佑观。史浩复荐熹知南康军,再辞,不许。
　至南康,值岁不雨,讲求荒政,多所全活。间诣郡学,引士子与之讲
　论。访唐李渤白鹿洞书院遗址,奏复其旧,为学规,俾守之。

纲汤邦彦有罪,流新州③。

---

① 金大定十五年。
② 金大定十六年。
③ 新州:治今广东新兴县。

纲 秋八月，以王淮同知枢密院事，赵雄签书院事。

纲 冬十月，立贵妃谢氏为皇后。

纲 丁酉，四年（1177）①，春二月，帝谒孔子，遂临太学。

纲 秋七月，罢王雱（pāng）从祀孔子②。

纲 戊戌，五年（1178）③，春正月，侍御史谢廓然请禁有司毋以程颐、王安石之说取士。

目 未几，秘书郎赵彦中复疏言："科举之文，成式具在，今乃祖性理之说，以浮言游词相高。士之信道自守，以六经、圣贤为师可矣，而别为洛学，饰怪惊愚，外假诚敬之名，内济虚伪之实，士风日弊，人才日偷④。望诏执事，使明知圣朝好恶所在，以变士风。"帝从之。

纲 三月，李彦颖罢。

纲 以史浩为右丞相、兼枢密使，王淮知枢密院事，赵雄参知政事。

纲 夏四月，以陈俊卿判建康府。

〔近幸曾觌、王抃、甘昪擅权〕

目 时曾觌、王抃（biàn）、甘昪（biàn）三人盘结擅政，进退大臣，权震中外，

---

① 金大定十七年。
② 王雱：王安石之子。
③ 金大定十八年。
④ 日偷：日益苟且怠惰。

士大夫争附之。俊卿自兴化赴建康,过阙,入对,因极言三人招权纳贿,荐进人才而以中批行之等事①。且曰:"去国十年,见都城谷贱人安,惟士大夫风俗大变。"帝曰:"何也?"俊卿曰:"向士大夫奔觊、抒之门十才一二②,尚畏人知;今则公然趋附已七八,不复顾忌矣。人才进退由私门,大非朝廷美事。臣恐二人坏朝廷纪纲,废有司法度,败天下风俗,累陛下圣德。"帝感其言。

纲　以范成大参知政事,六月罢。以钱良臣签书枢密院事。

纲　秋七月,太尉、提举万寿观李显忠卒。

目　显忠生而神奇,立功异域,父子破家殉国。志复中原,见忤秦桧,屡遭废黜;符离之役,又为邵宏渊所忌,竟无成功。帝尝奇其状貌魁伟,令绘像阁下。卒,谥忠襄。

纲　冬十一月,史浩罢,以赵雄为右丞相,王淮为枢密使,钱良臣参知政事。

〔朱熹上疏论孝宗独断、近幸擅权〕

纲　己亥,六年(1179)③,夏旱,诏求直言。

目　知南康军朱熹上疏,其略曰:"天下之务,莫大于恤民,而恤民之本,在人君正心术以立纲纪。盖纲纪不能以自立,必人主之心术公平正大,无偏党反侧之私,然后有所系而立。君心不能以自正,必亲

---

① 中批:内批,由宫中发出、未经政府程序处理的皇帝诏令。
② 向:从前,当初。
③ 金大定十九年。

贤臣、远小人,讲明义理,闭塞私邪,然后可得而正。今宰相、台省、师傅、宾友、谏诤之臣,皆失其职,而陛下所与亲密谋议者,不过一二近习之臣,上以蛊惑陛下之心志,下则招集天下士大夫之嗜利无耻者,盗陛下之权,窃陛下之柄,使陛下之号令黜陟不复出于朝廷①,而出于一二人之门,名为陛下独断,而实此一二人者阴执其柄。臣恐莫大之祸,必至之忧,近在朝夕,而陛下独未知之。"帝读之,大怒曰:"是以我为亡也。"谕赵雄令分析。雄言于帝曰:"士之好名,陛下疾之愈甚,则人之誉之愈众,无乃适所以高之。不若因其长而用之,彼渐当事任,能否自见矣。"帝以为然,诏以熹提举江西常平茶盐。

纲 庚子,七年(1180)②,春二月,魏王恺卒。

〔张栻卒〕

纲 右文殿修撰张栻卒。

目 栻病且死,犹手疏劝帝亲君子,远小人,信任防一己之偏,好恶公天下之理。天下传诵之。卒年四十八,帝闻之,嗟叹不已。朱熹与黄榦(gàn)书曰:"吾道益孤矣。"

栻颖悟夙成,父浚深爱之。自幼学所教,莫非仁义忠孝之实。长师胡宏,宏以孔门论仁亲切之旨告之,栻退而思,若有得焉。宏称之,曰:"圣门有人矣。"栻益自奋励,以古圣贤自期,作《希颜录》。为人表里

---

① 黜陟:指人才的进退,官吏的升降。
② 金大定二十年。

洞然,勇于从义,无毫发滞吝。

每进对,必自盟于心,不可以人主意辄有所随顺。帝尝言仗节死义之臣难得,栻对:"当于犯颜敢谏中求之。若平时不能犯颜敢谏,他日何望其仗节死义。"帝又言难得办事之臣,栻对:"陛下当求晓事之臣,不当求办事之臣。若但求办事之臣,则他日败陛下事者未必非此人也。"

其远小人尤严。为都司日,肩舆出,遇曾觌,觌举手欲揖,栻急掩其窗棂(líng)①。觌惭,手不得下。

所至郡,暇日召诸生告语。民以事至庭,必随事开晓,具为条教,大抵以正礼俗、明伦纪为先。斥异端,毁淫祠②,而崇社稷、山川、古先圣贤之祀。

栻闻道甚蚤。朱熹尝言:"己之学,乃铢积寸累而成;如敬夫,则大本卓然,先有见者也。"栻所著《论语孟子说》《太极图说》《洙泗言仁录》《诸葛武侯传》《经世纪年》行于世。尝言曰:"学莫先于义利之辨。义者,本心之当为,非有为而为也。有为而为,则皆人欲,非天理矣。"学者称为南轩先生。

纲 夏五月,以周必大参知政事,谢廓然签书枢密院事。

目 必大为翰林学士几六年,制命温雅,周尽事情,为一时词臣之冠。及拜参政,帝谓之曰:"执政于宰相,固当和而不同,前此宰相议事,执政更无语,何也?"必大对曰:"大臣自应互相可否,自秦桧当国,执政不敢措一辞,后遂以为当然。陛下虚心无我,人臣乃欲自是乎?虽小事

---

① 窗棂:窗户。
② 淫祠:不在官府祀典的祠庙。

不敢有隐,则大事何由蔽欺!"帝深然之。

纲冬十二月,资政殿学士致仕胡铨卒。

〔吕祖谦卒〕

纲辛丑,八年(1181)①,秋七月,著作郎吕祖谦卒。

目祖谦,夷简五世孙也。自其祖好问始居婺州。其学本之家庭,有中原文献之传。长从林之奇、汪应辰、胡宪游,而友张栻、朱熹。学以关、洛为宗②,旁稽载籍,心平气和,不立崖异,少卞急③。一日,诵孔子"躬自厚而薄责于人"之言,忽觉平时忿懥(zhì)④,涣然冰释。朱熹常言:"学如伯恭⑤,方是能变化气质。"其所讲画,将以开物成务,既卧病,而任重道远之志不衰,居家之政皆可以为后世法。年四十五而卒。著《读书记》《大事记》皆未成书,考定《古周易书说》《阃范》《官箴》《辨志录》《皇朝文鉴》行于世。学者称为东莱先生。

纲八月,赵雄罢。

纲以王淮为右丞相兼枢密使,谢廓然同知枢密院事。

目淮既相,问太子侍读杨万里曰:"宰相先务何事?"万里曰:"人才。"淮

---

① 金大定二十一年。
② 关:即关学,张载为陕西关中人,故其学称关学。
③ 卞急:急躁。
④ 忿懥:愤怒。
⑤ 伯恭:吕祖谦字。

因问其人,万里即疏朱熹、袁枢以下六十八人。

纲 九月,钱良臣罢。

〔朱熹社仓法〕

纲 以朱熹提举浙东常平茶盐。冬十二月,下熹社仓法于诸路。

目 浙东大饥,王淮荐熹,即日单车就道。召入对,首陈灾异之由与修德任人之说,因及时政之缺,凡七事,帝深纳之。熹始拜命,即移书他郡募米商,蠲其征①;及至,则米已辏(còu)集②。熹日钩访民隐,按行境内,单车屏徒从③,所至人不及知。郡县官吏惮其风采,至是引去,所部肃然。凡政有不便于民者,悉厘革之④。有短熹者,谓其疏于为政。帝谓王淮曰:“朱熹政事,却有可观。”淮言:“修举荒政,是行其所学,民被实惠,宜进职以旌之⑤。”乃进熹直徽猷阁。

熹言:“乾道四年,民艰食,熹请于府,得常平米六百石赈贷⑥,夏受粟于仓,冬则加息计米以偿。自后随年敛散。歉,蠲其息之半;大饥,则尽蠲之。凡十有四年,以元数六百石还府⑦,见储米三千一百石,以为社仓,不复收息,每石止收耗米三升,以故一乡四十五里间⑧,虽遇歉

① 蠲:免除。征:商税。
② 辏集:聚集。
③ 屏:摒弃,放弃。
④ 厘革:改正。
⑤ 旌:表彰。
⑥ 常平:即常平仓,官府为调节粮价、储粮备荒而设置的粮仓。
⑦ 元数:原来的数量。
⑧ 四十五:据《宋史·食货志》等,当作“四五十”。

年,民不缺食。"诏下其法于诸路。其法以十家为甲,甲推一人为首,五十家则推一人通晓者为社首。其逃军及无行之士,与有税粮衣食不缺者,并不得入甲。其应入甲者又问其愿与不愿。愿者开具一家大小口若干,大口一石,小口五斗,五岁以下者不预。置籍以贷之,其以湿恶不实还者有罚。

纲 壬寅,九年(1182)①,夏六月,谢廓然卒。

纲 秋七月,以李彦颖参知政事。

纲 九月,以王淮、梁克家为左、右丞相,并兼枢密使。

纲 以朱熹为江西提刑,熹辞不拜。

〔朱熹劾唐仲友〕

目 朱熹行部至台②,知州唐仲友为其民所讼,熹按得其实,而仲友与王淮同里,且为姻家。已除江西提刑,未行而熹论之③,淮匿其章不以闻。熹论益力,章前后六上,淮不得已,夺仲友江西新命以授熹;熹辞不拜,遂乞奉祠。

纲 癸卯,十年(1183)④,春正月,以施师点签书枢密院事。李彦颖罢。

纲 以黄洽为御史中丞。

———————

① 金大定二十二年。
② 行部:巡行所属部域。
③ 论:控告,举报。
④ 金大定二十三年。

目洽为中丞,尽言无隐。然所论列,未尝捃摭(jùn zhí)细故①。尝奏云:

　　"因言固可以知人,轻听亦至于失人,是故听言不厌其广,广则庶几其

　　无壅;择言不厌其审,审则庶几其无误。"帝深然之。洽为人质直端

　　重,有大臣体。常言:"居家不欺亲,仕不欺君,仰不欺天,俯不欺人,

　　幽不欺鬼神,何用求福报哉!"

〔陈贾请禁道学〕

纲夏六月,监察御史陈贾请禁道学②。

目王淮以唐仲友之故,怨朱熹,欲沮之,于是吏部尚书郑丙上疏言:"近

　　世士大夫有所谓道学者,欺世盗名,不宜信用。"帝已惑其说,淮又以

　　太府丞陈贾为监察御史,贾因面对,首论曰:"臣伏见近世士大夫有所

　　谓道学者,其说以谨独为能,以践履为高,以正心诚意、克己复礼为

　　事,若此之类皆学者所共学也,而其徒乃谓己独能之。夷考其所为,

　　则又大不然,不几于假其名以济其伪者邪? 臣愿陛下明诏中外,痛革

　　此习。每于听纳除授之间,考察其人,摈(bìn)斥勿用③,以示好恶之

　　所在,庶几多士靡然向风,言行表里一出于正,无或肆为诡异以干治

　　体,实宗社无疆之福。"盖指熹也。帝从之,由是"道学"之名,贻祸

　　于世。

　　后直学士院尤袤(mào)以程氏之学为陈贾所攻,言于帝曰:"道学者,

_____

① 捃摭:拾取,搜罗。

② 道学:宋代以探讨道德心性命理为要旨的新儒学,南宋淳熙以后,渐用以专指程朱理

　　学。

③ 摈斥:排斥,弃去。

尧、舜所以帝，禹、汤、文、武所以王，周公、孔、孟所以设教。近立此名
诋訾(zǐ)士君子①，故临财不苟得所谓廉介，安贫守道所谓恬退，择言
顾行所谓践履，行己有耻所谓名节，皆目之为道学。此名一立，贤人
君子欲自见于世，一举足且入其中，俱无得出。此岂盛世所宜有！愿
徇名责实，听言观行，人情庶不坏于疑似。"帝曰："道学岂不美之名！
正恐假托为奸，真伪相乱。"

纲秋八月，以施师点、黄洽参知政事。

纲丙午，十三年(1186)②，夏五月，宴讲臣于秘书省。

目以进读陆贽奏议终篇，赐侍读萧燧等御筵及金器鞍马。帝召宰执赐
酒，从容语曰："自古人主读书，少有知道，知之亦罕能行之。甚者但
作歌诗，如隋、陈之君③，竟亦何补？唐德宗岂不知书，然所行不至，
与陆贽论事，皆使中人传旨。且事有是非，面相诘难犹恐未尽，传旨
安能尽邪！投机之会，间不容发，惟其若此，误事多矣，故朕每事以德
宗为戒。"

纲赐处士郭雍号颐正先生。

目雍之先，洛阳人，父忠孝，师事程颐，著《易说》，号兼山先生。雍传其
学，通世务，隐居峡州。乾道中守臣荐于朝，召不起。帝稔(rěn)其
贤④，每对辅臣称道之，命所在州郡岁时致礼存问。至是赐号颐正先

---

① 诋訾：诋毁。
② 金大定二十六年。
③ 隋陈之君：隋炀帝、陈后主。
④ 稔：熟悉。

生,令部使者遣官就问,雍所欲言,备录来上。时雍年八十三矣。

纲秋闰七月,以留正签书枢密院事。

纲八月,日月五星聚轸。

纲冬十一月,梁克家罢。

纲丁未,十四年(1187)①,春二月,以周必大为右丞相,施师点知枢密院事。

纲秋八月,以留正参知政事。

纲九月,太上皇有疾。冬十月,帝罢朝侍疾,赦。

〔宋高宗去世,宋孝宗行三年丧〕

纲太上皇崩,遗诰太上皇后改称皇太后。帝致丧三年。

目太上皇崩,帝号恸辟踊②,逾二日不进膳。谓王淮等曰:“晋孝武、魏孝文实行三年丧服,何妨听政? 司马光《通鉴》所载甚详。”淮对曰:“晋武虽有此意,后来在宫中止用深衣练冠③。”帝曰:“当时群臣不能将顺其美④,光所以讥之。自我作古,何害?”于是诏曰:“大行太上皇帝⑤,奄弃至养,朕当衰服三年⑥,群臣自遵易月之令。”百官五上表,

① 金大定二十七年。
② 辟踊:捶胸顿足,形容哀痛至极。
③ 深衣:上衣与下衣相连的袍服。练冠:厚缯或粗布之冠,古礼亲丧一周年祭礼时着练冠。
④ 将顺:顺势促成。
⑤ 指宋高宗。
⑥ 衰服:指服丧。

请帝还内听政,不许。

纲 十一月,诏皇太子参决庶务。

目 左谕德尤袤言于太子曰①:"大权所在,天下之所争趋,甚可惧也。愿殿下事无大小,一取上旨而后行;情无厚薄,一付众议而后定。"又曰:"储副之位,止于侍膳问安,不交外事。抚军监国,自汉至今,多出权宜,事权不一,动有触碍。乞俟祔庙之后②,便行恳辞,以彰殿下令德。"

纲 十二月,大理寺奏狱空。

纲 戊申,十五年(1188)③,春正月,复置补阙、拾遗官。

目 未几,左补阙薛叔似等上疏劾王淮,帝曰:"卿等官以补阙、拾遗为名,专主规正人主,不任纠劾。今所奏乃类弹击,甚非设官命名之意,宜思自警。"

纲 施师点罢,以黄洽知枢密院事,萧燧参知政事。

纲 三月,葬永思陵。

纲 夏五月,王淮罢。

[林栗论朱熹]

纲 六月,以朱熹为兵部郎官,未上而罢。贬侍郎林栗知泉州。

①左谕德:太子官属,掌赞谕道德、侍从文章。
②祔庙:安放已故皇帝神主于太庙。
③金大定二十八年。

目王淮罢，周必大荐熹为江西提刑，入奏事，或要于路曰："'正心诚意'之论，上所厌闻，慎勿复言。"熹曰："吾平生所学，惟此四字，岂可隐默以欺吾君乎！"及入对，首言："陛下居虚明应物之地，而天理有所未纯，人欲有所未尽，是以为善不能充其量，除恶不能去其根，一念之顷，公私邪正、是非得失之机交战于中。愿自今以往，一念之顷，必察夫天理人欲。果天理邪，则敬以充之，而不使少有壅阏（è）①；果人欲邪，则敬以克之，而不使少有凝滞。推而至于言语动作之间，用人处事之际，无不以是裁之，则圣心洞彻，而天下之事，将惟陛下所欲为，无不如志矣。"帝曰："久不见卿，浙东之事，朕自知之。今当处卿清要，不复以州县为烦也。"除兵部郎官。熹以足疾乞祠。

兵部侍郎林栗与熹论《易》《西铭》不合②，遂论熹"本无学术，徒窃张载、程颐之绪余，为浮诞宗主，谓之道学，妄自推尊。所至辄携门生数十人，习为春秋、战国之态，妄希孔、孟历聘之风。绳以治世之法，则乱人之首也。今采其虚名，俾之入奏，既经陛对，得旨除郎，而辄怀不满，傲睨累日③，不肯供职，是岂张载、程颐之学教之然也！望将熹停罢，以为事君无礼者之戒"。帝谓栗言过当，而大臣畏栗之强，莫敢深论，乃命熹依旧江西提刑。会胡晋臣拜侍御史，首劾栗喜同恶异，无事而指学者为党。乃出栗知泉州，而熹亦除直宝文阁，奉祠而去。

纲秋七月，恩平王璩卒。

目帝友爱甚至，每召璩内宴，呼以官而不名，赐予无算，卒，追封信王。

---

① 壅阏：壅塞。
② 西铭：张载所作解《易》之书。
③ 傲睨：骄傲地斜着眼睛看。

纲 冬十二月，以朱熹为崇政殿说书，熹辞不至。

目 熹既归，投匦(guǐ)进封事①，言大本急务："大本者，陛下之心。急务，则辅翼太子，选用大臣，振举纪纲，变化风俗，爱养民力，修明军政。凡此六事，皆不可缓，而本在于陛下之一心。一心正，则六事无不正。一有人心私欲以介乎其间，则虽愈精劳心不可为矣。"疏入，夜漏下七刻，帝已就寝，亟起，秉烛读之终篇。明日，除主管西太一宫兼崇政殿说书。熹力辞，乃以秘阁修撰奉祠。

〔金世宗完颜雍卒〕

纲 己酉，十六年(1189)②，春正月，金主雍卒，孙璟立。

目 金主雍太子允恭先卒，以孙原王麻达葛判大兴尹，又以为右丞相，更名璟，使亲见朝廷议论，习知政事之体。至是即位，追号雍曰世宗，允恭曰显宗，母徒单氏为太后。

世宗在金诸帝中最为贤主，即位五载，南北讲和，与民休息，群臣守职，上下相安，家给人足，仓廪有余，刑部断死罪岁或十七人，国人号称"小尧舜"。

纲 黄洽罢。

纲 以周必大、留正为左、右丞相，王蔺参知政事，葛邲(bì)同知枢密院事。

目 帝自高宗崩，即欲传位太子，尝谕必大曰："礼莫重于事宗庙，而孟享

---

① 匦：朝廷接受臣民上书的匣子。
② 金大定二十九年。

多以病分诣①；孝莫大于执丧，而不得日至德寿宫，朕将退休矣。"因密赐绍兴传位亲札于必大，命预草诏，专以奉几筵、侍东朝为意②，而进必大为首相。

纲 萧燧罢。

〔宋孝宗传位太子赵惇〕

纲 二月，帝传位于太子。太子即位，尊帝为寿皇圣帝，皇后为寿成皇后，皇太后为寿圣皇太后，大赦。

纲 立皇后李氏。

目 后，安阳人③，庆远节度使道之女也。道帅湖北，闻道士皇甫坦善相人，乃出诸女拜之。坦见后惊，不敢受拜，曰："此女当母天下。"坦言于高宗，遂聘为恭王妃。生嘉王扩。性妒悍，尝诉帝左右于高宗及寿皇，高宗不怿，谓吴后曰："是妇将种，吾为皇甫坦所误。"寿皇亦屡训敕，令以皇太后为法，不然，行当废汝。后疑其说出于太后，憾之。至是，立为后。

纲 三月，废补阙、拾遗官。

纲 夏五月，以王蔺知枢密院事。

纲 周必大罢。

---

① 孟享：亦作"孟飨"，帝王宗庙祭礼，于每年的孟春、孟夏、孟秋、孟冬四孟月举行。
② 几筵：祭祀的席位，俗称"灵座"。奉几筵：指为宋高宗服三年之丧。东朝：指皇太后。
③ 安阳：即相州。

目　初,何澹与必大厚,为司业久不迁,留正奏迁之,澹由是憾必大而德正。为谏议大夫,首上疏攻必大,罢之。必大纯笃忠厚,能以善道其君①。

黄晓巍　评注

张　帆　高纪春　审定

①道:同"导"。

纲鉴易知录卷八四

　　卷首语:本卷起宋光宗绍熙元年(1190),止宋宁宗庆元六年(1200),所记为宋光宗、宁宗十一年的史事。宋光宗受禅后,与退位为太上皇的宋孝宗心生嫌隙,矛盾日深。绍熙五年(1194),宋孝宗去世,宋光宗拒绝出席丧礼,引发政治危机。赵汝愚联合韩侂胄,说服太皇太后吴氏,立皇子赵扩为帝,尊光宗为太上皇。不久,赵汝愚为韩侂胄所逐,韩侂胄凭借宋宁宗的信任总掌政权,发动庆元党禁,打击理学。

南宋纪

光宗皇帝

纲 庚戌,光宗皇帝绍熙元年(1190)①,春正月朔,帝朝寿皇于重华宫②。

[道学与反道学之争]

纲 二月,殿中侍御史刘光祖乞禁讥议道学者。

目 光祖入对言:"近世,是非不明则邪正互攻,公论不立则私情交起,此固道之消长,时之否泰,而实为国家之祸福,社稷之存亡,甚可畏也!本朝士大夫学术最为近古,初非有强国之术,而国势尊安,根本深厚。咸平、景德之间,道臻皇极③,治保太和④,至于庆历、嘉祐盛矣。不幸而坏于熙、丰之邪说⑤,疏弃正士,招徕小人,幸而元祐君子起而救之。绍圣、元符之际,群凶得志,绝灭纲常,崇、观而下⑥,尚复何言?臣始至时,闻有讥贬道学之说,而实未睹朋党之分,逮臣复来则朋党已成,而忠谏者获罪矣。夫以忠谏为罪,其去绍圣几何?陛下即位之初,凡所进退,率用人言,初无好恶之私,岂以党偏为主!而一岁之内,逐者

---

① 金明昌元年。
② 寿皇:指宋孝宗。
③ 皇极:帝王统治天下的准则,即大中至正之道。
④ 太和:天地间冲和之气,引申为太平。
⑤ 熙丰:熙宁、元丰,代指宋神宗朝。邪说:对王安石变法主张的蔑称。
⑥ 崇观:崇宁、大观,代指宋徽宗朝。

纷纷,往往推忠之言,谓为沽名之举,至于洁身以退,亦曰愤怼而然,欲激怒于至尊,必加之以谤讪。臣欲息将来之祸,故不惮反覆以陈,伏冀圣心豁然,永为皇极之主,使是非由此而定,公论由此而明,道学之讥由此而消,朋党之迹由此而泯,和平之福由此而集,国家之事由此而理,则生灵之幸,社稷之福也。不然,相激相胜,展转反覆,为祸无穷,臣实未知税(tuō)驾之所①。"帝下其章,读者至于流涕,何澹见之,数日恍惚无措。

是年,廷试举人,婺州进士王介策亦言:"今之所谓道学者,即世之君子正人也。君子正人之名不可逐,故设为此名一网去之,圣明在上而天下以道学为讳,将何以立国哉!"帝嘉叹,擢为第三,由是道学之讥少沮。

纲 夏四月,以伯圭嗣秀王。

目 伯圭,寿皇母兄,而秀王子偁之长子也。伯圭谦谨,不以近属自居,每入见,帝行家人礼,宴私隆洽,伯圭执臣礼愈恭。

纲 秋七月,以留正为左丞相,王蔺为枢密使,葛邲参知政事,胡晋臣签书枢密院事。冬十二月,王蔺罢,以葛邲知枢密院事,胡晋臣参知政事。

纲 辛亥,二年(1191)②,冬十一月,帝有事于太庙,后杀贵妃黄氏。翌日郊,大风雨,不卒事而还。帝有疾。

目 初,帝欲诛宦者,近习惧,遂谋离间三宫③,帝疑之,不能自解。会帝得

―――――――――

① 税驾:同"脱驾",摆脱祸患。
② 金明昌二年。
③ 三宫:高宗吴后、孝宗和光宗。

心疾,寿皇购得良药,欲因帝至宫授之。宦者遂诉于皇后曰:"太上合药一大丸,俟宫车过即投药①,万一不虞②,奈宗社何!"后观药实有,心衔之③。顷之,内宴,后请立嘉王扩为太子④,寿皇不许。后曰:"妾,六礼所聘⑤,嘉王,妾亲生也,何为不可?"寿皇大怒。后退,持嘉王泣诉于帝,谓寿皇有废立意。帝惑之,遂不朝寿皇。

〔李皇后悍妒〕

一日,帝浣手宫中,睹宫人手白,悦之。他日,后遣人送食合于帝⑥,启之,则宫人两手也。后又以黄贵妃有宠,因帝祭太庙,宿斋宫⑦,后杀贵妃,以暴卒闻。翌日,合祭天地,风雨大作,黄坛烛尽灭,不能成礼而罢。

帝既闻贵妃卒,又值此变,震惧增疾,不视朝,政事多决于后,后益骄恣。寿皇闻帝疾亟,往南内视之⑧,且责后,后怨愈深。

纲 壬子,三年(1192)⑨,春三月,帝疾瘳(chōu)⑩,群臣请朝重华宫,不果行。

---

① 宫车:代指宋光宗。过:过宫,探望重华宫。
② 不虞:不料,遭遇意外。
③ 衔:含恨。
④ 嘉王扩:宋光宗嫡子赵扩,即宋宁宗。
⑤ 六礼:婚礼的六个仪节,即纳采、问名、纳吉、纳征、请期、亲迎。
⑥ 合:同"盒"。
⑦ 斋宫:祭祀前斋戒之所。
⑧ 南内:即皇宫大内,与太上皇所居的北内相对而言。
⑨ 金明昌三年。
⑩ 瘳:病愈,康复。

目帝自有疾,重华温清(qìng)之礼①,以及诞辰节序,屡以寿皇传旨而免。既而帝神思寖(jìn)清②,宰辅百官下至韦布之士③,以过宫为请者甚众;至有扣头引裾号泣而谏者④。帝开悟,有翻然凤驾之意⑤;既而不果行,都人始以为忧。

纲夏四月,以丘崈(chóng)为四川制置使。

〔吴家军〕

目初,留正帅蜀⑥,虑吴氏世将⑦,谋去之,不果。至是议更蜀帅,正言:"西边三将,惟吴氏世袭兵柄,号为吴家军,不知有朝廷。"遂以户部侍郎丘崈往。崈陛辞,奏曰:"臣入蜀后,吴挺脱至死亡⑧,兵权不可复付其子,臣请得以便宜抚定诸军。"许之。

纲六月,以陈骙(kuí)同知枢密院事。

目骙疏三十条,如宫闱之分不严则权柄移⑨,内谒之渐不杜则明断息⑩,谋台谏于当路则私党植⑪,咨将帅于近习则贿赂行,不求谠论则过失

————————

① 温清之礼:泛指侍奉父母之礼。
② 寖:同"浸",逐渐。
③ 韦布之士:衣着寒素、尚未出仕的士人。
④ 扣头:即"叩头",磕头。引裾:拉住衣襟。
⑤ 翻然:形容很快且彻底的悔悟、改变。凤驾:早起驾车出行。
⑥ 帅蜀:担任四川军政长官。
⑦ 吴氏世将:吴玠、吴璘兄弟及其后人在四川世代为将,掌握兵权。
⑧ 吴挺:吴璘第五子,时任利州路安抚使。脱:倘或,倘若。
⑨ 宫闱之分不严:指李皇后干政。
⑩ 内谒之渐:指近幸在内宫请托私事,谋取私利。
⑪ 当路:掌权当政之人,泛指宰辅大臣。

彰,不谨旧章则取舍错,宴饮不时则精神昏,赐予不节则财用竭,皆切
于时病。

纲 冬十一月,日南至,越六日,帝始朝重华宫。

目 十一月丙戌,日南至,兵部尚书罗点、给事中尤袤等上疏请帝朝重华
宫,不从。吏部尚书赵汝愚入对,往复规谏,帝意乃悟。汝愚又属嗣
秀王伯圭调护①,于是两宫之情始通。辛卯,帝朝重华宫,皇后继至,
从容竟日而还②,都人大悦。

纲 是岁,诸路大水。

纲 癸丑,四年(1193)③,春三月,以葛邲为右丞相,陈骙参知政事,胡晋
臣知枢密院事,赵汝愚同知院事。

纲 夏五月,赐礼部进士陈亮及第。

目 亮才气超迈,喜谈兵,议论风生,下笔数千言立就。所交皆一时豪俊,
志存经济④。隆兴初,上中兴五论,不报。退居婺之永康⑤,益力学著
书,尝圜视钱塘,喟然叹曰:"城可灌也!"盖以地下于西湖耳。淳熙中
更名同,诣阙上书,极言时事,因言钱塘非驻跸之所。寿皇赫然震动,
召令上殿,将擢用之。曾觌闻而欲见焉,亮耻之,逾垣而逃⑥。觌不
悦,大臣亦恶其言切直,交沮之。待命十日,再诣阙上书。寿皇欲官

---

① 属:同"嘱"。调护:调教辅佐。
② 竟日:终日。
③ 金明昌四年。
④ 经济:经邦济世。
⑤ 永康:县名,今浙江永康市。
⑥ 垣:墙。

亮,亮闻而笑曰:"吾欲为社稷开数百年之基,宁用以博一官乎!"即渡
江归。厉志读书,所学益博。其学自孟子后惟推王通①,尝曰:"研穷
义理之精微,辨析古今之同异,原心于眇忽②,较礼于分寸,以积累为
上,以涵养为正,睟(suì)面盎(àng)背③,则于诸儒诚有愧焉。至于堂
堂之阵,正正之旗,风雨云雷,交发而并至,龙蛇虎豹,变见而出没,推
倒一世之智勇,开拓万古之心胸,自谓差有一日之长。"盖指朱熹、吕
祖谦也。

至是策进士,问以礼乐刑政之要,亮以君道、师道对,且曰:"臣窃叹陛
下于寿皇莅政二十有八年之间,宁有一政一事之不在圣怀! 而问安
视寝之余,所以察辞而观色,因此而得彼者,其端甚众,亦既得其机
要,而见诸施行矣。岂徒一月四朝,为京邑之美观也哉!"帝得其策大
喜,以为善处父子之间,御笔擢为第一。授签书建康府判官厅公事④,
未上,一夕卒。

纲 利州安抚使吴挺卒,丘崈使总领财赋杨辅等权总其军。

纲 六月,胡晋臣卒。

目 帝自有疾不视朝,晋臣与留正同心辅政,中外帖然⑤。其所奏陈,以温
　清定省为先,次及亲君子,远小人,抑侥幸,消朋党,启沃剀(kǎi)切⑥,

①　王通:隋朝思想家,号文中子。
②　眇忽:瞬息,瞬间。
③　睟面盎背:面貌温润,仪态敦厚。
④　签书建康府判官厅公事:建康府幕职官,掌协理府政。
⑤　帖然:安静顺服。
⑥　启沃:开导、辅佐君王,典出《尚书·说命》。剀切:切实,恳切。

弥缝缜密①,人无知者。

纲 秋七月,以赵汝愚知枢密院事,余端礼同知院事。

〔群臣请宋光宗朝重华宫〕

纲 九月,群臣请帝朝重华宫,不听,冬十一月始朝。

目 帝制于后,久不朝重华宫。会九月重阳节,群臣连章请帝过宫,不听。中书舍人陈傅良上疏力谏。给事中谢深甫言:"父子至亲,天理昭然。太上之爱陛下,亦犹陛下之爱嘉王。太上春秋高②,千秋万岁后,陛下何以见天下?"帝感悟,趣(cù)命驾往朝,百官班立以俟③。帝出至御屏,后挽留帝入,傅良趣(qū)进④,引帝裾,请毋入,因至屏后,后叱之。傅良痛哭于庭,后益怒,遂传旨罢,还内。傅良下殿径行,诏改秘阁修撰,不受。于是著作郎沈有开、秘书郎彭龟年等皆上疏请朝,不从。十月,工部尚书赵彦逾等上书重华宫,乞会庆节勿降旨免朝⑤。及会庆节,帝复称疾不朝,丞相以下皆上疏自劾,乞罢黜。嘉王府翊善黄裳请诛内侍杨舜卿⑥,彭龟年请逐陈源以谢天下⑦。太学生汪安仁等一百一十八人上书请朝重华宫,皆不报。十一月,彦逾复力谏,帝始往朝。

――――――――――

① 弥缝:弥合间隙,消除矛盾。
② 春秋:年龄。
③ 班立:按朝会班位排序站立。俟:等候。
④ 趣:同"趋",快步走。
⑤ 会庆节:宋孝宗诞节,在十月二十二日。
⑥ 翊善:皇子教授官名,掌侍从讲授。
⑦ 陈源:宦官,时任内侍押班。

纲十二月,夏主仁孝卒,子纯祐立。

目仁孝在位五十五年,始建学校于国中,立小学于禁中,亲为训导,尊孔子为文宣帝。然权臣擅国,兵政衰弱。子纯祐立,改元天庆,号仁孝曰仁宗。

纲以朱熹知潭州。

目使者自金还,言金人问"朱先生安在?"故有是命。

纲甲寅,五年(1194)①,春正月,寿皇有疾。

纲葛邲罢。

目邲为相,专守祖宗法度,荐进人才,博采古论,惟恐其人闻之。常曰:"十二时中,莫欺自己。"其实践如此②。

纲金购求遗书③。

〔宋孝宗不豫〕

纲夏四月,帝及后幸玉津园,群臣请帝问疾重华宫,不从。

目自寿皇不豫④,群臣请帝省视,皆不报,而与皇后幸玉津园。兵部尚书罗点请先过重华,且曰:"陛下为寿皇子,四十余年无一间言,止缘初郊违豫⑤,寿皇尝至南内督过,左右之人自此谗间,遂生忧疑。乃若深

————————

① 金明昌五年。

② 实践:践行自己的信念。

③ 遗书:散落于民间的典籍。

④ 不豫:天子有病的讳称。

⑤ 郊:郊祀。

居不出,久亏子道,众口谤讟(dú)①,祸患将作,不可以不虑。"帝曰:"卿等可为朕调护之。"侍讲黄裳对曰:"父子之亲,何俟调护!"点曰:"陛下一出,即当释然。"帝犹未许。点乃率讲官言之,帝曰:"朕心未尝不思寿皇。"点曰:"陛下久阙定省,虽有此心,何以自白?"起居舍人彭龟年连三疏请对,不报。属(zhǔ)帝视朝②,龟年不离班位,伏地扣额,血流渍甓③。帝曰:"素知卿忠直,欲何言?"龟年奏:"今日无大于过宫。"余端礼因曰:"扣额龙墀④,曲致忠恳,臣子至此,岂得已邪?"帝曰:"知之。"然犹不往。

寿皇疾益甚,群臣上疏请者相继。帝将以癸丑日朝,至期,帝复辞以疾。于是群臣请斥罢者百余人,诏不许。起居郎兼中书舍人陈傅良,请以亲王、执政一人充重华宫使。台谏交章劾内侍陈源、杨舜卿、林亿年离间之罪,请逐之。

纲 五月,寿皇疾大渐⑤,诏嘉王扩问疾重华宫。

目 陈傅良以帝不往重华宫,乃缴上告敕⑥,出城待罪。丞相留正等率宰执进谏,帝拂衣起,正引帝裾泣谏。罗点进曰:"寿皇疾势已危,不及今一见,后悔何及!"群臣随帝入至福宁殿,内侍阖门,恸哭而出。明日,帝召罗点入对,点言:"前日迫切献忠,举措失礼,陛下赦而不诛,然引裾亦故事也。"帝曰:"引裾可也,何得辄入宫禁乎?"点引辛毗事

① 谤讟:怨谤。
② 属:恰逢。
③ 甓:用砖砌筑的地面。
④ 龙墀:宫殿前雕龙的台阶及台阶上的空地。
⑤ 大渐:病危。
⑥ 告敕:朝廷授官的凭证。

以谢①。彭龟年、黄裳、沈有开奏:"乞令嘉王诣重华宫问疾。"许之。王至宫,寿皇为之感动。

〔宋孝宗去世,人心动摇〕

纲 六月,寿皇崩,帝称疾不出。留正等诣寿圣皇太后代行丧礼②。

目 寿皇崩,年六十八。赵汝愚以闻,因请诣重华宫成礼,帝许之。至日昃(zè)不出③,宰相乃率百官诣重华宫发丧。将成服④,留正与汝愚议,介少傅吴琚⑤,请寿圣皇太后垂帘暂主丧事,太后不许,正等奏:"乞太后降旨,以皇帝有疾,暂就宫中成服。然丧不可以无主,祝文称'孝子嗣皇帝',宰臣不敢代行。太后,寿皇之母也,请设行祭礼。"太后许之。

纲 尊寿圣皇太后为太皇太后,寿成皇后为皇太后。

〔宰相留正称疾而遁〕

纲 秋七月,留正请建太子,不许,遂称疾而遁。

目 尚书左选郎官叶适言于留正曰⑥:"帝疾而不执丧,将何辞以谢天下?

---

① 辛毗事:魏文帝曹丕黄初元年,朝廷计划迁徙冀州士卒十万户充实河南,辛毗拉扯曹丕的衣襟切谏,最终只迁徙五万户。

② 寿圣皇太后:宋高宗皇后吴氏。

③ 日昃:太阳偏西的时候。

④ 成服:亲属穿上丧服,为死者服丧。

⑤ 以吴琚为中间人。

⑥ 尚书左选:尚书省吏部下属的铨选机构,负责中高级文臣的铨选,设郎中、员外郎主其事。

今嘉王长,若预建参决①,则疑谤释矣。"正从之,率宰执入奏云:"皇子嘉王,仁孝夙成,宜早正储位以安人心。"不报。越六日又请,御札付丞相云:"历事岁久,念欲退闲②。"正得之大惧,因朝佯仆于庭③,即出国门④,上表请老⑤。

初,正始议帝以疾未克主丧,宜立皇太子监国,设议内禅⑥,太子可即位,而赵汝愚请以太皇太后旨禅位嘉王。正谓建储诏未下,遽及此,他日必难处,与汝愚异,遂以肩舆五鼓逃去⑦。

〔绍熙内禅〕

纲 太皇太后诏嘉王扩成服即位,尊帝为太上皇帝,皇后为太上皇后。

目 留正既去,人心益摇,会帝临朝,忽仆于地,赵汝愚忧危不知所出,内禅之议益决。属工部尚书赵彦逾结殿帅郭杲(gǎo)⑧,而与左选郎官叶适、左司郎中徐谊谋可以白内禅意于太皇太后者⑨,乃遣知阁门事韩侂(tuō)胄⑩。侂胄,琦五世孙⑪,太后女弟之子也。侂胄因所善内侍张宗尹以奏太后,不获命,逡巡将退。内侍关礼见而问之,侂胄具

① 预建参决:预先立为皇太子,使参决政务。
② 念欲退闲:想要退休,安享闲暇。
③ 佯仆:假装跌倒。
④ 国门:都城门。
⑤ 请老:请求致仕、退休。
⑥ 设:假设,假如。
⑦ 五鼓:五更,约凌晨三至五点。
⑧ 殿帅:禁军殿前司统帅,时郭杲任殿前兵马副都指挥使。
⑨ 左司郎中:尚书都省官员,协掌尚书都省事务。
⑩ 知阁门事:阁门司长官,掌朝会、宴享赞相礼仪等事。
⑪ 据《宋史·韩侂胄传》载,韩侂胄为韩琦曾孙,此作"五世孙"误。

述汝愚意。礼令少俟,入见太后而泣,太后问故,且云:"侂胄安在?"礼曰:"臣已留其俟命。"太后曰:"事顺则可,令谕好为之。"礼报侂胄,侂胄复命,日已向夕,汝愚始以其事语陈骙、余端礼,亟命郭杲等夜以兵分卫南北内①。时将禫(dàn)祭②,翌日甲子,群臣入,嘉王亦入,汝愚率百官诣梓宫前,太后垂帘,汝愚率同列再拜奏:"皇帝疾未能执丧,臣等乞立皇子嘉王为太子以系人心。皇帝批出有'念欲退闲'之旨,取太皇太后处分。"太后曰:"既有御笔,相公当奉行。"汝愚袖出所拟太后指挥以进云③:"皇帝以疾,至今未能执丧,曾有御笔,欲自退闲。皇子嘉王扩可即皇帝位,尊皇帝为太上皇帝,皇后为太上皇后。"太后览毕曰:"甚善。"乃命汝愚以旨谕皇子即位。皇子固辞曰:"恐负不孝名!"汝愚奏:"天子当以安社稷、定国家为孝。今中外人人忧乱,万一变生,置太上于何地?"众扶皇子入素幄④,披黄袍,方却立未坐⑤,汝愚率同列再拜。皇子诣几筵奠哭尽哀⑥,遂衰服出,就重华殿东庑素幄立⑦,内侍扶掖乃坐,百官起居讫⑧,行禫祭礼,寻诏:"即以寝殿为泰安宫,以奉上皇。"民心悦怿⑨,中外晏然,汝愚之力也。

① 南北内:南内皇宫、北内重华宫。
② 禫祭:除丧服之祭。
③ 指挥:命令。
④ 素幄:白布围成的帷幄、帐篷。
⑤ 却立:后退站立。
⑥ 奠哭:祭奠哭吊。
⑦ 东庑:东边的廊屋。
⑧ 百官起居:百官向皇帝行跪拜、舞蹈、问安起居的朝参礼仪。
⑨ 悦怿:欢欣,愉快。

纲 立皇后韩氏。

目 后，琦六世孙。父曰同卿，侂胄则其季父也①。被选入宫，能顺适两宫意，遂归嘉王邸，至是立为后。

纲 以赵汝愚兼权参知政事。

纲 召留正赴都堂视事②。

目 帝手札遣使召正还。侍御史张叔椿请议正弃国之罚③，乃徙叔椿为吏部侍郎，而正复相。

纲 以赵汝愚为右丞相。汝愚辞，遂以为枢密使。以陈骙知枢密院事，罗点签书院事，余端礼参知政事。

纲 加殿前都指挥使郭杲武康节度使，知阁门事韩侂胄汝州防御使。

目 韩侂胄欲推定策功，赵汝愚曰："吾，宗臣；汝，外戚也，何可以言功？"乃加杲节钺④，但迁侂胄防御使。侂胄大失望，然以传导诏旨，浸见亲幸，时时乘间窃弄威福。知临安府徐谊告汝愚曰："侂胄异时必为国患，宜饱其欲而远之。"不听。汝愚欲推叶适之功，适辞曰："国危效忠，职也，适何功之有？"及闻侂胄觖望，言于汝愚曰："侂胄所望不过节钺，宜与之。"不从。适叹曰："祸自此始矣！"遂力求补外。

纲 贬内侍陈源等十人。

---

① 按韩侂胄实为韩同卿叔祖，此称"季父"误。
② 视事：治事，供职。
③ 弃国：离开都城，抛弃国政。
④ 节钺：代指节度使。

[赵汝愚召用朱熹]

纲　八月,召朱熹至,以为焕章阁待制兼侍讲①。

目　先是,黄裳为嘉王府翊善,上谕之曰:"嘉王进学,皆卿之功。"裳谢曰:
"若欲进德修业,追迹古先哲王,则须寻天下第一等人。"上问为谁,裳
以熹对。彭龟年为嘉王府直讲,因讲鲁庄公不能制其母,云:"母不可
制,当制其侍御仆从。"王问:"此谁之说?"对曰:"朱熹说也。"自后每
讲必问熹说如何? 至是,赵汝愚首荐熹,遂自知潭州召入经筵②。
熹在道,闻泰安朝礼尚缺③,近习已有用事者,即具奏云:"陛下嗣位
之初,方将一新庶政④,所宜爱惜名器⑤,若使幸门一开⑥,其弊不可复
塞。至于博延儒臣,专意讲学,必求所以深得亲欢者,为建极导民之
本;思所以大振朝纲者,为防微虑远之图。"不报,且辞新命,不许。及
入对,首言:"乃者太皇太后躬定大策,陛下寅绍丕图⑦,可谓处之以
权,而庶几不失其正,今反不能无疑于逆顺之际,窃为陛下忧之。尤
有可诿者,亦曰陛下之心,前日未尝有求位之计,今日未尝忘思亲之
心,此则所以行权而不失其正之根本也。充未尝求位之心,以尽负罪
引慝之诚⑧;充未尝忘亲之心,以致温清定省之礼,始终不越乎此,而

---

① 焕章阁:收藏宋高宗文集、书法等的殿阁。
② 经筵:为帝王讲经论史而设的讲席。
③ 泰安:太上皇赵惇所居宫殿。
④ 庶政:各种政务。
⑤ 名器:爵位、官职。
⑥ 幸门:奸邪小人或侥幸者进身的门户。
⑦ 寅绍:敬承。丕图:宏图大业。
⑧ 负罪引慝:引咎自责。

大伦可正,大本可立矣。"时赵彦逾按视孝宗山陵,以为土肉浅薄,下有水石,孙逢吉覆按,乞别求吉兆①。有旨集议,熹上议状言:"寿皇圣德,衣冠之藏,当博求名山,不宜偏信台史,委之水泉沙砾之中。"不报。

纲 增置讲读官。

〔留正罢相,赵汝愚相〕

纲 内批罢左丞相留正。

目 韩侂胄浸谋预政,数诣都堂,正使省吏谕之曰②:"此非知阁日往来之地③。"侂胄怒而退。会正与汝愚议欑宫不合④,侂胄因间之于帝,遂以手诏罢正出知建康府。正谨法度,惜名器,毫发不可干以私,与周必大俱以相业称。

纲 以赵汝愚为右丞相。

目 汝愚本倚留正共事,怒韩侂胄不以告,及来谒,因不见之,侂胄惭忿。罗点谓汝愚曰:"公误矣!"汝愚悟,乃见之,侂胄终不怿。

纲 九月,罗点卒。

目 点孝友端介⑤,不为矫激之行⑥。或谓天下事非才不办,点曰:"当论

① 兆:墓地。
② 省吏:三省宰相的属吏。
③ 知阁:韩侂胄时任知阁门事。日往来:每日或常日往来。
④ 欑宫:指宋孝宗丧礼诸事。
⑤ 端介:方正耿介。
⑥ 矫激:奇异偏激。

其心。心苟不正,才虽过人,亦何取哉!"时给事中黄裳亦卒,赵汝愚泣谓帝曰:"黄裳、罗点相继沦谢①,二臣不幸,天下之不幸也。"

纲以京镗(tāng)签书枢密院事。

纲冬十月,内批以谢深甫为御史中丞,刘德秀为监察御史,罢右正言黄度。

〔韩侂胄谋去赵汝愚〕

目韩侂胄日夜谋去赵汝愚,知阁门事刘弼(bì)亦以不得预内禅,心怀不平,因谓侂胄曰:"赵相欲专大功,君岂惟不得节钺,将恐不免岭海之行②!"侂胄愕然,问计,弼曰:"惟有用台谏耳。"侂胄问:"若何而可?"弼曰:"御笔批出是也。"侂胄然之,遂以内批拜给事中谢深甫为中丞。

会汝愚请令近臣荐御史,侂胄密以其党刘德秀属深甫,遂以内批用之。由是刘三杰、李沐等牵连以进,言路皆侂胄之人,排斥正士。朱熹忧其害政,每因进对,为帝切言之。复疏白汝愚,当以厚赏酬侂胄之劳,勿使预政。汝愚为人疏③,谓其易制,不以为虑。

黄度将上疏论侂胄之奸,侂胄觉之,以御笔除度知平江府。度言:"蔡京擅权,天下所由以乱。今侂胄假御笔逐谏臣,使俯首去,不得效一言,非国之利也。"固辞,奉祠归养。

---

① 沦谢:去世。
② 岭海:岭南,今广东、广西、海南一带。
③ 疏:不细密。

〔朱熹罢〕

纲 闰月,内批罢焕章阁待制兼侍讲朱熹。

目 熹每进讲,务积诚意以感动帝心,以平日所论著敷陈开析,坦然明白,
可举而行。讲毕,有可以开益帝德者罄竭无隐①,帝亦虚心嘉纳焉。
至是,以黄度之去,因讲毕奏疏,极言"陛下即位,未能旬月,而进退宰
臣,移易台谏,皆出陛下之独断,中外咸谓左右或窃其柄,臣恐主威下
移,求治反乱矣"。疏入,侂胄大怒,使优人峨冠阔袖象大儒戏于帝
前,因乘间言熹迂阔不可用。帝方倚任侂胄,乃出御批云:"悯卿耆
艾②,恐难立讲,已除卿宫观。"赵汝愚袖御笔见帝,且见且拜,帝不
省,汝愚因求罢去,不许。越一日,侂胄使其党封内批付熹,熹即附奏
谢,遂行。中书舍人陈傅良封还录黄,起居郎刘光祖、起居舍人邓驲
(n)、御史吴猎、吏部侍郎孙逢吉、登闻鼓院游仲鸿交章留熹③,皆不
报。傅良、光祖亦坐罢④。工部侍郎黄艾,因侍讲问逐熹之骤,帝曰:
"始除熹经筵耳,今乃事事欲与闻。"艾力辨其故,帝不听。熹登第五
十年,仕于外仅九考,立朝才四十六日,进讲者七,知无不言,既去,侂
胄益无所忌惮矣。

纲 十一月,以韩侂胄兼枢密都承旨⑤。

---

① 罄竭:竭尽。
② 耆艾:年老。
③ 登闻鼓院:官署名,掌接受文武官员及士民章奏表疏。游仲鸿时任监登闻鼓院。
④ 坐:定罪。
⑤ 枢密都承旨:枢密院承旨司长官,掌承宣旨命,通领枢密院事务。

纲 诏行孝宗皇帝丧三年。葬永阜陵。

纲 十二月,内批罢吏部侍郎兼侍讲彭龟年,进韩侂胄一官。

目 侂胄权势日重,龟年上疏条奏其奸,请去之,且云:"陛下逐朱熹太暴,
故欲陛下亦亟去此小人,毋使天下人谓陛下去君子易,去小人难。"于
是龟年、侂胄俱请祠,帝欲两罢其职,陈骙进曰:"以阁门去经筵①,何
以示天下?"既而内批龟年与郡,侂胄进一官,与在京宫观。给事中林
大中、中书舍人楼钥缴奏,以为非是,不听,由是侂胄益横。

纲 陈骙罢,以余端礼知枢密院事,京镗参知政事,郑侨同知枢密院事。

目 骙与赵汝愚素不协,未尝同堂语。及争彭龟年事,韩侂胄语人曰:"彭
侍郎不贪好官,固也,元枢亦欲为好人邪②?"故罢之,而引京镗居政
府以间汝愚。汝愚孤立于朝,天子亦无所倚信。

纲 以赵彦逾为四川制置使。

目 工部尚书赵彦逾以有功于帝室,冀赵汝愚引居政府。及除蜀帅,大
怒,遂与韩侂胄合,因陛辞,疏廷臣姓名于帝,指为汝愚之党。且曰:
"老奴今去,不惜为陛下言之。"由是帝亦疑汝愚矣。

　　宁宗皇帝

[赵汝愚罢相]

纲 乙卯,宁宗皇帝庆元元年(1195)③,春正月,白虹贯日。以李沐为右

----

① 阁门:代指韩侂胄。经筵:代指朱熹。
② 元枢:陈骙时任知枢密院事,故称。
③ 金明昌六年。

正言。二月,罢右丞相赵汝愚。

目 韩侂胄欲逐汝愚而难其名,谋于京镗。镗曰:"彼宗姓也,诬以谋危社稷,则一网打尽矣。"侂胄然之。以秘书监李沐尝有怨于汝愚,引为右正言,使奏"汝愚以同姓居相位,将不利于社稷,乞罢其政,以奠安天位,杜塞奸源"。是日,汝愚出浙江亭待罪①,遂以观文殿大学士出知福州。谢深甫等论:"汝愚冒居相位,今既罢免,不当加以书殿隆名、帅藩重寄,乞令奉祠请咎。"命提举洞霄宫。直学士院郑湜(shí)草制词,有曰:"顷我家之多难,赖硕辅之精忠。持危定倾,安社稷以为悦;任公竭节,利国家无不为。"坐无贬词,亦免官。

兵部侍郎章颖侍经帏②,帝曰:"谏官有言赵汝愚者,卿等谓何?"同列漫无可否,颖奏言:"天地变迁,人情危疑,加以敌人嫚(màn)侮③,国势未安,未可轻退大臣,愿降诏宣谕汝愚,毋听其去。"国子祭酒李祥言:"去岁国遭大慼(qī)④,中外汹汹⑤,留正弃宰相而去,官僚几欲解散,军民皆将为乱,两宫隔绝,国丧无主。汝愚以枢臣独不避殒身灭族之祸,奉太皇太后命翊陛下以登九五⑥。勋劳著于社稷,精忠贯于天地,乃卒受黯黮(dàn)而去⑦,天下后世其谓何?"知临安府徐谊素为汝愚所器,凡有政务,多咨访之。谊随事裨助,不避形迹,又尝劝汝愚早退,及豫防侂胄之奸,侂胄尤怨之。及是,与国子博士杨简亦抗论

---

① 浙江亭:在临安城外。
② 经帏:经筵。
③ 嫚侮:轻蔑侮辱。
④ 大慼:指宋孝宗去世。
⑤ 汹汹:动荡不安。
⑥ 翊:辅佐。
⑦ 黯黮:昏暗不明,比喻不明之冤。

留汝愚,李沐劾为党,皆斥之。

綱　夏四月,安置太府寺丞吕祖俭于韶州①。

目　祖俭上书诉赵汝愚之忠,并论朱熹老儒,彭龟年旧学,李祥老成,不
当罢斥,语侵韩侂胄。有旨:"祖俭朋比罔上,送韶州安置。"或谓侂
胄曰:"自赵丞相去,天下已切齿,今又投祖俭瘴乡②,不幸或死,则
怨益重。"侂胄始改送吉州。祖俭尝曰:"因世变有所摧折失其素履
者③,固不足言,因世变而意气有所加者,亦私心也。"竟死吉州。

綱　以余端礼为右丞相,郑侨参知政事,京镗知枢密院事,谢深甫签书院事。

〔太学生伏阙上书〕

綱　流太学生杨宏中等六人。

目　宏中与周端朝、张衟(dào)、林仲麟、蒋傅、徐范六人伏阙上书,言:"近
者谏官李沐论罢赵汝愚,陛下独不念去岁之事乎? 人情惊疑,变在朝
夕,是时假非汝愚出死力,定大议,虽百李沐,罔知攸济④! 当国家多
难,汝愚立枢府,本兵柄,指挥操纵,何向不可? 不以此时为利,今上
下安妥,乃有异议乎? 章颖、李祥、杨简发于中激,力辨其非,即遭斥
逐。六馆之士⑤,拂膺愤怨⑥,李沐自知邪正不两立,思欲尽覆正人以

① 韶州:治今广东韶关市。
② 瘴乡:瘴疠之乡。
③ 素履:平素的操行。
④ 罔知攸济:不知当往何处去。
⑤ 六馆:国子学、太学、四门、律学、书学、算学。
⑥ 拂膺:气逆胸臆,极言愤怒之意。

便其私,必托朋党以罔陛下之听①。臣恐君子小人消长之机于此一判,则靖康已然之验,何堪再见于今日邪? 伏愿陛下念汝愚之忠勤,察祥、简之非党,灼李沐之回邪②,窜沐以谢天下,还祥等以收士心。"疏上,诏:"宏中等罔乱上书,扇摇国是,悉送五百里外编管。"

〔打击道学〕

纲 六月,右正言刘德秀乞考核邪正真伪,遂罢国子司业汪逵等。

目 自程颢、程颐传孔、孟千载之学,其徒杨时传之罗从彦,从彦传之李侗。朱熹师侗,致知力行,其学大振,流俗丑正③,多不便之,遂有"道学"之名,阴以攻诋。及韩侂胄用事,士大夫宗为清议所摈者④,乃教以凡相与异者,皆道学之人也,阴疏姓名授之,俾以次斥逐。或又为言:"以道学目之,则有何罪? 当名曰伪学。"盖谓贪黩放肆乃人真情⑤,廉洁好修者皆伪耳。由是有伪学之目,善类皆不自安。至是,德秀上言:"邪正之辨,无过于真与伪而已。彼口道先王之言,而行如市人所不为,在兴王之所必斥也。昔孝宗垂意规复,首务核实,凡言行相违者未尝不深知其奸,臣愿陛下以孝宗为法,考核真伪以辨邪正。"诏下其章。由是博士孙元卿、袁燮、国子正陈武皆罢⑥。汪逵入札子辨之,德秀以逵为狂言,亦被斥。中丞何澹急欲执政,亦上疏言:

---

① 罔:蒙蔽。
② 灼:明白,透彻。回邪:邪佞、不正。
③ 丑:憎恶。
④ 宗:据《续编两朝纲目备要》卷四、《庆元党禁》当作"素"。摈:抛弃,排除。
⑤ 贪黩:贪污。
⑥ 博士:国子博士、太学博士,学官名。国子正:即太学正,掌举行学规、考校训导。

"专门之学,流而为伪,空虚短拙,文诈沽名。愿风厉学者,专师孔子,不必自相标榜。"诏榜于朝堂。

纲 加韩侂胄保宁节度使。

〔赵汝愚卒〕

纲 冬十一月,窜故相赵汝愚于永州,汝愚至衡州暴卒①。

目 韩侂胄忌汝愚,必欲置之死以息人言。至是,监察御史胡纮(hóng)上言汝愚倡引伪徒,谋为不轨,乘龙授鼎②,假梦为符③,因条奏其十不逊,且及徐谊。诏责汝愚宁远军节度副使、永州安置,谊惠州团练副使、南安军安置④。汝愚怡然就道⑤,谓诸子曰:"观侂胄之意,必欲杀我,我死,汝曹尚可免也。"明年正月,行至衡州,病作,衡守钱鍪(móu)承侂胄密谕,窘辱百端⑥,汝愚暴薨,天下闻而冤之。

纲 丙辰,二年(1196)⑦,春正月,以余端礼、京镗为左、右丞相,谢深甫参知政事,郑侨知枢密院事,何澹同知院事。

纲 二月,以端明殿学士叶翥(zhù)知贡举。

目 翥与刘德秀同知贡举,奏言:"伪学之魁⑧,以匹夫窃人主之柄,鼓动

---

① 衡州:治今湖南衡阳市。
② 赵汝愚曾经梦见宋孝宗授以汤鼎,背负白龙升天。
③ 符:符瑞,征兆。
④ 南安军:治今江西大余县。
⑤ 就道:上路,出发。
⑥ 窘辱:困迫凌辱。
⑦ 金承安元年。
⑧ 伪学之魁:道学领袖,指朱熹。

天下,故文风未能丕变。乞将'语录'之类尽行除毁。"故是科取士,稍涉义理者悉皆黜落,六经、《语》《孟》《中庸》《大学》之书为世大禁。

纲 夏四月,余端礼罢。

纲 以何澹参知政事,叶翥签书枢密院事。罢礼部侍郎倪思。

目 初,翥要思列疏论伪学①,思不从,韩侂胄遂荐翥而罢思。

纲 秋七月,罢殿中侍御史黄黼。

目 中书舍人汪义端引唐李林甫故事,以伪学之党皆名士,欲尽除之。太皇太后闻而非之,帝乃诏台谏、给舍:"论奏不必更及旧事,务在平正,以副朕建中之意。"诏下,韩侂胄及其党皆怒,刘德秀遂与御史张伯垓(gāi)、姚愈等上疏力争,以为不可,乃改"不必更及旧事"为"不必专及旧事"。自是侂胄与其党攻治之志愈急矣②。

黄黼上言:"治道在黜首恶而任其贤,使才者不失其职,而不才者无所憾。故仁宗尝曰:'朕不欲留人过失于心。'此皇极之道也。"遂罢黼而以姚愈代之。

〔庆元党禁〕

纲 八月,禁用伪学之党。

目 太常少卿胡纮上书言:"比年以来,伪学猖獗,图为不轨,摇动上皇,诋

---

① 要:约请。
② 攻治:攻击,惩治。

诬圣德,几至大乱。赖二三大臣、台谏,出死力而排之①,故元恶陨命,群邪屏迹。自御笔存救偏建中之说,或者误认天意,急于奉承,倡为调停之议,取前日伪学之奸党次第用之,以冀幸其他日不相报复。往者建中靖国之事,可以为戒,陛下何未悟也? 宜令退伏田里,循省愆咎②。"遂诏:"伪学之党,宰执权住进拟③。"自是学禁愈急。已而言者又论伪学之祸,乞鉴元祐调停之说,杜其根源,遂有诏:"监司、帅守荐举改官④,并于奏牍前声说非伪学之人⑤。"会乡试⑥,漕司前期取家状⑦,必令书"系不是伪学"五字。抚州推官柴中行⑧,独申漕司云:"自幼习《易》,读《程氏易传》,未审是与不是伪学? 如以为伪,不愿考校。"士论壮之。

评庆元党禁:

　　庆元党禁是南宋庆元年间一次大规模打击程朱道学的政治运动。其发生有着复杂的历史背景:一方面,道学经过宋孝宗朝的发展,已经成为宋代新儒学诸派中影响最大的学派;另一方面,这一学派迟迟未能定于一尊,朝野间始终存在着一股反对力量。宋光宗、宁宗绍熙内禅后,赵汝愚、韩侂胄矛盾暴发,成为此次党禁的导火索。在韩侂胄主导下,道学

————————————————

① 排:除去。
② 循省愆咎:省察罪过。
③ 权住:暂停。
④ 监司:有监察州县之权的路级长官,即转运使、副使、判官与提点刑狱、提举常平等。帅守:兼任安抚使的知州、知府。荐举改官:选人任满后获得举主推荐,升为京官。
⑤ 奏牍:推荐改官的奏疏。
⑥ 乡试:地方对当地士人进行考试,合格者解送朝廷参加省试,也称"解试"。
⑦ 漕司:转运司。家状:记述科举士子履历、三代、乡贯、年貌等信息的表状。
⑧ 推官:州府佐官,掌治刑狱。

被斥为"伪学",道学派领袖人物赵汝愚、朱熹等遭受贬斥,追随者也遭到不同程度的迫害。党禁持续时间不久,程朱学派在困厄中反而获得更高声誉。到理宗朝,程朱道学以"理学"之名被尊为正统,自北宋中期开始的"诸儒鸣道"局面亦告结束。

纲 冬十月,召陈贾为兵部侍郎。

目 以其尝击朱熹也。

纲 十二月,削秘阁修撰朱熹官,窜处士蔡元定于道州。

目 熹家居,自以蒙累朝知遇之恩,且尚带从臣职名,义不容默,乃草封事数万言,陈奸邪蔽主之祸,因以明丞相赵汝愚之冤。子弟诸生更进迭谏①,以为必且贾(gǔ)祸②,熹不听。蔡元定请以蓍决之③,遇遯之同人④,熹默然,取稿焚之,遂上奏力辞职名。诏仍充秘阁修撰。时台谏皆韩侂胄所引,汹汹争欲以熹为奇货,然无敢先发者。胡纮未达时,尝谒熹于建安⑤。熹待学子惟脱粟饭⑥,遇纮不能异也。纮不悦,语人曰:"此非人情。只鸡樽酒,山中未为乏也。"及是为监察御史,乃锐然以击熹自任。物色无所得,经年酝酿,章疏乃成,会改太常少卿,不果。

　　有沈继祖者,为小官时尝采摭熹《语》《孟》之语以自售。至是,以追

①更进迭谏:接连劝说。
②贾祸:自招祸患。
③蓍:占卜。
④遯之同人:一说"遯之家人"。"遯"同"遁",遁卦有退避之意。
⑤建安:郡名,即建州。
⑥脱粟饭:仅脱谷皮的糙米饭。

论程颐,得为御史。纮以疏草授之,继祖遂诬论熹十罪,且言:"熹剽窃张载、程颐之余论,以吃菜事魔之妖术簧鼓后进①,张浮驾诞,私立品题,收召四方无行义之徒以益其党伍,潜形匿迹,如鬼如魅。乞褫(chǐ)熹职罢祠②。其徒蔡元定佐熹为妖,乞送别州编管。"诏熹落职罢祠,窜元定于道州。

元定生而颖异,父发博览群书,以《程氏语录》《邵氏经世》《张氏正蒙》授元定,曰:"此孔、孟正脉也。"元定深涵其义。既长,辨析益精。登建阳西山绝顶,忍饥啖荠以读书③。闻熹名,往师之。熹叩其学,惊曰:"季通④,吾老友也。"凡性与天道之妙,他弟子不得闻者,必以语元定焉。尤袤、杨万里交荐于朝,召之不起。会伪学党禁之论起,元定曰:"吾其不免乎。"及闻贬,不辞家即就道。熹与从游者百余人饯别萧寺中⑤,坐客兴叹,有泣下者。熹微视元定,不异平时,因喟然曰:"交朋相爱之情⑥,季通不挫之志,可谓两得矣。"众谓宜缓行,元定曰:"获罪于天,天可逃乎?"杖屦(jù)同其子沈行三千里⑦,脚为流血,无几微见言面⑧。至舂陵⑨,远近来学者日众,州士子莫不趋席下以听讲说。爱元定者谓宜谢生徒⑩,元定曰:"彼以学来,何忍拒之,若

---

① 吃菜事魔:摩尼教,又称明教。簧鼓后进:以花言巧语惑乱青年。
② 褫:剥夺。
③ 荠:荠菜,泛指蔬菜。
④ 季通:蔡元定字。
⑤ 萧寺:佛寺。
⑥ 交朋:朋友。
⑦ 杖屦:手杖与鞋子,意为徒步前往。
⑧ 很少在语言和脸色上有所表现。
⑨ 舂陵:郡名,即道州,今湖南道县。
⑩ 谢:谢绝。

有祸患,亦非闭门塞窦所能避也①。"贻书训诸子曰:"独行不愧影,独寝不愧衾②,勿以吾得罪故遂懈其志。"在道逾年卒。元定于书无所不读,于事无所不究,义理洞见大原,图书礼乐制度无不精妙,著《洪范解》《大衍详说》《律吕新书》行于世,学者尊之曰西山先生。熹尝曰:"造化微妙,惟深于理者能识之,吾与季通言而不厌也。"每诸生请疑,必令先质元定③,而后为之折衷。

纲 丁巳,三年(1197)④,春正月,郑侨罢。

纲 夏闰六月,贬留正为光禄卿⑤,居之邵州。

目 朝散大夫刘三杰免丧入见⑥,论留正共引伪学之罪。侂胄大喜,即日降旨除三杰右正言,正坐贬邵州居住。

纲 冬十一月,太皇太后吴氏崩。

〔置伪学之籍〕

纲 十二月,籍伪学,罢吏部侍郎黄由。

目 知绵州王沇(yǎn)上疏⑦:"乞置伪学之籍,仍自今曾受伪学举荐、关升⑧,

① 窦:孔洞。
② 衾:被子。
③ 质:询问。
④ 金承安二年。
⑤ 光禄卿:光禄寺长官,掌宫殿门户及一部分宫廷供御事务。
⑥ 朝散大夫:文臣寄禄官。
⑦ 绵州:治今四川绵阳市。
⑧ 关升:经核准升官。

及刑法廉吏自代之人,并令省部籍记姓名①,与闲慢差遣②。"从之。于是伪学逆党得罪著籍者③,赵汝愚、留正、周必大、王蔺四人为之首,朱熹、徐谊、彭龟年、陈傅良、薛叔似、章颖、郑湜、楼钥、林大中、黄由、黄黼、何异、孙逢吉、刘光祖、吕祖俭、叶适、杨芳、项安世、沈有开、曾三聘、游仲鸿、吴猎、李祥、杨简、赵汝谠、赵汝谈、陈岘(xiàn)、范仲黼、汪逵、孙元卿、袁燮、陈武、田澹、黄度、张体仁④、蔡幼学、黄颢、周南、吴柔胜、李埴(zhí)、王厚之、孟浩、赵巩、白炎震、皇甫斌、危仲任、张致远、杨宏中、周端朝、张衜、林仲麟、蒋傅、徐范、蔡元定、吕祖泰,凡五十九人。黄由上言:"人主不可待天下以党与,不必置籍以示不广。"殿中侍御史张岩劾由阿附,罢之。而擢㳦为利州路转运判官。

纲戊午,四年(1198)⑤,春正月,以叶翥同知枢密院事。

纲夏五月,加韩侂胄少傅,封豫国公。

纲诏严伪学之禁。

纲秋七月,叶翥罢。八月,以谢深甫知枢密院事,许及之同知院事。

〔大臣谄事韩侂胄〕

目及之为吏部尚书,谄事韩侂胄无所不至。居二年不迁,见侂胄流涕,

---

① 省部:尚书省吏部。
② 闲慢差遣:清闲而无足轻重的官职。
③ 著籍:登记姓名于簿册。
④ 张体仁:即詹体仁。
⑤ 金承安三年。

叙其知遇之意,衰迟之失,不觉屈膝,侂胄恻然怜之,故有是命。侂胄
尝值生辰,群公上寿,既毕集,及之适后至,阍(hūn)人掩关拒之①。及
之大窘,会门闸未及闭,遂俯偻而入②。当时有"由窦尚书,屈膝执
政"之语,传以为笑。

〔纲〕育太祖十世孙与愿于宫中,赐名曣。

〔目〕帝未有嗣,京镗等请择宗室子育之。诏育燕懿王德昭九世孙与愿于
宫中,年六岁矣,寻赐名曣,封卫国公。

〔纲〕以赵师罶(zé)为工部侍郎。

〔目〕师罶附韩侂胄得知临安府,侂胄生日,百官争贡珍异,师罶最后至,出
小合曰:"愿献少果核侑(yòu)觞③。"启之,乃粟金蒲桃小架④,上缀大
珠百余颗,众惭沮。侂胄有爱妾张、谭、王、陈四人,皆封郡夫人,其次
有名位者又十人。或献北珠冠四枚于侂胄,侂胄以遗四夫人,其十人
亦欲之,未有以应也。师罶闻之,亟市北珠制十冠以献。十人者喜,
为求迁官,拜工部侍郎。侂胄尝与众客饮南园,过山庄,顾竹篱草舍
曰:"此真田舍间气象,但欠犬吠鸡鸣耳。"俄闻犬嗥丛薄⑤,视之,乃
师罶也。侂胄大笑,闻者莫不鄙之。

〔纲〕己未,五年(1199)⑥,春正月,夺前起居舍人彭龟年等官。

---

① 阍人:守门人。
② 俯偻:低头曲背。
③ 侑:相助,助兴。
④ 粟金:粟状的金粒。蒲桃:葡萄。
⑤ 嗥:嚎叫。丛薄:茂密的草丛。
⑥ 金承安四年。

纲二月,放主管玉虚观刘光祖于房州①。

目光祖撰《涪州学记》,谓"学者明圣人之道以修其身,而世方以道为伪,以学为弃物。好恶出于一时,是非定于万世"。谏议大夫张釜劾"光祖佐逆不成,蓄愤怀奸,欺世罔上"。诏落职房州居住。

纲秋八月,帝始朝太上皇于寿康宫。

纲九月,加韩侂胄少师,封平原郡王。

纲是岁,诸州大水。

纲庚申,六年(1200)②,春闰二月,以京镗、谢深甫为左、右丞相,何澹知枢密院事。

〔朱熹卒〕

纲三月,故秘阁修撰朱熹卒。

目熹家贫,故诸生自远至者,豆饭藜羹率与之共③,往往称贷于人以给用④。非其道义,一介不取也。时攻伪学日急,士之绳趋步尺⑤,稍以儒自名者,无所容其身。从游之士,特立不顾者屏伏丘壑,倚阿巽懦者更名他师⑥,

① 房州:治今湖北房县。
② 金承安五年。
③ 豆饭藜羹:豆做的饭,藜菜做的羹,泛指粗劣的食物。
④ 称贷:举债,借贷。
⑤ 绳趋步尺:举动小心谨慎,不敢逾越尺度。
⑥ 巽懦:卑顺,怯懦。更名他师:更改姓名,师从他人。

过门不入,甚至变易衣冠,狎游市肆①,以自别其非党。而熹日与诸生讲学不休,或劝其谢遣生徒者,笑而不答。疾且革②,正坐,整衣冠,就枕而卒,年七十一。将葬,右正言施康年言:"四方伪徒聚于信上,欲送伪师之葬,会聚之间,非妄谈时人短长,则谬议时政得失,望令守臣约束。"从之。

熹所著,有《易本义》《启蒙》《蓍卦考误》《诗集传》《大学中庸章句》《或问》《论语孟子集注》《太极图》《通书》《西铭解》《楚辞集注辨正》《韩文考异》;所编次,有《论孟集义》《孟子指要》《中庸辑略》《孝经刊误》《小学书》《通鉴纲目》《宋名臣言行录》《家礼》《近思录》《河南程氏遗书》《伊洛渊源录》《仪礼经传通解》。其门人不可胜计,最知名者:黄榦、李燔(fán)、张洽、陈淳、李方子、黄灏、蔡沈、辅广。

榦之言曰:"道之正统,待人而后传。自周以来,任传道之责不过数人,而能传斯道,章章较著者③,一二人而止耳。由孔子而后,曾子、子思得其微,至孟子而始著;由孟子而后,周、程、张子继其统④,至熹而始著。"众以为知言。榦初见熹,夜不设榻,不解带。熹语人曰:"直卿志坚思苦⑤,与之处,甚有益。"因妻以女。及熹病革,以深衣及所著书授榦,与之诀曰:"吾道之托在此,吾无憾矣!"熹殁,榦弟子日盛,编礼著书,讲论经理,朝夕不倦。卒赠朝奉郎。

燔初见熹,熹告以曾子"弘毅"之语,燔因以"弘"名其斋。凡诸生未

---

① 狎游:嬉戏玩乐。

② 疾且革:病情危急。

③ 章章较著:彰明显著。

④ 周、程、张子:周敦颐、程颢、程颐、张载。

⑤ 直卿:黄榦字。

达者,熹先令访燔,俟有所发,乃从而折衷之,诸生畏服。燔尝曰:"凡人不必待仕宦有位为职事方为功业,但随力到处有以及物,即功业矣!"居家讲道,学者宗之。卒赠直华文阁①。

洽从熹学,自六经传注而下皆究其指归。熹嘉其笃志,谓黄榦曰:"所望以永斯道之传者,二三君也。"洽自少用力于敬,平居不异常人,至义所当为,则勇不可夺。著《春秋集注》《地理沿革表》行于世。仕终直宝章阁。

淳少习举子业,林宗臣见而奇之,谓曰:"此非圣贤事业也。"因授以《近思录》,淳读之,遂尽弃其业而学焉。及熹至漳,淳请受教,为学益力。熹语人曰:"吾南来喜得陈淳。"由是所闻皆切要语。及熹没,淳追思之,痛自裁抑。无书不读,无物不格②,日积月累,义理贯通,恬退自守,多所著述。仕终安溪主簿③。

方子端敬纯笃。初见熹,熹谓曰:"观公为人,自是寡过④,但宽大中要规矩,和缓中要果决。"方子遂以"果"名其斋。尝曰:"吾于问学虽未能尽,然幸于大本有见处,此心常觉泰然,不为物欲所渍耳。"

灏性行端饬⑤,以孝友称。

广淳谨勤恪,尝著《四书纂疏》《诗传童子问》,以发明师旨。

沈,元定子也,著《书传》。

纲 夏六月,太上皇后李氏崩。

──────────

① 华文阁:收藏宋孝宗文集、书法等的殿阁。
② 格:穷究原理。
③ 安溪:县名,今福建安溪县。
④ 寡过:少犯错误。
⑤ 端饬:庄重谨慎。

纲 许及之罢。

纲 秋七月，以陈自强签书枢密院事。

纲 八月，太上皇崩。

纲 京镗卒。

纲 九月，处士吕祖泰上书请诛韩侂胄，诏配祖泰于钦州牢城①。

目 祖泰，祖俭从弟也。性疏达，尚气谊，论世事无所忌讳。先是，祖俭以
言事贬，祖泰语其友曰："自吾兄之贬，诸人箝（qián）口②。我虽无位，
义必以言报国。当少须之③，今亦未敢以累吾兄也。"至是祖俭卒，祖
泰乃击登闻鼓，上书论韩侂胄有无君之心，请诛之以防祸乱，其略曰：
"道学，自古所恃以为国者也。丞相汝愚，今之有大勋劳者也。立伪
学之禁，逐汝愚之党，是将空陛下之国，而陛下不知悟邪？陈自强，侂
胄童稚之师，躐（liè）致宰辅④，陛下旧学之臣彭龟年等，今安在邪？苏
师旦，平江之吏胥，周筌，韩氏之厮役，人人知之，今师旦以潜邸随龙，
筌以皇后亲属，俱得大官，不知陛下在潜邸时果识师旦乎，椒房之亲
果有筌乎⑤？侂胄徒自尊大，而卑陵朝廷⑥，一至于此。愿亟诛侂胄、
师旦、筌，而逐罢自强之徒。故大臣在者，独周必大可用，宜以代之。
不尔，事将不测。"书出，中外大骇。有旨："吕祖泰挟私上书，语言狂

---

① 配：发配。
② 箝口：闭口不敢言。
③ 少须：稍待。
④ 躐：越级。
⑤ 椒房：后妃居住的宫殿，代指后妃。
⑥ 卑陵：贬低，侵犯。

妄,拘管连州①。"右谏议大夫程松与祖泰狎友,惧曰:"人知我素与游,其谓我与闻乎?"乃独奏言:"祖泰有当诛之罪,且其上书必有教之者。今纵不杀,犹当杖黥②,窜之远方。"乃杖祖泰一百,配钦州牢城收管。祖泰自期必死,冀以身悟朝廷,了无惧色。监察御史林采言伪习之成,造端自周必大,宜加绌削③,遂贬必大为少保。

纲 冬十月,加韩侂胄太傅。

纲 十一月,皇后韩氏崩。

纲 十二月,葬永崇陵④。

黄晓巍　评注

张　帆　高纪春　审定

---

① 拘管:拘押看管。

② 杖黥:施加杖击、刺面等刑罚。

③ 绌削:贬官。

④ 永崇陵:宋光宗陵墓,在今浙江绍兴市。

纲鉴易知录卷八五

卷首语:本卷起宋宁宗嘉泰元年(1201),止嘉定十七年(1224),共载宁宗朝二十四年的史事。宋宁宗朝政治的特点是权相秉政。开禧三年(1207)之前,韩侂胄先以近幸身份专权,后出任平章军国事,主持北伐金国,失败后被史弥远等所杀。后史弥远掌权,并在宁宗去世后扶立宋理宗赵昀为帝,继续秉政。在宋朝之外,西辽为乃蛮所灭。蒙古崛起,铁木真称成吉思汗,成立大蒙古国,攻略中亚、败金国、降西夏。金国在蒙古进逼之下,屡屡败退,迁都开封。

南宋纪

宁宗皇帝

纲 辛酉,嘉泰元年(1201)①,春二月,临安大火。

纲 秋七月,何澹罢。

目 时吴挺子曦为殿前副都指挥使,自以世守西蜀,为国藩屏,而身留行都②,不得如志,乃以贿赂宰辅,规图帅蜀,未及赂澹。韩侂胄已许之,澹持不可。侂胄怒曰:"始以君肯相就黜伪学,汲引至此③,今顾立异邪!"遂罢,奉祠。

纲 以陈自强参知政事,张釜签书枢密院事。

纲 以吴曦为兴州都统制。

目 曦至兴州,因谮(zèn)副都统制王大节④,罢之,由是兵权悉归于曦,异志遂成矣。

纲 八月,张釜罢。

纲 以张岩参知政事,程松同知枢密院事。

————————

① 金泰和元年。
② 行都:行在临安。
③ 汲引:引荐,提拔。
④ 谮:诬陷。

目皆附韩侂胄者。松谄侂胄尤甚,自知钱塘县,不二年,为谏议大夫,满岁未迁,殊快快。乃市一妾献之①,名曰"松寿"。侂胄曰:"奈何与大谏同名②?"答曰:"欲使贱名常达钧听耳。"侂胄怜之,遂除同知枢密院事。

纲乃蛮袭西辽③,灭之。

目西辽王直鲁古出猎,乃蛮王屈出律伏兵八千擒之而据其位,尊直鲁古为太上皇④,直鲁古寻死,辽祀始绝。

纲壬戌,二年(1202)⑤,春正月,以苏师旦兼枢密都承旨。

〔弛伪学党禁〕

纲二月,弛伪学党禁⑥,复诸贬谪者官。

目伪学之祸,虽本于韩侂胄欲去异己以快所私,然实京镗创谋,而何澹、刘德秀、胡纮成之。及镗死,三人亦罢,侂胄厌前事之乖戾,欲稍更改以消中外之议。会张孝伯谓侂胄曰:"不弛党禁,恐后不免报复之祸。"藉田令陈景思,侂胄之姻也,亦谓侂胄勿为已甚,侂胄然之。于是赵汝愚追复资政殿学士。党人见在者,徐谊、刘光祖、陈傅良诸人,咸先后复官自便。又削荐牍中"不系伪学"一节,俾勿复有言。时朱

① 市:购买。
② 大谏:谏议大夫,指程松。
③ 乃蛮:漠北草原的游牧部族,臣属于西辽。西辽:辽国灭亡后,契丹余部西走建立的政权,亦称喀喇契丹,在今中亚一带。
④ 屈出律乃蛮王子,乃蛮被蒙古攻灭后逃奔西辽,被西辽皇帝直鲁古召为驸马,不久篡位。
⑤ 金泰和二年。
⑥ 弛:解除。

熹没已逾年,周必大、留正各已贬秩致仕,诏熹以待制致仕,必大复少傅,正复少保。

纲秋八月,以袁说友同知枢密院事。冬十一月,以陈自强知枢密院事,许及之参知政事。

纲十二月,立贵妃杨氏为皇后。

目时后为贵妃,与曹美人俱有宠。韩侂胄以后颇涉书史,知古今,性警敏,任权术,而曹美人柔顺,劝帝立曹氏。帝不从,竟立后①,由是后与侂胄有怨矣。

纲加韩侂胄太师。

纲是岁大蝗。

纲癸亥,三年(1203)②,春正月,谢深甫罢。张岩罢。

纲帝视太学。

纲以袁说友参知政事,傅伯寿签书枢密院事。伯寿辞不拜。二月,以费士寅签书枢密院事。

纲夏五月,以陈自强为右丞相。

目时侂胄专权,凡所欲为,宰执惕息③,不敢为异,自强至印空名敕札授之④,

① 竟:终究。
② 金泰和三年。
③ 惕息:心跳气喘,形容极其恐惧。
④ 空名敕札:未填姓名的任官文书。

惟所欲为,宰执不预知也。言路扼塞,每月按举小吏一二人①,谓之
"月课"。又有泛论君德、时事,皆取其陈熟缓慢,略无撄拂者言之②。
或问之,则愧谢曰:"聊以塞责尔。"加以苞苴盛行,自强尤贪鄙,四方
致书馈必题其缄③,云"某物若干并献",凡书题无"并"字则不开。自
强每称侂胄为恩主、恩父,苏师旦为叔,堂吏史达祖为兄。侂胄奸宄
(guǐ)专政④,自强表里之功为多⑤。

纲以许及之知枢密院事。

纲秋七月,造战舰。八月,增置襄阳骑军。

纲九月,袁说友罢。冬十月,以费士寅参知政事,张孝伯同知枢密院事。

〔韩侂胄定议伐金〕

纲甲子,四年(1204)⑥,春正月,韩侂胄定议伐金。

目金为北鄙阻𪩘(bǔ)等部所扰⑦,无岁不兴师讨伐,兵连祸结,士卒涂
　炭,府仓空匮,国势日弱。有劝韩侂胄立盖世功名以自固者,侂胄然
　之,恢复之议遂起。聚财募卒,出封桩库黄金万两⑧,以待赏功,命吴

① 按举:检查举发。
② 撄拂:触犯,拂逆。
③ 书馈:书信和礼物。缄:包装。
④ 奸宄:奸诈不法。
⑤ 表里:呼应、配合。
⑥ 金泰和四年。
⑦ 阻𪩘:即鞑靼,金朝对漠北诸游牧部落的统称。
⑧ 封桩库:宋朝内库,直属于皇帝。

曦练兵西蜀。既而安丰守臣厉仲方①,言淮北流民咸愿归附,而浙东安抚使辛弃疾入见,言金国必乱亡,愿属元老大臣备兵为仓猝应变之计。侂胄大喜。郑挺、邓友龙等又附和其说,侂胄用师之意益锐矣。

纲 三月,临安大火,诏百官陈时政阙失。

纲 夏四月,许及之罢。以张孝伯参知政事,钱象祖同知枢密院事。

[追封岳飞为鄂王]

纲 五月,追封岳飞为鄂王。

目 先已赐谥武穆,至是,韩侂胄欲风厉诸将②,乃追封飞。寻封刘光世为
　　鄜王,赠宇文虚中少保。

纲 秋八月,张孝伯罢。

纲 冬十月,以张岩参知政事。十二月,诏宰相兼国用使。

目 韩侂胄议恢复,陈自强请遵孝宗典故,创国用司,总核内外财赋。遂以
　　自强兼国用使,费士寅、张岩同知国用事。掊(póu)克民财③,州郡骚动。

纲 乙丑,开禧元年(1205)④,春三月,费士寅罢。

纲 太白昼见⑤。

————————

① 安丰:即安丰军,治今安徽寿县。
② 风厉:即"讽励",勉励。
③ 掊克:搜括。
④ 金泰和五年。
⑤ 太白:金星。

纲夏四月,以钱象祖参知政事,刘德秀签书枢密院事。

纲以皇甫斌知襄阳府。

目寻以斌为京西北路招抚副使①。

纲窜武学生华岳于建宁。

目岳上书,谏朝廷未宜用兵启边衅,且乞斩韩侂胄、苏师旦、周筠以谢天
下。侂胄大怒,下岳大理,编管建宁。

纲五月,金以仆散揆为河南宣抚使。

纲秋七月,诏韩侂胄平章军国事②。

纲以苏师旦为安远节度使,领阁门事。

纲八月,金罢河南宣抚司。

纲以郭倪知扬州。

目寻兼山东、京东招抚使。

纲九月,刘德秀罢。

纲遣使如金。

纲以丘崈为江淮宣抚使,崈辞不拜。

目初,韩侂胄以北伐之议示崈,崈曰:“中原沦陷且百年,在我固不可一

---

① 招抚副使:掌招降抚慰陷金军民之事。
② 平章军国事:宰相头衔之一,地位事权在宰相之上。

日而忘。然兵凶战危,若首倡非常之举,兵交,胜负未可知,则首事之祸,其谁任之?"侂胄不纳。至是,命宓宣抚江淮,宓手书切谏曰:"金人未必有意败盟,中国当示大体,宜申警军实①,使吾常有胜势,若衅自彼作,我有词矣。"因力辞不拜,侂胄不悦。

纲 丙寅,二年(1206)②,春二月,寿慈宫火③。

纲 以程松为四川宣抚使,吴曦副之。

目 松移司兴元④,东军三万属焉。曦进屯河池,西军六万属焉。仍听节制财赋,按劾计司,曦由是益得自专,松无所关与⑤。松始至,欲以执政礼见曦,责庭参⑥;曦闻之,及境而还。松用东、西军一千八百自卫,曦抽摘以去⑦,松亦不悟。寻诏曦兼陕西、河东招抚使。

纲 钱象祖罢。

纲 夏四月,以薛叔似为京湖宣抚使,邓友龙为两淮宣抚使。

纲 追夺秦桧王爵,改谥"缪丑"。

纲 金复命仆散揆会兵河南。

---

① 申警:警戒。军实:军备。
② 金泰和六年。
③ 寿慈宫:太皇太后吴氏所居宫殿。
④ 司:指四川宣抚司。
⑤ 关与:参与。
⑥ 庭参:下级官员趋步至官厅谒见长官,武官北面跪叩,自宣衔名,长官坐受。
⑦ 抽摘:抽调。

纲 吴曦反，献阶、成、和、凤四州于金以求封①。

目 曦既得志，与其从弟晛(xiàn)及徐景望、赵富、米修之、董镇共为反谋，阴遣其客姚淮源献阶、成、和、凤四州于金，求封蜀王。

〔开禧北伐〕

纲 郭倪遣兵复泗州。五月，下诏伐金。

目 韩侂胄闻已得泗州，乃议降诏，略曰："天道好还，中国有必伸之理；人心效顺，匹夫无不报之仇。蠢兹丑虏，犹托要盟②，朘(juān)生灵之资③，奉溪壑之欲。此非出于得已，彼乃谓之当然。军入塞而公肆创残④，使来庭而敢为桀骜。洎(jì)行李之继遣⑤，复嫚词之见加。含垢纳污，在人情而已极；声罪致讨，属胡运之将倾。兵出有名，师直为壮。言乎远，言乎近，孰无忠义之心？为人子，为人臣，当念祖宗之愤！"直学士院李璧之词也。

纲 郭倪遣兵攻宿州，大败。

目 时建康都统李爽攻寿州⑥，亦败。

纲 皇甫斌败绩于唐州。

目 时江州都统王大节攻蔡州，亦不克而溃。

———————————————

① 和：西和州，今甘肃西和县。
② 要盟：签订盟约。
③ 朘：刻剥，剥削。
④ 公肆创残：公然、大肆地行伤残百姓之事。
⑤ 洎：到，及。行李：使者。
⑥ 寿州：治今安徽凤台县。

纲 诏以宗室均为沂王拫嗣①,赐名贵和。

纲 六月,邓友龙免,以丘崈为两淮宣抚使。

纲 秋七月,苏师旦有罪,安置韶州。

纲 以张岩知枢密院事,李璧参知政事。

纲 夏李安全废其主纯祐而自立。

纲 冬十月,金仆散揆分兵入寇。

纲 金人围楚州。

纲 十一月,以丘崈签书枢密院事,督视江、淮军马。

纲 金人陷京西州军,招抚使赵淳焚樊城而遁②。

纲 金仆散揆陷安丰军,遂围和州。

目 揆引兵至淮,遣人密测淮水,惟八叠滩可涉,即遣奥屯骧扬兵下蔡③,声言欲渡,守将何汝励、姚公佐以为诚然,悉众屯花黡(yè)以备之。揆乃遣赛不等潜师渡八叠,驻于南岸。官军不虞其至,遂皆溃走,揆遂下安丰军。进围和州,屯于瓦梁河④,以控真、扬诸州之冲。乃整军列骑,张旗帜于沿江上下,于是江南大震。

---

① 沂王拫:赵拫,宋孝宗之孙。
② 樊城:今湖北襄阳市樊城区。
③ 下蔡:寿州倚郭县,今安徽凤台县。
④ 瓦梁河:即滁河,在今江苏南京市六合区。

纲金人入西和州。十二月，入成州，吴曦焚河池，退壁青野原①。

纲金人陷真州，寇六合，郭倪遣兵救之，败绩。倪弃扬州走。

〔吴曦之叛〕

纲金人入大散关，吴曦还兴州。

目时兴州都统制毋思以重兵守关，金人绕出关后，思孤军不能支，遂陷。曦退屯置(jū)口②，金完颜纲以金主命，立曦为蜀王，曦密受之，遂还兴州。是夜，天赤如血，光烛地如昼。翌日，曦召幕属谕意，谓"东南失守，车驾幸四明③，今宜从权济事。"王翼、杨骙之抗言曰："如此，则相公忠孝八十年门户，一朝扫地矣。"曦曰："吾意已决。"即遣任辛奉表献蜀地图及吴氏谱牒于金。

〔韩侂胄遣使与金议和〕

纲丘崈遣使如金军议和，金仆散揆还军下蔡。

目韩侂胄以师出屡败，悔其前谋，谕崈募人持书币赴敌营议和。崈乃遣刘祐持书于揆，愿讲好息兵，揆不从。崈复遣使相继以往，因许还其淮北流移人及今年岁币。揆始许之，自和州退屯下蔡。

纲薛叔似免。

_____

① 壁：营垒，壁垒。青野原：在今陕西略阳县。
② 置口：在今陕西略阳县。
③ 四明：指庆元府，旧称明州，治今浙江宁波市。

纲以毕再遇权山东、京东招抚司。

目时诸将用兵皆败,惟再遇数有功。金人常以水柜取胜①,再遇夜缚藁人数千②,衣以甲胄,持旗帜戈矛,俨立成行,昧爽③,鸣鼓,金人惊视,亟放水柜。后知其非兵也,甚沮。乃出兵攻之,金人大败。又尝引金人与战,且前且却,至于数四,视日已晚,乃以香料煮豆布地上,复前搏战,佯为败走。金人乘胜追逐,马饥,闻豆香,皆就食,鞭之不前;反攻之,金人马死者不可胜计。又尝与金人对垒,度金兵至者日众,难与争锋。一夕拔营去,留旗帜于营,并缚生羊,置其前二足于鼓上,击鼓有声;金人不觉为空营,复相持数日。及觉,欲追之则已远矣。

纲程松自兴元逃归。

[蒙古铁木真称汗]

纲蒙古奇渥温铁木真称帝于斡难河④。

目先是金主遣卫王允济往靖州受铁木真之贡,允济奇其状貌,归言于金主,请以事除之,金主不许。铁木真闻而憾之。

评铁木真"称帝":

"铁木真称帝于斡难河"实际上指的是大蒙古国的建立。1206 年,已经基本统一漠北草原的蒙古部首领铁木真在斡难河源召开贵族大会,

---

① 水柜:一种军事防御设施。
② 藁人:草人。
③ 昧爽:拂晓,黎明。
④ 奇渥温:铁木真出身的氏族,亦译乞颜。斡难河:也称鄂嫩河,黑龙江上游,在今蒙古国境内。

被推尊为成吉思汗,所建政权称大蒙古国(Yeke Mongghol Ulus)。大蒙古国是一个草原游牧政权,性质与中原王朝不同,首领并不称为皇帝;不过大蒙古国是元朝前身,元朝建立后追尊成吉思汗为"太祖圣武皇帝",因此"铁木真称帝"的说法,也并非无据。大蒙古国建立,具有重大的历史意义。在此后半个世纪里,蒙古贵族四出征伐,所向披靡,统治范围横跨欧亚,很大程度上改变了世界历史发展的进程和格局。同时,千余年来漠北草原统治部族更迭频繁、兴衰无常的混乱局面也就此结束,蒙古作为一个有持久生命力的民族活跃在历史舞台上,也为中华民族共同体的发展壮大做出了重要贡献。

纲 蒙古灭乃蛮。

纲 丁卯,三年(1207)①,春正月,罢丘崈,以张岩督视江、淮军马。

目 时金已有和意,崈上疏乞移书金帅以成前议,且言金人指韩侂胄为元谋,若移书,宜暂免系衔②。侂胄大怒,罢崈。

纲 以陈自强兼枢密使。

纲 吴曦自称蜀王。权大安军杨震仲死之。

目 曦召随军转运使安丙为丞相长史、权行都省事。丙度不能脱③,徒死无益,乃阳与而阴图之。曦又召权大安军杨震仲,震仲不屈,饮药而死。其他如陈咸自髡其发,史次秦自瞽其目,李道传、邓性甫等悉弃

_____

① 金泰和七年。
② 系衔:在文书后签署名衔。
③ 度:推测,估计。

官去。

纲 二月,以知建康府叶适兼江、淮制置使。

纲 金平章政事仆散揆卒于下蔡。

目 揆有疾,金主命左丞相完颜宗浩行省事于汴。至是,揆卒。揆为政多
惠,人乐为用。

〔安丙、杨巨源、李好义等诛吴曦〕

纲 四川转运使安丙诛吴曦,传首临安。

目 监兴州合江仓杨巨源谋讨曦,乃阴与曦将张林、朱邦宁及忠义士朱福
等深相结。眉州人程梦锡知之①,以告转运使安丙。丙时称疾,不视
事,乃属梦锡以书致巨源,延之卧所②。巨源曰:"非先生不足以主此
事,非巨源不足以了此事。"会兴州中军正将李好义,亦结军士李贵、
进士杨君玉、李坤辰、李彪等数十人谋诛曦。好义欲奉安丙主事,使
坤辰来邀巨源与会。巨源往与约,还报丙,丙大喜,始出视事。君玉
与白子申共草密诏。二月乙亥未明,好义帅其徒七十四人入伪宫。
巨源持诏乘马,自称奉使,入内户。曦启户欲逸③,李贵即前斫其首,
驰告丙。宣诏,军民拜舞④,声动天地,持曦首抚定城中,市不易肆。
尽收曦党杀之。

先是,韩侂胄闻曦反,大惧,召知镇江府宇文绍节问计。绍节云:"安

① 眉州:治今四川眉山市。
② 延:邀请。
③ 启户欲逸:开门想要逃跑。
④ 拜舞:跪拜、舞蹈表示庆贺。

丙非附逆者,必能讨贼。"侂胄乃密以书谕丙云:"若能图曦报国,即当不次推赏。"书未达而诛曦,露布已闻①,朝廷大喜。传曦首至临安,诏诛曦妻、子,夺曦父挺官爵,迁曦祖璘子孙出蜀,存璘庙祀。

纲 以方信孺为国信所参议官,如金军。

目 韩侂胄募可以报使金帅府者,近臣荐信孺可使,自萧山丞召赴都,命以使事。信孺曰:"开衅自我,金人若问首谋,当以何词答之?"侂胄矍然②。遂以信孺为奉使金国通谢国信所参议官,持张岩书以行。

纲 三月,安丙使兴州将李好义等复西和、阶、成、凤州及大散关。

纲 夏四月,程松以罪窜澧州。

纲 以钱象祖参知政事。

纲 金人复陷大散关。

纲 五月,太皇太后谢氏崩③。

纲 李好义袭秦州,与金将术虎高琪战,败绩。

目 好义还,为吴曦将王喜所毒而卒。朝廷虑喜为变,授节度使,移荆鄂都统制。

〔安丙杀杨巨源〕

纲 六月,安丙杀宣抚司参议官杨巨源。

---

① 露布:传递军事捷报的文书。
② 矍然:惊惧的样子。
③ 谢氏:宋孝宗皇后。

目初，吴曦诛，奖谕诏至兴州，巨源谓人曰"诏命一字不及巨源"，疑有以蔽其功者。俄报王喜授节度使，而巨源授通判，心益不平，乃诉功于朝。或谓安丙曰："巨源谋乱。"丙令喜鞫其党，皆抵罪。时巨源方与金人战于凤州之长桥而败，丙密使兴元都统制彭辂(lù)收巨源，械送阆州狱，至大安龙尾滩，丙使将校樊世显杀之。忠义之士闻者，莫不扼腕流涕。

纲秋七月，大旱，蝗。

目蝗飞蔽天，食浙西豆粟皆尽。诏郡邑赈恤之。

纲九月，贬方信孺官，遣右司郎中王柟(nán)如金军。

目信孺至濠州，纥石烈子仁下之于狱，露刃环守之，绝其薪水①，要以五事。信孺曰："反俘、归币，可也；缚送首谋，自古无之；称藩、割地，则非臣子所敢言。"子仁怒曰："若不望生还邪？"信孺曰："吾将命出国门时，已置生死度外矣。"子仁遣至汴见完颜宗浩，宗浩坚持五说。信孺辨对不少屈，宗浩不能诘，授以报书曰："和与战，俟再至决之。"信孺还，朝廷以林拱辰为通谢使，与信孺持国书誓草，及许通谢百万缗。信孺至汴，宗浩怒信孺不曲折建白②，遽以誓书来，有诛戮禁锢之语，信孺不为动。宗浩遣信孺还，复书于张岩曰："若斩元谋奸臣，函首以献，及添岁币五万两匹，犒师银一千万两，方可议和好。"信孺还，致其书。韩侂胄问之，信孺言："敌所欲者五事：一割两淮，二增岁币，三索归正人，四犒军银，五不敢言。"侂胄固问之，信孺徐曰："欲得太师头

---

① 薪水：柴火与饮用水。
② 曲折建白：详细具体地向宋廷建请汇报。

耳!"侂胄大怒,夺信孺三官,临江军居住。

信孺三使金师,以口舌折强敌,敌人计屈情见,虽未即和,然已有成说。及贬,欲再遣使,顾在廷无可者,近臣以王柟荐,乃命假右司郎中,持书北行。柟,伦之孙也。

〔史弥远等杀韩侂胄〕

<u>纲</u>　冬十一月,礼部侍郎史弥远诛韩侂胄于玉津园。诏暴侂胄罪恶于中外。

<u>目</u>　自兵兴以来,公私之力大屈①,而侂胄意犹未已②,中外忧惧。礼部侍郎兼资善堂翊善史弥远入对,因力陈危迫之势,请诛侂胄以安邦。皇后杨氏素怨侂胄,因使皇子荣王曮具疏言:"侂胄再启兵端,将不利于社稷。"帝不答。后从旁力赞之,帝犹未许。后请命其兄杨次山择群臣可任者与共图之,帝始允可。次山遂语弥远。弥远得密旨,先白钱象祖,象祖许之,象祖以告李璧。弥远自怀中出御批,罢韩侂胄平章军国事;陈自强阿附充位,罢右丞相,日下出国门③。仍命主管殿前司公事夏震以兵三百防护。象祖欲奏审,璧谓"事留恐泄",乃已。

翌日,侂胄入朝,至太庙前,震呵止之,从者皆散,震以兵拥侂胄至玉津园侧,殛(jí)杀之④。弥远、象祖以诛侂胄闻,遂下诏暴侂胄罪恶于中外。论功,进弥远为礼部尚书,加震福州观察使。

侂胄专政十四年,宰执、侍从、台谏、藩阃皆其门庑之人⑤,天子孤立于

---

① 屈:竭尽。

② 意犹未已:还没有结束战争之意。

③ 日下:当日,立刻。

④ 殛:诛杀。

⑤ 藩阃:安抚使、制置使等地方军政长官,封疆大吏。门庑之人:门客。

上,威行宫省,权震宇内。及籍其家,多乘舆服御之饰,其僭紊极矣。

纲 治韩侂胄党,窜陈自强于永州,斩苏师旦,流郭倪等于岭南,贬李璧
等官。

纲 以卫泾签书枢密院事。

纲 立荣王曮为皇太子,更名𬩽(chóu)。

纲 十二月,罢山东、京东、西路招抚司。

纲 以钱象祖为右丞相兼枢密使,卫泾、雷孝友参知政事,史弥远同知枢
密院事,林大中签书院事。

目 初,韩侂胄欲内(nà)交于大中①,大中不许,而上章极论其奸,因辞官
屏居,时事不挂于口。侂胄当国,或劝其通书以免祸②,大中曰:"福
不可求而得,祸可惧而免邪?"不听,凡十二年而复起。

纲 戊辰,嘉定元年(1208)③,春正月,以史弥远知枢密院事。

〔以韩侂胄首级予金国〕

纲 王柟还自汴。三月,以韩侂胄、苏师旦首畀金。

目 柟至汴,金主遣柟持书,求函韩侂胄首以赎淮南。柟还,言于朝,诏百
官议。吏部尚书楼钥曰:"和议重事,待此而决,奸凶已毙之首,又何

---

① 内交:结交。
② 通书:写信,通信。
③ 金泰和八年。

足惜!"遂命临安府斫棺取首,枭之两淮①,仍谕诸路以函首界金之事,遂以侂胄及师旦之首付王柟送金师,以易淮、陕侵地。

[复秦桧官爵谥号]

纲 复秦桧爵、谥。

纲 临安大火。

纲 夏六月,金人来归大散关及濠州。

目 王柟以韩侂胄、苏师旦首至金,金主璟遂命完颜匡等罢兵,更元帅府为枢密院,遣使来归大散关及濠州。

纲 卫泾罢。林大中卒。

纲 秋七月,召丘崈同知枢密院事,未至卒。

目 崈仪状魁杰,机神英悟,尝慷慨曰:"生无以报国,死愿为猛将以灭敌。"其忠义盖天性也。

纲 八月,以娄机同知枢密院事,楼钥签书院事。

目 钥持论坚正,忤韩侂胄意,奉祠累年。

机初为太常少卿,侂胄开边,机曰:"恢复之名非不美。今人才难得,财力未裕,万一兵连祸结,奈何?"邓友龙曰:"不逐此人则异议无所回。"遂斥外。及入枢府,时干戈甫定,信使往来,机裨赞之功为多②。

---

① 枭:枭首,悬首示众。
② 裨赞:辅助。

尤惜名器,守法度,进退人物,直言可否,不市私恩,不避怨。

纲 金遣使来,和议成。

[史弥远相]

纲 冬十月,以钱象祖、史弥远为左、右丞相,雷孝友知枢密院事,楼钥同
　　知院事,娄机参知政事。

纲 金主璟卒,卫王永济立。

目 永济,世宗第七子也。金主无子,疏忌宗室,以永济柔弱,鲜智能,故
　　爱之,欲传位焉。金主殂,元妃李氏、黄门李新喜、平章政事完颜匡等
　　定策,奉永济即位。

纲 赠赵汝愚太师,沂国公。

纲 钱象祖罢。

纲 己巳,二年(1209)①,春正月,以楼钥参知政事,章良能同知枢密院
　　事,宇文绍节签书院事。

纲 夏五月,起复右丞相史弥远。

[西夏降蒙古]

纲 蒙古入灵州②,夏主安全降。

---

① 金大安元年。
② 灵州:治今宁夏吴忠市北。

纲 冬十二月,畏吾儿国降于蒙古①。

目 畏吾儿,唐之高昌也②。

纲 庚午,三年(1210)③,冬十二月,娄机罢。

目 机立朝能正言,好称奖人才,不遗寸长,访问贤能,疏列姓名及其可用
　 之实,以备采取。至是以老罢。

〔蒙古侵金〕

纲 蒙古侵金。

目 金主永济嗣位,有诏至蒙古,传言当拜受。蒙古主问金使曰④:"新君
　 为谁?"使曰:"卫王也。"蒙古主遽南面唾曰:"我谓中原皇帝是天上
　 人做,此等庸懦,亦为之邪? 何以拜为!"即乘马北去。金使还言,永
　 济怒,欲俟蒙古入贡就害之。蒙古主知之,遂与金绝,益严兵为备,数
　 侵掠金西北之境,其势渐盛。金人皇皇⑤,遂禁百姓传说边事。

纲 辛未,四年(1211)⑥,春三月,临安大火。

纲 夏四月,金使人求和于蒙古,蒙古不许。

纲 秋八月,夏主安全卒,族子遵顼立。

――――――――――

① 畏吾儿:指高昌回鹘。
② 高昌:西域古国名,治今新疆吐鲁番市。此处意谓畏吾儿占据唐高昌之地。
③ 金大安二年。
④ 蒙古主:指铁木真。
⑤ 皇:同"惶"。
⑥ 金大安三年。

纲蒙古攻金西京①,留守纥石烈胡沙虎弃城遁,金西北诸州皆降蒙古。

纲闰九月,金兵御蒙古,败绩于会河②,蒙古遂入居庸关③,大掠而去。

纲壬申,五年(1212)④,秋七月,雷雨,太庙屋坏。

目权直学士院真德秀上疏曰:"臣博观经籍史传所志,自非甚无道之世,未闻震霆之惊及于宗庙者。夫震霆者,上天至怒之威。宗庙者,国家至严之地。以至怒之威而加诸至严之地,其为可畏也明矣。古先哲王,遇非常之变异,则必应之以非常之德政,未尝仅举故事而已;今日避殿、损膳之外,咸无闻焉。或者固已妄议陛下务为应天之文,而不究其实矣。臣愿陛下内揆之一身⑤,外察诸庶政,勉进君德,毋以豢养安逸为心,博通下情,深求致异召和之本,庶几善祥日应,咎征日消矣⑥。"

纲癸酉,六年(1213)⑦,春正月,宇文绍节卒。三月,楼钥罢。

[契丹人耶律留哥反金自立]

纲故辽人耶律留哥取金辽东州郡,自立为辽王。

纲夏四月,以章良能参知政事。

---

① 西京:大同府。
② 会河:会河堡,在今河北怀安县。
③ 居庸关:在今北京市昌平区。
④ 金崇庆元年。
⑤ 揆:度量。
⑥ 咎征:灾祸的征兆。
⑦ 金崇庆二年,五月改元至宁,九月改元贞祐。

綱五月,金主永济复以纥石烈胡沙虎为右副元帅。秋八月,胡沙虎弒永济而立升王珣,自为太师、尚书令、都元帅,封泽王。

綱冬十月,蒙古大败金将术虎高琪于怀来①,进围燕。高琪还,杀胡沙虎,金主以高琪为左副元帅。

綱甲戌,七年(1214)②,春正月,章良能卒。

綱三月,金以其故主永济之女归蒙古。夏四月,及蒙古平③。

〔金迁都汴京,史称"贞祐南渡"〕

綱五月,金主珣徙都汴。秋七月,蒙古复围燕。

目金主以国蹙兵弱④,财用匮乏,不能守中都,乃迁都于汴。蒙古主闻之,怒曰:"既和而迁,是有疑心而不释憾,特以解和为款我之计耳。"复图南侵,遣兵围燕京。

綱罢金岁币。

目时金人屡遣使来督岁币,起居舍人真德秀上疏请绝之,其略曰:"女真以鞑靼侵陵⑤,徙巢于汴,此吾国之至忧也。盖鞑靼之图灭女真,犹猎师之志在得鹿。鹿之所走,猎必从之。既能越三关之阻以攻燕,岂不能

---

① 怀来:在今河北怀来县。
② 金贞祐二年。
③ 与蒙古议和。
④ 蹙:狭窄,狭小。
⑤ 鞑靼:指蒙古。侵陵:侵犯。

绝黄河一带之水以趋汴①。使鞑靼遂能如刘聪、石勒之盗有中原,则疆场相望,便为邻国,固非我之利也;或如耶律德光之不能即安中土,则奸雄必将投隙而取之,尤非我之福也。今当乘虏之将亡,亟图自立之策,不可幸虏之未亡,姑为自安之计也。夫用忠贤,修政事,屈群策,收众心者,自立之本。训兵戎,择将帅,缮城池,饬戍守者,自立之具。以忍耻和戎为福,以息兵忘战为常,积安边之金缯(zēng)②,饰行人之玉帛,女真尚存,则用之女真,强敌更生,则施之强敌,此苟安之计也。陛下以自立为规模,则国势日张,人心日奋,虽强敌骤兴,不能为我患;以苟安为志向,则国势日削,人心日偷,虽弱虏仅存,不能无外忧。盖安危存亡,皆所自取。若夫当事变方兴之日,而示人以可侮之形,是堂上召兵,户内延敌也。微臣区区,窃所深虑。"反覆数千言,帝纳之,遂罢金国岁币。

纲 以郑昭先签书枢密院事。

纲 乙亥,八年(1215)③,春二月,雷孝友罢。

〔蒙古入燕京〕

纲 三月,金主遣兵救燕,与蒙古兵遇于霸州,大溃。夏五月,中都留守右丞相完颜承晖自杀,蒙古遂入燕。

纲 秋七月,以郑昭先参知政事,曾从龙签书枢密院事。

---

① 绝:横渡,穿越。
② 金缯:金帛,泛指财物。
③ 金贞祐三年。

纲 冬十一月，以真德秀为江东转运副使。

目 德秀朝辞，奏五事，一曰宗社之耻不可忘①，言：“国家之于金虏，盖万世必报之仇，高宗、孝宗值其方强，不得已以太王自处②，而以勾践望后人。今天亡此胡，近在朝夕，诚能以待敌之礼而遇天下之豪杰，以遗虏之费而厉天下之甲兵，人心奋张，士气自倍，何惮于此虏而犹事之哉！且重于绝虏者，畏召怨而启衅也。然能不召怨于亡虏，而不能不启衅于新敌，权其利害，孰重孰轻？臣愿陛下勉勾践之良图，惩谢玄之失策，则王业兴隆可冀矣。”二曰比邻之道不可轻，言：“鞑靼及山东之盗，苟得志而邻于吾，莫大之忧也。愿朝廷毋轻二贼，日夜讲其攻守之策，以逆杜窥觎(yú)之心③。”三曰幸安之谋不可恃，言：“今之议者，大抵以金虏之存亡，为我欣戚④。闻危蹙之报，则冀其非实；得安静之耗，则幸其必然。是犹以朽壤为垣，而望其能障盗贼也。愿陛下励自强之志，恢立武之经，毋以虏存为喜，虏亡为畏，则大势举矣。”四曰导谀之言不可听，言：“今边事方殷，正君臣戒惧之日。而荐绅大夫工为谀说，或以五福足恃为言。夫乾象告愆⑤，迩日尤甚⑥，其可恃谶纬不经之说⑦，而忽昭昭之儆戒乎⑧？惟陛下鉴天人之相因，察谀佞之有害，益修其本，以格天休，宗社之庆也。”五曰至公之论不可忽，言：“公论，国

---

① 宗社之耻：靖康之难，北宋灭亡、徽钦二帝北狩。
② 太王：古公亶父，周文王祖父，曾率领周族迁避戎狄。
③ 窥觎：亦作“窥觊”，窥伺，觊觎。
④ 欣戚：喜乐和忧戚。
⑤ 乾象：天象。告愆：谕告过失。
⑥ 迩日：近日。
⑦ 谶纬不经：牵强附会。
⑧ 儆戒：警戒，告诫。

之元气也。元气痞鬲①,不可以为人;公论湮(yān)郁②,不可以为国。深惟今日,实公论屈伸之机。朝廷之上,若以言者为爱君,为报国,无猜忌之意,而有听用之诚,则公论自此愈伸。若以言者为沮事,为徼名③,无听用之诚,而有猜忌之意,则公论自此复屈。夫公论伸屈,乃治乱存亡之所由分,故臣于篇终,反复极言,惟陛下亮臣愚忠也。"

纲 丙子,九年(1216)④,春二月,东、西两川地大震⑤。

目 马湖夷界山崩八十里⑥,江水不通。

纲 夏四月,辽王留哥降蒙古。

纲 丁丑,十年(1217)⑦,春二月,金尚书省请罢府州学生廪给⑧,金主不许。

目 尚书省以军储不继,请罢州府学生廪给。金主曰:"自古文武并用,向在中都,设学养士,犹未尝废,况今日乎! 其令仍旧给之。"

〔金人分道入寇〕

纲 夏四月,金人分道入寇,诏京湖、江淮、四川制置使赵方、李珏、董居谊饬兵御之⑨。

---

① 痞鬲:同"痞隔",郁结,阻滞不通。
② 湮郁:抑郁不畅。
③ 徼名:谋求名声。
④ 金贞祐四年。
⑤ 东西两川:今四川、重庆一带。
⑥ 马湖:县名,今四川雷波县。
⑦ 金贞祐五年,九月改元兴定。
⑧ 廪给:膳食津贴。
⑨ 饬兵:整顿军队。

纲五月,赵方遣统制扈再兴、钤辖孟宗政等救枣阳,金人败走。

纲太白经天。

〔李全归宋〕

纲秋七月,李全率众来归①。诏李珏等节制京东忠义军。

纲八月,金以河南为中京。

纲冬十二月,李全及其兄福袭金青、莒(jǔ)州②,取之。

纲戊寅,十一年(1218)③,春正月,以李全为京东路总管。

纲夏五月,金中都经略副使贾瑀杀苗道润。道润将张柔讨之,至紫荆
关④,遇蒙古,与战,被执,遂降蒙古。

目道润素与瑀有隙,一日从数骑出,瑀伏甲射杀之。张柔檄召道润部
曲,告以复仇之意,众皆罗拜,推柔为长。柔方会兵趋中山,而蒙古兵
出自紫荆关。柔遇之,遂战于狼牙岭,柔马跌,为蒙古兵士所执。至
军前,见主帅明安,柔立而不跪,左右强之,柔叱曰:“彼帅,我亦帅也。
大丈夫死即死,终不偷生为他人屈!”明安壮而释之。其溃卒稍稍来
集,明安恐柔为变,质其二亲于燕京。柔叹曰:“吾受国厚恩,不意猖
獗至此⑤。顾忠孝不两立,姑为二亲屈。”遂降,蒙古以柔为河北都

① 李全:山东抗金义军领袖。
② 莒州:治今山东莒县。
③ 金兴定二年。
④ 紫荆关:在今河北易县。
⑤ 猖獗:颠覆,失败。

元帅。

〔蒙古攻取金河东州郡〕

纲秋八月,蒙古木华黎攻取金河东诸州郡①,金元帅乌古论德升等死之。

目木华黎围太原,环之数匝,金元帅乌古论德升力拒之。城破,德升至府署,谓其姑及妻曰:"吾守此数年,不幸力穷。"乃自缢而死。行省参政李革守平阳②,兵少援绝,城陷。或谓革"宜上马突围出",革叹曰:"吾不能保此,何面目见天子! 汝辈可去矣。"遂自杀。节度使完颜讹出虎守汾州③,元帅右监军纳合蒲刺都守潞州,城破,皆力战而死。

纲冬十二月,金主珣遣使来求和,不纳。遂使其太子守绪会兵入寇。

纲己卯,十二年(1219)④,春正月,金人复寇西和、成、凤州,入黄牛堡,吴政拒战,死之。

纲金人复大举围枣阳,赵方使知随州许国等率师攻唐、邓以救之。

目完颜讹可围枣阳,方计其空巢穴而来,若捣其虚,则枣阳之围自解。乃命国及扈再兴引兵三万余,分二道出攻唐、邓二州,又命其子范监军,葵为后殿⑤。

纲以曾从龙同知枢密院事,任希夷签书院事。

————————

① 木华黎:大蒙古国开国功臣,四杰之一。河东:今山西一带。
② 平阳:府名,治今山西临汾市。
③ 汾州:治今山西汾阳市。
④ 金兴定三年。
⑤ 后殿:行军时居于尾部者。

目希夷尝从朱熹学,笃信力行,为礼部尚书。以朱熹、张栻、吕祖谦皆已赐谥,而周敦颐、程颢、程颐、张载四人,为百代绝学之倡,尚未赠谥,乃上言乞定议赐谥,朝廷从之。

纲三月,以郑昭先知枢密院事,曾从龙参知政事。

纲夏四月,曾从龙罢。

纲复以安丙为四川宣抚使。

目兴元卒张福等作乱,四川大震。张方、魏了翁移书宰执,谓"安丙不起,则贼未即平,蜀未可定"。虽贼亦曰:"须安相公作宣抚使,事乃定耳。"会诏丙为宣抚,知兴元府、利州路安抚使,民心始安。

纲六月,安丙讨张福,诛之。

纲孟宗政、扈再兴合击金人于枣阳,大败之,追至邓州而还。

纲冬十二月,赵方使扈再兴、许国、孟宗政帅师分道伐金。

目方以金人屡败,必将同时并攻,当先发以制之。乃遣再兴等帅师六万,分三道而进,戒之曰:"毋深入,毋攻城,第溃其保甲,毁其城寨,空其资粮而已。"

纲庚辰,十三年(1220)①,秋八月,太子询卒。

纲安丙遣兵会夏人伐金。

目丙遗夏人书,定议同举伐金,约以夏兵野战,我师攻城。遂命利州统

———————

① 金兴定四年。

制王仕信帅师赴熙、秦、巩、凤翔①,委丁焴(yù)节制,且传檄招谕陕西五路官吏军民。

纲九月,夏人围金巩州,官军会之,不克而还。

纲冬十一月,蒙古耶律楚材进《庚午元历》。

目楚材,辽东丹王突欲八世孙,金尚书右丞履之子。贞祐三年(1215),为中都行省员外郎,中都陷,遂降于蒙古。蒙古主尝访辽宗室,召楚材谓之曰:"辽、金世仇,吾为汝报之矣。"楚材对曰:"臣祖父以来,尝北面事之。既为臣子,岂敢复怀二心,仇君父邪!"蒙古主重其言,命处左右备访问。楚材通术数之学,尤邃于《太玄》②。时从征西域③,以金《大明历》不应,制《庚午元历》上之。蒙古主每征伐,必令楚材预卜吉凶,亦自灼羊胛(jiǎ)以符之④,然后行。

纲辛巳,十四年(1221)⑤,夏六月,立沂王嗣子贵和为皇子,更名竑(hóng)。

目帝以国本未立⑥,命选太祖十世孙年十五岁以上者,教育宫中,如高宗择普安王故事⑦。于是立贵和为皇子,以贵诚为秉义郎。贵诚初名与莒,燕懿王德昭之后,希瓐(lú)之子也,母全氏,家于绍兴山阴县。

---

① 巩:州名,治今甘肃陇西县。
② 邃:精深。太玄:西汉扬雄所作哲学著作。
③ 征西域:指蒙古第一次西征,即1219至1225年成吉思汗西征花剌子模。
④ 灼羊胛:灼烧羊的肩胛骨,根据烧出的裂纹占卜或验证吉凶。
⑤ 金兴定五年。
⑥ 国本:太子。
⑦ 普安王:宋孝宗。

初,庆元人余天锡为史弥远府童子师①,性谨愿,弥远器重之。弥远在相位久,以帝未有储嗣,而沂靖惠王近属亦未有嗣②,欲借沂王置后为名,阴择宗室中可立者,以备皇子之选。会天锡告还乡秋试,弥远密语之曰:"今沂王无后,宗子贤厚者幸具以来。"天锡渡浙③,舟抵越西门,会天大雨,过全保长家避雨,保长知其为丞相客,具鸡黍甚肃。须臾有二子侍立,天锡异而问之,保长曰:"此吾外孙赵与莒、与芮也。日者尝言二儿后当极贵④。"天锡因忆弥远言,及还临安,以告之。弥远命召二子来。保长大喜,鬻田治衣冠⑤,集姻党送之⑥,且诧其遇⑦。及见,弥远善相,大奇之,恐事泄不便,遽使复归。保长大惭。逾年,弥远忽谓天锡曰:"二子可复来乎?"天锡召之,保长辞谢不遣。弥远乃使天锡密谕保长曰:"二子,长者最贵,宜还抚于其父家⑧。"遂载至临安。及贵和立为皇子,乃补与莒秉义郎,赐名贵诚,年十七矣。

纲 秋八月,任希夷罢,以宣绘同知枢密院事⑨,俞应符签书院事。

纲 京湖制置大使赵方卒。

─────────────

① 庆元:府名,治今浙江宁波市。
② 沂靖惠王:赵抦,宋孝宗之孙。
③ 浙:钱塘江。
④ 日者:卜筮之人。
⑤ 鬻:卖。治:整治,置办。
⑥ 姻党:姻亲家族的成员。
⑦ 诧:夸耀。
⑧ 宜还:据《宋史·余天锡传》《延祐四明志·余天锡传》,"还"字衍。其父:据《延祐四明志·余天锡传》当作"纯父"。纯父为余天锡字。
⑨ 宣绘:据《宋史·宁宗纪四》,当作"宣缯"。下同。

目方病革，曰："未死一日，当立一日纪纲。"及卒，人皆思之。方少从张栻学，初知青阳县①，告其守史弥远曰："催科不扰②，是催科中抚字③；刑罚无差，是刑罚中教化。"人以为名言。方守襄、汉十年，以战为守，合官民兵为一体，通制、总司为一家④，许国之忠，应变之略，隐然有樽俎折冲之风⑤，故金人扰边，淮、蜀大困，而京西一境独全。能用名人，如陈晐(gāi)、游九功辈，皆拔为大吏，扈再兴、孟宗政，皆自土豪推诚擢任，致其死力，卒为名将。故能藩屏一方，使朝廷无北顾之忧。

纲九月，立宗室贵诚为沂王后。

目贵诚凝重寡言，洁修好学，每朝参待漏⑥，他人或笑语，贵诚独俨然，出入殿庭，矩度有常⑦，见者敛容。弥远益异之，至是立为沂靖惠王后。

纲冬十一月，四川宣抚使安丙卒，诏以崔与之为四川制置使，尽护蜀军。

目丙在四川，以攻为守，威功甚著，朝廷赖之。及卒，诏与之尽护西蜀之师。与之开诚布公，拊循将士⑧，人人悦服，军政复立。

纲十二月，郑昭先罢。

---

① 青阳县：今安徽青阳县。
② 催科：催收租税。
③ 抚字：安抚体恤百姓。
④ 制总司：制置司、总领所。
⑤ 樽俎折冲：不用武力而在谈判酒席上制敌取胜。
⑥ 朝参待漏：早朝时，百官等候上朝。
⑦ 矩度：行为的规矩法度。
⑧ 拊循：安抚养护，训练调度。

纲 壬午,十五年(1222)①,春正月朔,受"恭膺天命宝"于大庆殿,大赦。

目 初,镇江都统翟朝宗得玺于金师,献于朝。既而赵拱又得玉印,文与玺同而加大。朝廷喜,受之,行庆贺礼,大赦。贾涉遗书弥远,谓:"天意隐而难知,人事切而易见。当思今日人事,尚未有可答天意。"弥远不怿。

〔史弥远谋废皇子赵竑〕

纲 夏五月,进封子竑为济国公,以贵诚为邵州防御使。

目 竑好鼓琴,史弥远买美人善鼓琴者纳诸竑而厚抚其家,使瞷(jiàn)竑动息②。美人知书慧黠③,竑嬖之。时杨皇后专国政,弥远用事久,宰执、侍从、台谏、藩阃,皆所引荐,莫敢谁何,权势熏灼。竑心不能平,尝书杨后及弥远之事于几上,曰:"弥远当决配八千里。"又尝指宫壁舆地图琼、崖曰④:"吾他日得志,置史弥远于此。"又尝呼弥远为"新恩",以他日非新州则恩州也⑤。弥远闻之,大惧,思以处竑,而竑不知。

真德秀时兼宫教⑥,谏竑曰:"皇子若能孝于慈母而敬大臣,则天命归之矣,否则深可虑也!"竑不听。一日,弥远为其父浩饭僧净慈寺,与

---

① 金元光元年。
② 瞷:窥视。
③ 慧黠:聪慧灵敏。
④ 崖:州名,治今海南三亚市崖州区。
⑤ 恩州:即南恩州,治今广东阳江市。
⑥ 宫教:宫学教授。

国子学录郑清之登慧日阁,屏人语曰:"皇子不堪负荷,闻后沂邸者甚贤①,今欲择讲官,君其善训导之,事成,弥远之坐即君坐也。然言出于弥远之口,入于君之耳,若一语泄,吾与君皆族矣!"清之曰:"不敢。"乃以清之兼魏忠宪王府学教授。

清之日教贵诚为文,又购高宗御书,俾习之。清之谒弥远,即示以贵诚诗文翰墨,誉之不容口。弥远尝问清之曰:"吾闻皇侄之贤已熟②,大要竟何如?"清之曰:"其人之贤,更仆不能数③,然一言以断之,曰'不凡'。"弥远颔之再三④,策立之意益坚。乃日媒蘖(niè)竑之失言于帝⑤,觊帝废竑立贵诚⑥,而帝不悟其意。

纲 六月,俞应符卒。

纲 秋八月,长星见西方。

目 蒙古耶律楚材谓其主曰:"女真将易主矣。"

纲 九月,以宣缯参知政事,程卓同知枢密院事,薛极签书院事。

纲 冬十二月,以李全为保宁节度使、京东、河北镇抚副使。

目 初,全有战功,史弥远欲加全官,贾涉止之,及加节钺,涉叹曰:"朝廷但知官爵可以得其心,宁知骄则将至于不可劝邪!"

---

① 后沂邸者:被立为沂王后嗣之人,指赵贵诚。
② 皇侄:指赵贵诚。
③ 更仆:更番相代,形容数量多。
④ 颔之:点头以应。
⑤ 媒蘖:诬罔构陷,酿成其罪。
⑥ 觊:希望。

〔蒙古第一次西征〕

纲 蒙古铁木真入西域,屠蔑里城①,灭回回国②,大掠忻都而还③。

目 蒙古主入西域,围塔里寒寨④,拔之。进薄回回国,其主委国而去⑤。
蒙古主遂进次于忻都国铁门关⑥。侍卫见一兽,鹿形马尾,绿色而独
角,能为人言,谓之曰:"汝君宜早回。"蒙古主怪之,以问耶律楚材,对
曰:"此兽名角端⑦,解四夷语⑧,是恶(wù)杀之象⑨。今大军征西已
四年,盖上天恶杀,遣之告陛下。愿承天心,宥此数国人命⑩,实无疆
之福。"蒙古遂大掠忻都而还。

纲 癸未,十六年(1223)⑪,春三月,蒙古木华黎死于解州⑫。

目 木华黎自河中帅师还⑬,至解州而卒。木华黎雄勇善谋,与博尔术、博
儿忽、赤老温俱以忠勇事其主,号为拨里班曲律⑭,犹华言四杰也。

———————————

① 蔑里城:指马鲁城,今土库曼斯坦马里。
② 回回国:指花剌子模国,在今中亚一带。
③ 忻都:即印度,蒙古兵至印度河西岸。
④ 塔里寒寨:在今阿富汗迈马纳西南。
⑤ 委:抛弃。
⑥ 铁门关:在今乌兹别克斯坦南部。
⑦ 角端:独角的瑞兽。
⑧ 解:通晓。
⑨ 恶杀:厌恶杀生。
⑩ 宥:宽恕。
⑪ 金元光二年。
⑫ 解州:治今山西运城市盐湖区解州镇。
⑬ 河中:府名,治今山西永济市。
⑭ 拨:据《元史·兵志二》当作"掇"。

四人之子孙皆领宿卫,号四怯薛①,出官则为辅相焉。

〔蒙古初置达鲁花赤〕

纲 夏五月,蒙古初置达鲁花赤②,监治郡县。

目 蒙古主以西域渐平,置达鲁花赤于各城,监治之。达鲁花赤,犹华言掌印官也。

纲 六月,程卓卒。淮东制置使贾涉卒。

纲 冬十二月,以许国为淮东制置使。

目 初,淮西都统许国奉祠家居,欲倾贾涉而代之,数言李全必反。涉卒,会召国入对,国疏“全奸谋益深,反状已著,非有豪杰,不能消弥”,盖自鬻也。遂易国文阶为淮东安抚制置使,兼知楚州。命下,闻者惊愕。淮东参幕徐晞稷雅意开阃③,及闻国用,乃注释国疏以寄全,全不乐。

纲 金主珣卒,子守绪立。

纲 蒙古攻夏,夏主遵顼传国于其子德旺。

纲 甲申,十七年(1224)④,春三月,召崔与之为礼部尚书,以郑损为四川制置使。与之辞不拜。

---

① 怯薛:蒙古大汗的禁卫军。
② 达鲁花赤:蒙元设置的监临官。
③ 雅意开阃:素来有意担任淮东制置使。
④ 金正大元年。

[史弥远矫诏立宋理宗赵昀]

纲 秋闰八月,帝崩。史弥远矫诏立沂王子贵诚,更名昀(yún)。尊皇后为皇太后,同听政。封皇子竑为济王,出居湖州。

目 八月丙戌,帝不豫。史弥远遣郑清之往沂王府,告贵诚以将立之意,贵诚默不应。清之曰:"丞相以清之从游久,故使布腹心。今不答一语,则清之将何以答丞相?"贵诚始拱手徐言曰:"绍兴老母在。"清之以告弥远,益相与叹其不凡。

壬辰,帝疾笃。弥远称诏,以贵诚为皇子,改赐名昀。闰月丁酉,帝崩。弥远遣皇后兄子谷、石,以废立事白后,后不可,曰:"皇子竑,先帝所立,岂敢擅变!"谷等一夜七往返,后终不许。谷等乃拜泣曰:"内外军民皆已归心,苟不立之,祸变必生,则杨氏无噍类矣!"后默然,良久曰:"其人安在?"弥远即于禁中遣快行宣昀①,令之曰:"今所宣是沂靖惠王府皇子,非万岁巷皇子,苟误,则汝皆处斩!"昀入宫见后,后拊其背曰:"汝今为吾子矣。"弥远引昀至枢前,举哀毕,然后召竑。竑至,则昀已即位矣。遂称诏,以竑为开府仪同三司,封济阳郡王;尊杨皇后曰皇太后,垂帘同听政。诏遵孝宗故事,宫中自服三年丧。寻进封竑为济王,出居湖州。

纲 九月,诏傅伯成为显谟阁学士②,杨简为宝谟阁学士③,辞不至。

目 史弥远欲收众望,劝帝褒表老儒。遂诏傅伯成、杨简及柴中行俱奉朝

---

① 宣:传达诏令,此处意为宣召。
② 显谟阁:收藏宋神宗文集、书法等的殿阁。
③ 宝谟阁:收藏宋光宗文集、书法等的殿阁。

请。伯成、简辞不至。

纲 以真德秀直学士院,魏了翁为起居郎。

目 初以德秀兼侍读,寻又以德秀直学士院,召魏了翁为起居郎。德秀之为起居舍人兼宫讲也,言事不避权贵,且惓惓(quán)于复仇①,知弥远欲以爵禄縻(mí)天下士②,慨然谓刘爚(yuè)曰:"吾徒须急引去,使庙堂知世有不肯为从官者。"遂力请外。至是自知潭州召还,入对,劝帝容受直言,召用贤臣,固结人心为本;帝开纳之。

了翁当开禧初,以武学博士召试学士院。对策谏开边事,御史徐柟劾了翁狂妄,了翁亦以亲老,出知嘉定府③。寻筑室白鹤山下④,以所闻于辅广、李燔者,开门授徒,士争负笈从之⑤,由是蜀人尽知义理之学。及为潼川转运判官,上疏乞与周敦颐、张载、程颢、程颐赐爵定谥,示学者趋向,朝廷从之。

纲 追封希瓐为荣王,以其子与芮袭封奉祀。

纲 冬,以葛洪同签书枢密院事。

黄晓巍 评注

张　帆　高纪春 审定

———————

① 惓惓:念念不忘。
② 縻:羁縻,笼络。
③ 嘉定府:治今四川乐山市。
④ 白鹤山:在今四川邛崃市。
⑤ 笈:书箱。

纲鉴易知录卷八六

　　卷首语:本卷起宋理宗宝庆元年(1225),止端平三年(1236),共记载理宗朝前期十二年的史事。绍定六年(1233)之前为史弥远专权阶段,之后为宋理宗亲政阶段。金蒙战争日趋激烈,宋朝也卷入其中。宋金在山东地区的对抗,随李全叛宋、被杀告一段落。蒙古经历了铁木真去世、拖雷监国、窝阔台继位等一系列内部变化,并未停止征伐的脚步,先后灭西夏、发动第二次西征,并加紧攻打金国,联宋灭金。金国灭亡后,宋朝发动收复三京之役,宋蒙关系破裂,兵戎相见。

南宋纪

理宗皇帝

〔霅川之变〕

纲 乙酉,理宗皇帝宝庆元年(1225)①,春正月,湖州潘壬起兵,谋立济王
竑。竑讨平之。史弥远矫诏杀竑,追贬为巴陵郡公。

目 湖州人潘壬,与其从兄甫、弟丙,以史弥远废立,不平,乃遣甫密告谋
立济王意于李全。全欲坐致成败,阳与之期日,遣兵应接,而实无意
也。壬等信之,遂部分其众以待。及期,全兵不至。壬等惧事泄,乃
以其党杂贩盐盗千余人,结束如全军状,扬言自山东来,夜入州城,求
济王。王闻变,匿水窦中②,壬寻得之,拥至州治,以黄袍加王身。王
号泣不从,壬等强之,王不得已,乃与约曰:"汝能勿伤太后、官家乎?"
众许诺。遂发军资库金帛、会子犒军。知州谢周卿,率官属入贺。壬
等为李全榜揭于门,数史弥远废立罪,且曰:"今领精兵二十万,水陆
并进。"人皆耸动,比明视之,则皆太湖渔人及巡尉兵卒耳。

王知事不成,乃遣王元春告于朝,而帅州兵讨壬,壬变姓名走楚州,
甫、丙皆死。元春至行在,史弥远惧甚,急召殿司将彭壬帅师赴之,至
则事平矣。壬至楚,将渡淮,为小校明亮所获,送临安斩之。弥远忌

---

① 金正大二年。
② 水窦:贮水的地窖。

竑,诈言竑有疾,令余天锡召医入湖州视之。天锡至,谕旨逼竑缢于州治,以疾薨闻。寻诏追贬为巴陵郡公,改湖州为安吉州。

起居郎魏了翁、金部员外郎洪咨夔,相继言竑之冤。及礼部侍郎、直学士院真德秀入对,因曰:“陛下初膺大宝①,不幸处人伦之变有所未尽,流闻四方,所损非浅。霅(zhá)川之变②,非济邸本志③,前有避匿之迹,后闻捕讨之谋,情状本末,灼然可考。愿诏有司讨论雍熙追封秦邸,舍罪恤孤故事④,斟酌行之。虽济王未有子息,兴灭继绝,在陛下耳。”帝曰:“朝廷待济王亦至矣。”德秀曰:“若谓此事处置尽善,臣未敢以为然。观舜所以处象,则陛下不及舜明甚。人主但当以二帝、三王为师。”帝曰:“一时仓卒耳。”德秀曰:“此已往之咎。愿陛下进德修学,以掩前失。”

〔楚州之乱〕

纲 二月,李全作乱,焚楚州,许国走死。以徐晞稷为制置使,抚之。

目 许国至镇,李全妻杨氏郊迓⑤,国辞不见,杨氏惭而归。国既视事,痛抑北军,有与南军竞者,无曲直,偏坐之,犒赏十损八九。全自青州还楚州,上谒,国端坐纳全拜,不为止。全退,怒,自计曰:“彼所争者,拜耳。拜而得志,吾何爱焉!”更折节为礼。因会集间,出札白事,国见其细故,判从之,全即席再拜谢。自是动息必请,得请必拜,国大喜,

① 膺:承受。
② 霅川:郡名,指湖州。
③ 济邸:指济王赵竑。
④ 秦邸:指秦王赵廷美。
⑤ 迓:迎接。

语家人曰:"吾折伏此虏矣!"全往青州,遂遣刘庆福还楚为乱。至是,国晨起视事,忽露刃充庭,国厉声曰:"不得无礼!"矢已及颡①,流血蔽面而走。乱兵悉害其家,大纵火焚官寺②。亲兵数十人翼国登城楼,缒城走③。明日,国缢于途。

事闻,史弥远惧激他变,欲事含忍,以徐晞稷尝倅(cuì)楚守海④,得全欢心,乃授晞稷制使⑤,令屈意抚全。全闻国死,自青州还楚,佯责庆福不能弹压,致忠义之閧(hòng)⑥,斩数人,上表待罪。朝廷不问。晞稷至楚,全及门,下马拜庭下,晞稷降等止之,贼众乃悦。

纲 三月,葬永茂陵⑦。

纲 夏四月,太后以疾罢听政。

纲 五月,李全袭彭义斌于恩州⑧,义斌败之。

目 许国既死,李全牒彭义斌于山东,曰:"许国谋反,已伏诛矣,尔军并听我节制。"义斌大骂曰:"逆贼! 背国厚恩,擅杀制使,我必报此仇!"乃斩赍牒人,南向告天誓众。见者愤激。五月,全自青州攻东平,不克。乃攻恩州,义斌出兵与战,全败走。义斌致书沿江制置使赵善湘

---

① 颡:额头。
② 官寺:官署衙门。
③ 缒城:由城上以绳索垂至平地,缘之而下。
④ 倅楚:担任楚州通判。海:州名,治今江苏连云港市海州区。
⑤ 制使:制置使。
⑥ 忠义:即京东忠义军,两淮山东地区的抗金武装。閧:争斗。
⑦ 永茂陵:宋宁宗陵墓,在今浙江绍兴市。
⑧ 恩州:治今山东武城县。

曰:"不诛逆全,恢复不成。但能遣兵扼淮,进据涟、海以蹙之①,断其南路,此贼必擒。贼平之后,收复一京、三府,然后义斌战河北,盱眙诸将、襄阳骑士战河南②,神州可复也。"盱眙四总管亦各遣使致书乞助讨贼,知扬州赵范亦以为言,史弥远令谕范毋出位专兵,各享安靖之福。范复以书力论之,弥远不听。

纲 六月,加史弥远太师,封魏国公。

纲 彭义斌围东平,严实请和。秋七月,义斌徇真定,实以蒙古兵来袭,义斌死之。京东州县尽陷。

纲 窜大理评事胡梦昱于象州③。

目 梦昱上书言济王不当废,引晋太子申生、汉戾太子,及秦王廷美之事为证,言甚切直。史弥远讽御史李知孝劾之,除名,羁管而卒。

纲 赠张九成官爵,录程颐后。

目 帝以九成正色立朝,有中兴明道之功,赠太师,追封崇国公。九成研思经学,多所训解,然早与学佛者游,故议论多偏。寻又诏求程颐后,得四世孙源,以为藉田令。

纲 以梁成大为监察御史,罢直学士院真德秀、金部员外郎洪咨夔④。

---

① 涟:涟水军,治今江苏涟水县。
② 盱眙:淮西制置司驻地。襄阳:京湖制置司驻地。
③ 象州:治今广西象州县。
④ 金部员外郎:据《宋史·洪咨夔传》,当作"考功员外郎"。

目 时论济王事者众，史弥远患之。成大以知县秩满待选①，谄事弥远家干者万昕。昕一日言真德秀当逐，成大曰："某若入台，必能办此事。"昕为达其语。遂擢御史，成大因与莫泽、李知孝共为弥远鹰犬，凡忤弥远意者，三人必相继击之。于是给事中王塈(jì)等驳德秀所主济王赠典，莫泽等继劾之，遂命提举玉隆宫。咨夔亦言济王冤，成大等复交劾之，镌二秩②。由是名人贤士，排斥殆尽，人目成大、知孝与泽为"三凶"，且谓成大为"成犬"。

纲 冬十一月，以薛极参知政事，葛洪签书枢密院事。

纲 以李知孝为右正言。

纲 贬魏了翁官，居之靖州③。罢真德秀祠禄。

目 胡梦昱贬时，魏了翁出关饯之，李知孝遂指了翁首倡异论，将击之，弥远犹畏公议，外示优礼，改权工部侍郎。了翁力以疾辞，乃出知常德府。越二日，谏议大夫朱端常劾了翁欺世盗名，朋邪谤国；德秀奏札诋诬。诏了翁落职，靖州居住；德秀落焕章阁待制，罢祠。梁成大贻书所亲曰："真德秀乃真小人，魏了翁乃伪君子，此举大快公论。"识者笑之。

了翁至靖，湖湘、江浙之士，不远千里负书从学。乃著《九经要义》百卷，订定精密，先儒所未有也。德秀既归浦城④，修《读书记》，语门人曰："此人君为治之门，如有用我者，执此以往。"

---

① 秩满：官员任期届满。

② 镌：削职降级。

③ 靖州：治今湖南靖州县。

④ 浦城：县名，今福建浦城县。

纲 丙戌,二年(1226)①,春正月,赠陆九龄等官,赐谥。录张栻、吕祖谦、陆九渊后。

目 诏赠陆九龄直秘阁,谥文达;沈焕直华文阁,谥端宪。录张栻、吕祖谦、陆九渊子孙官,各有差。九龄,抚州金溪人②。幼颖悟端重,秦桧当国,程氏学废,九龄独尊其说。举进士,调兴国教授③,严规矩,劝绥引翼④,士类兴起。改全州教授⑤,卒。张栻尝与讲学,期以任道之重。吕祖谦尝称之曰:"所志者大,所据者实。"

〔陆九渊学术与事迹〕

九渊,九龄弟,生而颖异。与其兄自相师友,和而不同。其教人不用学规,有小过,言中其情,或至流汗;有怀于中而不能自晓者,为之条析其故,悉如其心;亦有相去千里,闻其大概而得其为人。后以将作监丞奉祠还乡,学者称为象山先生。

九渊尝谓学者曰:"汝耳自聪,目自明,事父自能孝,事兄自能弟,本无欠阙,不必他求,在乎自立而已。"又曰:"此道与溺于利欲之人言犹易,与溺于意见之人言却难。"或劝其著书,九渊曰:"学苟知道,六经皆我注脚。"及知荆门军⑥,政行令修,民俗为变。卒,谥曰文安。

---

① 金正大三年。
② 金溪:县名,今江西金溪县。
③ 兴国:即兴国军,治今湖北阳新县。
④ 绥:安抚。翼:扶助。
⑤ 全州:治今广西全州县。
⑥ 荆门军:治今湖北荆门市。

九渊尝与朱熹会于鹅湖①,辨论多不合,及熹与至白鹿洞②,九渊为讲"君子小人喻义利"一章,熹以为切中学者隐微深痼之病。至于"无极而太极"之辨,则贻书往来,论辨不置焉。其次兄九韶,亦学问渊粹,人称为梭山先生。

九渊门人,其最著者曰袁燮、杨简、沈焕、舒璘。燮,端粹专静,为国子祭酒,延见诸生,必迪以反躬切己、忠信笃实是为道本,闻者竦然有得。每言:"人心与天地一本,精思以得之,兢业以守之,则与天地相似。"简,笃学力行,为政设施,皆可为后世法。所著礼书行于时。焕,定海人③,乾道中为太学录,以所躬行者淑诸人④。同僚忌其立异,或劝其"姑营职,道未可行也"。焕曰:"道与职有二乎?"适私试发策⑤,引孟子"立乎人之本朝而道不行,耻也"。言路以为讪己,请黜之,遂为高邮军教授⑥,终于舒州通判。焕人品高明,不苟自恕,常曰:"昼观诸妻子,夜卜诸梦寐,两者无愧,始可以言学。"璘刻苦磨厉,改过迁善,从张栻及九龄游。及闻朱熹、吕祖谦讲学于婺,徒步往谒之。乾道中为徽州教授,作《诗礼讲解》,仕终宜州通判。

纲 二月,建昭勋崇德阁⑦。

---

① 鹅湖:山名,在今江西铅山县,山上有湖。
② 白鹿洞:即白鹿洞书院,在今江西庐山市。
③ 定海:县名,今浙江宁波市镇海区。
④ 淑:美善,此谓施美善于人。
⑤ 私试:又称月校,宋代每月一次的学校考试,由本学长官自行出题考校,与每年一次朝廷差官主持的公试相对。策:私试每季考三场,第一月考经义,第二月考论,第三月考策。
⑥ 高邮军:治今江苏高邮市。
⑦ 昭勋崇德阁:藏赵普、曹彬等宋朝二十四功臣绘像,以表彰其功绩。

纲 三月,蒙古围李全于青州。

目 全粮援路绝,与兄福谋,福曰:"二人俱死,无益也。汝身系南北轻重,我当死守孤城;汝间道南归,提兵赴援,可寻生路。"全曰:"数十万勍(qíng)敌①,未易支也! 全朝出,城夕陷,不如兄归。"于是全留青,福还楚。

纲 秋七月,夏主德旺以忧卒,弟子睍(xiàn)立。

纲 八月,卫泾卒。

纲 徐晞稷罢,以刘琸(zhuó)为淮东制置使。

纲 冬十一月,盱眙忠义夏全作乱,逐刘琸,以众降金。

纲 丁亥,三年(1227)②,春正月,以姚翀(chōng)为淮东制置使。

纲 赠朱熹太师、信国公。

目 熹先谥曰文。至是,诏曰:"朕观朱熹集注《大学》《论语》《孟子》《中庸》,发挥圣贤蕴奥,有补治道。朕励治讲学,缅怀典刑③,可特赠熹太师,追封信国公。"逾月,熹子工部侍郎在入对,言人主学问之要,帝曰:"先卿《中庸序》言之甚详,朕读之不释手,恨不与之同时也。"绍定中改封徽国公。

---

① 勍敌:强敌。
② 金正大四年。
③ 典刑:典范。

〔李全降蒙古〕

纲夏五月,李全以青州降蒙古。

纲六月,楚州忠义李福作乱,逐姚翀。诏以统制杨绍云兼淮东制置使,改楚州为淮安军。

〔蒙古灭西夏〕

纲蒙古铁木真灭夏,以夏主睍归①。

目时诸将争掠子女财帛,耶律楚材独取书数部、大黄两驼而已。既而军士病疫,唯得大黄可愈,楚材用之,所活万人。

纲秋七月,张林等归淮安,讨李福,斩之。

纲八月,蒙古以李全行省事于山东、淮南,全自青州复入淮安,杀张林。

〔铁木真死,拖雷监国〕

纲冬十二月②,蒙古铁木真死于六盘山③,少子拖雷监国。

目蒙古主在位二十二年,卒年六十六,庙号太祖。凡四子:长曰术赤,性卞急而善战,早死;二曰察合歹④,性慎密,为众所畏;三曰窝阔台;四曰拖雷。铁木真死,拖雷监国。

---

① 按,李睍城破投降,被杀。
② 按,铁木真死于是年七月。
③ 六盘山:在今宁夏南部。
④ 察合歹:今译察合台。

纲蒙古入西和州,知州事陈寅死之。

目蒙古兵薄西和城,寅率民兵昼夜苦战,援兵不至,城遂陷。寅谓妻杜

氏曰:"若速自为计①。"杜厉声曰:"安有生同君禄,死不共王事者?"

即饮药自杀,二子及妇俱死母傍,寅敛而焚之,乃自伏剑死。宾客同

死者二十八人。

〔金将完颜陈和尚大败蒙古〕

纲戊子,绍定元年(1228)②,春三月,金将完颜陈和尚大败蒙古兵于大

昌原③。

目蒙古兵入大昌原,金将完颜陈和尚以四百骑大败蒙古八千之众,士气

皆倍,盖自有蒙古之难二十年间,始有此捷,奏功第一,名震国中。

纲冬十二月,以薛极知枢密院事,袁绍同知院事,郑清之签书院事,葛洪

参知政事。

〔蒙古窝阔台立〕

纲己丑,二年(1229)④,秋八月,蒙古窝阔台立⑤。

────────────

① 若:你。

② 金正大五年。

③ 大昌原:在今甘肃宁县西。

④ 金正大六年。

⑤ 窝阔台是成吉思汗生前指定的汗位继承人,至此经蒙古诸王大会确认,正式即位。

纲 庚寅,三年(1230)①,春三月,复起赵范、赵葵节制镇江、滁州军马②。

纲 夏五月,以李全为彰化、保康节度使、京东镇抚使③,全不受命,遂罢知扬州翟朝宗。

目 全自还楚,即厚募人为兵,不限南北。全知东南利舟楫,谋习水战,米商至,悉并舟籴之,留其舵工,以一教十。又遣人泛江湖市桐油黏筏,厚募南匠,大治舠艇船,自淮口及海相望。时时试舟于射阳湖及海洋④。复以粮少为辞,遣海舟自苏州洋入平江、嘉兴告籴⑤,实欲习海道以觇畿甸⑥。且欲销朝廷兵备,乃遣军士穆椿潜入京师皇城纵火,焚御前军器库,于是先朝兵甲尽丧。及全粜(tiào)麦舟过盐城⑦,知扬州翟朝宗嗾(sǒu)尉兵夺之⑧。全怒,以捕盗为名,水陆数万,径捣盐城,戍将陈益、楼强、知县陈遇皆遁,全入城据之。留郑祥、董友守盐城,而自提兵还楚州,以状白于朝曰:"遣兵捕盗,过盐城,县令自弃城遁去,虑军民惊扰,不免入城安众。"朝廷乃授全节钺,令释兵,命制置司干官往谕之⑨。全曰:"朝廷待我如小儿,啼则与果。"不受制命。朝廷为罢朝宗,命通判赵璟(jǐng)夫摄州事。赵范、赵葵深以全必反为虑,累疏力言之,史弥远不纳。

————————

① 金正大七年。
② 复起:即"起复"。
③ 镇抚使:南宋授予两淮山东抗金势力的职官。
④ 射阳湖:在今江苏宝应县。
⑤ 嘉兴:府名,治今浙江嘉兴市。
⑥ 畿甸:京城地区。
⑦ 粜:卖出粮食。盐城:县名,今江苏盐城市。
⑧ 嗾:唆使。
⑨ 干官:即干办官,受长官委派处理有关事务。

纲 冬十月，以赵善湘为江淮制置使。

目 李全反谋益急，执政多不以为意，独郑清之深忧之，力劝帝讨全。帝乃以赵善湘制置江淮，许便宜从事，然犹有内图进讨、外用调停之说，惟赵范、赵葵兄弟力请进兵讨之。

纲 十二月，李全寇扬州，赵范、赵葵会师击败之。

纲 以郑清之参知政事，乔行简同签书枢密院事。

纲 立皇后谢氏。

目 后，天台人①，丞相深甫之孙也。生而鬐(lí)黑②，翳一目③。父渠伯早世④，产业破坏，后躬亲汲饪⑤。帝即位，议择中宫，杨太后以深甫有援己功，命选谢氏女。谢氏独后在室⑥，兄弟欲纳入宫，诸父樗伯不可，曰："即奉诏纳女，当厚奉资装，异时不过一老宫婢，事奚益？"会元夕，县有鹊来巢灯山，众以为后妃之祥，樗伯不能止，乃共送后就道。后旋病疹，良已肤蜕⑦，莹白如玉，医又药去翳，遂与贾涉女同入宫。贾女有殊色，帝欲立之，太后曰："谢女端重有福，宜正中宫。"左右亦相窃语曰："不立真皇后，乃立假皇后邪？"帝不能夺。贾妃专宠后宫，后处之裕如，不以介怀，太后益贤之，帝礼遇

---

① 天台：郡名，即台州。
② 鬐：黑色。
③ 翳：瞳孔为白膜蒙蔽，影响视力的眼疾。
④ 早世：早逝。
⑤ 汲饪：汲水烹饪，泛指操持家务。
⑥ 在室：女子未婚。
⑦ 良已：治愈。蜕：脱皮。

日加。

[赵范、赵葵大败李全,李全死]

綱辛卯,四年(1231)①,春正月,赵范、赵葵大败李全于扬州城下,全走死新塘②。

綱夏五月,赵范、赵葵等收复淮安。

綱秋八月,蒙古主以耶律楚材为中书令③。

綱九月,太庙火。冬十二月,新作太庙。

綱壬辰,五年(1232)④,春正月,以孟珙为京西兵马钤辖,屯枣阳。

目初,珙父宗政知枣阳,招唐、邓、蔡州壮士三万余人,号忠顺军,命江海统之,众不服;制置司以珙代海,珙分其军为三,众皆帖然。珙又创平堰于枣阳,自城至军西十八里,由八垒河经浕水侧,水跨九阜,建通天槽八十有三丈,溉田十万顷,立十庄、三辖,使军民分屯,边储丰足。珙又命忠顺军家自畜马,官给刍粟,马益蕃息。至是以母忧起复⑤,驻扎枣阳。

綱以史嵩之为京湖制置使。

---

① 金正大八年。
② 新塘:在今江苏徐州市。
③ 中书令:当时蒙古尚未实行汉族官制,耶律楚材以怯薛身份主管中原汉地的文书工作,被汉人比附称为中书令。
④ 金天兴元年。
⑤ 母忧:母亲的丧事。

〔蒙古围汴京〕

纲 蒙古窝阔台自白坡渡河,次郑州,使其将速不台围金汴京。

纲 金完颜合达、移剌蒲阿引军援汴,及蒙古拖雷战于三峰①,大败,忠孝
　军总领完颜陈和尚死之。

纲 金遣曹王讹可为质于蒙古,请和。夏四月,蒙古退军河、洛。

纲 秋七月,以陈贵谊同签书枢密院事。

纲 蒙古国安用降金,金封为兖(yǎn)王,行东京尚书省事,赐姓名完颜
　用安。

纲 闰九月,彗出于角②。

纲 冬十月,金盱眙守将以城来归,诏改为昭信军。

纲 蒙古拖雷死。

目 拖雷生六子③:长蒙哥,次术儿哥,三忽睹都,四忽必烈,五旭烈④,六
　阿里不哥。

纲 十二月,皇太后杨氏崩⑤。

---

① 三峰:即三峰山,在今河南禹州市。
② 角:角宿,二十八星宿之一。
③ 按,拖雷当有十或十一个儿子。
④ 旭烈:今译旭烈兀,1253 至 1260 年蒙古第三次西征统帅,西征后统治伊朗地区,形成
　伊利汗国。
⑤ 杨氏:宋宁宗皇后。

〔蒙古约宋夹攻金国〕

纲 蒙古遣使来议伐金,许之。

目 蒙古再遣王楫来京湖议夹攻金。史嵩之以闻,朝廷皆以为可遂复仇之举,独赵范不喜,曰:"宣和海上之盟,厥初甚坚①,迄以取祸,不可不鉴。"帝不从,命嵩之报使许之。嵩之乃遣邹伸之往报,蒙古许俟成功,以河南地来归。

〔金汴京陷落〕

纲 金主守绪出奔河北,蒙古速不台复围汴。

纲 癸巳,六年(1233)②,春正月,金主守绪济河,使完颜白撒攻卫州,与蒙古兵战,大败,金主走归德③。白撒伏诛。

纲 金汴京西面元帅崔立作乱,以梁王从恪监国而幽之,自为太师、尚书令、都元帅,以城降蒙古。

纲 夏四月,金崔立执其主之后妃及梁王从恪等送蒙古军。蒙古速不台杀从恪等,以后妃北还。

纲 六月,蒙古取洛阳,金中京留守强伸死之。

纲 金主守绪走蔡州。

---

① 厥初:起初,开端。
② 金天兴二年。
③ 归德:府名,治今河南商丘市。

纲蒙古以孔元措袭封衍圣公。

纲秋八月,史嵩之以兵会蒙古将塔察儿伐金。

纲九月,金人来乞粮,不许。

目金使完颜阿虎带来乞粮,将行,金主谕之曰:"宋人负朕深矣!朕自即位以来,戒饬边将,无犯南界,边臣有请征讨者,未尝不切责之。今乘我疲弊来攻,彼为谋亦浅矣。蒙古灭国四十,以及西夏;夏亡,及于我;我亡,必及于宋。唇亡齿寒,自然之理。若与我连和,所以为我者,亦为彼也。卿其以此意晓之。"阿虎带至,朝廷不许。

纲蒙古塔察儿围金蔡州,冬十月,史嵩之使孟珙等帅师会之。

〔史弥远卒,宋理宗亲政〕

纲封史弥远为会稽郡王,奉朝请。弥远寻卒。

目弥远以疾求解政。诏:"弥远有定策大功,勤劳王室,宜加优礼。"于是封会稽郡王,奉朝请。越八日而卒。弥远为相,凡二十六年,用事专且久,权倾内外。初欲反韩侂胄所为,故收召贤才老成,布于朝廷。及济王不得其死,论者纷起,遂专任憸壬①,以居台谏,一时君子贬斥殆尽。帝德其立己,惟言是从,故恩宠终其身。

纲十一月,刑部侍郎梁成大等有罪,免。

目时成大权刑部侍郎,有旨黜之。既而台臣交劾刑部尚书兼给事中莫泽

① 憸壬:小人。

贪淫忮(zhì)害①,工部尚书李知孝侵欲亡厌②,皆罢之。盖三人皆党附史弥远,排斥诸贤,而成大尤心术崄巇(xiǎn xī)③,凡可贼害忠良者,率攘臂为之④,虽知孝亦鄙其为人,至曰:"所不堪者,他日与成大同传耳!"卒皆贬死,天下快之。

纲 诏改元。

目 史弥远卒,帝始亲政,励精求治。郑清之亦慨然以天下为己任,收召贤才,擢之朝廷。下诏改明年纪元端平。

纲 曾从龙、宣绘免⑤。

纲 以洪咨夔、王遂为监察御史。

目 帝亲政五日,即召咨夔为礼部员外郎。入对,帝问以今日急务,咨夔言:"进君子,退小人,开诚心,布公道。"因乞召用崔与之、真德秀、魏了翁,帝纳之。翌日,与王遂并拜御史。咨夔谓遂曰:"朝无台谏久矣,要当极本原而先论之。"因上疏乞权归人主,政出中书,以致平治之道。且劾资政殿学士袁韶仇视善类,谄附史弥远;诏夺韶祠禄。又论赵善湘、郑损、陈晐纳赂史弥远,怙势肆奸,失江淮、荆襄、蜀汉人心,罪状显著;诏善湘有讨李全功,特寝免。晐、损皆落职。

---

① 忮害:嫉忌陷害。

② 侵欲亡厌:侵吞贪求的欲望永不满足。"亡"通"无"。

③ 崄巇:险峻崎岖,比喻险恶的心地。

④ 攘臂:撸起袖子伸出胳膊,表示振奋。

⑤ 宣绘:据《宋史·宣缯传》,当作"宣缯"。

纲 十二月,薛极免。

目 极与胡榘(jǔ)、聂子述、赵汝述附史弥远,最亲用事,时人谓之"四木"。

〔宋蒙联军克蔡州,金朝灭亡〕

纲 甲午,端平元年(1234)①,春正月,金主守绪传位于其宗室承麟。孟珙以蒙古兵入蔡州,守绪及其尚书右丞完颜忽斜虎死之,承麟为乱兵所杀,金亡。

评金朝:

　　金朝是12世纪初女真民族建立的王朝,崛起后发展迅速,相继灭掉辽朝和北宋,与南宋对峙并长久占据优势。长期以来,女真人及其祖先在"白山黑水"之间过着半定居和定居生活,渔猎、畜牧,兼营农业,经济形态和生活方式与农耕民族相对接近。因此,金朝建立后学习、接受中原制度、文化比较顺利,在中国北方的统治出现过一段平稳时期。但它对漠北草原的经营始终不够成功,最终被更为强大的游牧民族蒙古所灭。尽管金朝统治时间不算长久,统治范围也只限于北方,但它对其后元朝、清朝的统治都有重要影响。

纲 以陈、蔡西北地分属蒙古②,蒙古以刘福为河南道总管。史嵩之使孟珙等分屯京西。

纲 三月,以贾贵妃弟似道为藉田令。

---

① 金天兴三年,是岁金亡。
② 陈:州名,治今河南周口市淮阳区。

目 似道，涉之子，少落魄为游博①，不事操行，以荫补嘉兴司仓②，帝以贵妃故，累擢藉田令。恃宠不检，日纵游诸妓家，至夜即燕游湖上不返。帝尝夜凭高望西湖中灯火异常时，语左右曰："此必似道也。"明日询之，果然。使京尹史岩之戒之③，岩之对曰："似道虽有少年气习，然其才可大用也。"

纲 夏四月，献金俘于太庙，论功行赏有差。

目 史嵩之遣使以孟珙所获金俘囚张天纲、完颜好海等献于临安。四月丙戌，备礼告于太庙，加孟珙带御器械④，江海以下论功行赏有差。知临安府薛琼问天纲曰："有何面目到此？"天纲曰："国之兴亡，何代无之。我金之亡，比汝二帝何如？"琼叱之。明日，奏其语，帝召天纲问曰："汝真不畏死邪？"天纲对曰："大丈夫患死之不中节耳，何畏之有！"因祈死不已，帝不听。初，有司令天纲具状，必欲书金主为"虏主"，天纲曰："杀即杀，焉用状为！"有司不能屈，听其所供，天纲但书"故主"而已。闻者怜之，后莫知其所终。

监察御史王遂言："史嵩之本不知兵，矜功自侈，谋身诡秘，欺君误国，留之襄阳一日，则有一日之忧。"不报。洪咨夔亦言："残金虽灭，邻国方强，亦严守备，犹恐不逮，岂可动色相贺，涣然解体，以重方来之忧！"帝嘉纳之。

纲 五月，赐黄榦、李燔、李道传等谥，录其子。

---

① 游博：嬉游博戏。
② 司仓：负责仓廪出纳的低级职官。
③ 京尹：临安府尹。
④ 带御器械：佩带弓箭、刀剑的御前护卫武官，也作为无实职的荣誉赏赐给功臣。

目诏:"榦、燔、道传及陈宓、楼昉、徐瑄、胡梦昱等,厄于权奸,而各行其志,没齿无怨,其赐谥复官,录用其子。"

纲六月,以曾从龙参知政事,乔行简知枢密院事,郑性之签书院事。

纲诏复故济王竑官爵。

〔端平入洛〕

纲赵范、赵葵请复三京①,诏知庐州全子才会兵趋汴,金故将李伯渊等诛崔立以降。

目范、葵欲乘时抚定中原,建守河、据关、收复三京之议,朝臣多以为未可,独郑清之力主其说。乃命赵范移司黄州②,刻日进兵。范参议官丘岳曰:"方兴之敌,新盟而退,气盛锋锐,宁肯捐所得以与人邪③!我师若往,彼必突至,非惟进退失据,开衅致兵必自此始。且千里长驱以争空城,得之当勤馈饷,后必悔之。"范不听。史嵩之亦言荆襄方尔饥馑,未可兴师。杜杲复陈守境之利,出师之害。乔行简时在告④,上疏曰:"八陵有可朝之路⑤,中原有可复之机,以大有为之资,当大有为之会,则事之有成,固可坐而策也。臣不忧师出之无功,而忧事力之不可继,有功而至于不可继,则其忧始深矣。夫规恢进取,必须选将练兵,丰财足食;而今将乏卒寡,财匮食竭,臣恐北方未可图,而

① 三京:东京开封府、西京河南府、南京应天府。
② 黄州:治今湖北黄冈市。
③ 捐:舍弃。
④ 在告:在休假中。
⑤ 八陵:北宋皇陵。

南方已先骚动矣。愿坚持圣意,定为国论,以绝纷纷之说。"皆不听。而诏知庐州全子才合淮西兵万人赴汴。

时汴京都尉李伯渊、李琦、李贱奴等①,为崔立所侮,谋杀之,及闻子才军至,伯渊等以书约降,而阳与立谋备御之策。六月,伯渊烧封丘门,约立视火,仓猝中就马上抱立,刺杀之,遂以城降。

纲 赵葵帅师会全子才于汴。秋七月,葵将杨谊等入洛阳。

目 全子才次于汴,赵葵自滁州以淮西兵五万趋汴以会之。葵谓子才曰:"我辈始谋据关守河,今已抵汴半月,不急攻洛阳、潼关,何待邪?"子才以粮饷未集对,葵督促益急,乃檄钤辖范用吉等提兵万三千,命淮西制置司机宜文字徐敏子为监军②,先命西上,又命杨谊以庐州强弩军万五千继之,各给五日粮。七月,徐敏子启行,遣军正将张迪以二百人趋洛阳。迪至城下,城中寂然无应者,至晚,有民庶三百余家登城投降,迪与敏子遂帅众入城。蒙古闻之,复引兵南下。

纲 八月,朱扬祖还自河南。

目 先是遣太常簿朱扬祖诣河南省谒八陵,至是还,扬祖以八陵图上进。帝问诸陵相去几何及陵前洞水新复,扬祖悉以对。帝忍涕太息久之。

纲 蒙古复引兵至洛阳城下,杨谊军溃,赵葵、全子才遂弃汴而归。

目 徐敏子入洛之明日,军食已竭,乃采蒿和面作饼而食之。杨谊至洛东

_____

① 都尉:金末"都尉军"长官,每军有步卒万人,共十余军。
② 机宜文字:即主管机宜文字,掌机密文件。

三十里,方散坐蓐(rù)食①,而蒙古伏兵突起深蒿中,杨谊仓卒无备,师遂大溃,谊仅以身免。八月朔,旦,蒙古兵至洛阳城立寨,敏子与战,胜负相当。士卒乏粮,因杀马而食,敏子等不能留,乃班师。赵葵、全子才在汴,亦以史嵩之不致馈,粮用不继;所复州郡率皆空城,无兵食可因,遂皆引师南还。赵范以入洛之师败绩,上表劾葵、子才轻遣偏师,赵楷、刘子澄参赞失计,师退无律,致后阵覆败。诏葵、子才削一秩,余贬秩有差。郑清之力辞解政,不许。乔行简上言:"三京挠败之余,事与前异,但当益修战守之备。"帝嘉纳之。

纲 京湖制置使史嵩之免。九月,以赵范代之。

纲 召真德秀为翰林学士,魏了翁直学士院。

目 帝因民望召还二人。德秀入对,帝迎谓曰:"卿去国十年②,每切思贤。"德秀以《大学衍义》上进,因言于帝曰:"'天之所助者顺,人之所助者信。'天厌夷德久矣,陛下傥能敬德以迓续休命③,中原终为吾有。若徒以力求之而不反其本,天意难测,臣实忧之。"了翁入对,言事剀切,反覆利害之端,至漏下四十刻乃退④,帝皆嘉纳之。

纲 冬十月,陈贵谊卒。

纲 诏真德秀进讲《大学衍义》。

纲 十二月,蒙古使王楫来。

---

① 蓐食:在床席上进食,意为早餐时间很早。
② 国:都城,借指朝廷。
③ 迓续休命:接续美好的天命。
④ 漏下四十刻:傍晚。

目蒙古使王楫来言曰:"何为而败盟也?"自是河、淮之间,无宁日矣。

纲安南入贡①。

纲乙未,二年(1235),春正月,以程苻为蒙古通好使。

〔孟珙经营襄阳防御〕

纲诏孟珙屯黄州。

目珙留襄阳,招中原精锐之士万五千人,分屯溇北樊城、新野、唐、邓间②,以备蒙古,名镇北军。诏以珙为襄阳都统制,入对,授主管侍卫马军司公事③,时暂黄州驻扎。朝辞,帝问恢复,珙对曰:"愿陛下宽民力,蓄人材,以俟机会。"帝问和议,珙对曰:"臣介胄之士,当言战,不当言和。"赐赉甚厚。珙至黄,增陴(pí)浚隍④,搜访军实,边民来归者日以千数,为屋三万间以居之,厚加赈贷。又虑军民杂处,因高阜为齐安、镇安二寨⑤,以居诸军。

纲三月,以真德秀参知政事,陈卓同签书枢密院事。夏五月,德秀卒。

目德秀拜参知政事时已得疾,遂三上表乞祠,帝不得已,授资政殿学士,提举万寿宫。逾旬而卒,赠银青光禄大夫⑥,谥文忠。德秀立朝不满十年,奏疏将数十万言,皆切当世要务,直声震朝廷。四方文士诵其

---

① 安南:国名,在今越南北部。
② 溇:据刘克庄《孟珙神道碑》,当作"汉"。新野:县名,今河南新野县。
③ 主管侍卫马军司公事:禁军侍卫马军司统帅。
④ 陴:城上的矮墙,亦称"女墙"。隍:城壕。
⑤ 高阜:高的土山。
⑥ 银青光禄大夫:文臣寄禄官,从二品。

文,想见风采。及宦游所至,惠政深洽,不愧其言。由是中外交颂,史
弥远忌之,辄摈不用,而声闻愈彰。及归朝将大用,则既衰矣。然自
韩侂胄立伪学之名以锢善类,凡近世大儒之书,皆显禁绝之。德秀晚
出,独慨然以斯文自任,讲习而服行之。党禁既开①,正学遂明于后
世,德秀之力为多。

纲 六月,葛洪免,召崔与之参知政事,不至。

目 与之自成都乞归广州,每有除命,皆力辞不起。及拜广东安抚,会摧
锋军士作乱②,与之肩舆登城,叛兵望之,俯伏听命而散。因即家治
事。帝注想弥切③,召参大政,与之力辞,帝乃遣使趣之,且访以政事
之当行罢者,人才之当用舍者。与之上疏曰:“天生人才,自足以供一
代之用,惟辨其君子小人而已。忠实而有才者,上也;才不高而忠实
存者,次也;用人之道,无逾于此。”帝嘉纳之,召命益力。与之控辞至
十三疏,不许。

〔蒙古南侵宋朝〕

纲 蒙古主使其子阔端等分道入寇。

目 蒙古主命子阔端、将塔海等侵蜀,忒木䚟(dǎi)及张柔等侵汉口,温不
花及察罕等侵江淮,又命侄蒙哥征西域④,唐古鲁火赤伐高丽。

————————

① 党禁:指庆元党禁。
② 摧锋军:驻扎在广东的地方武装力量。
③ 注想弥切:注望、思念愈发急切。
④ 蒙哥征西域:即 1235 至 1242 年蒙古第二次西征,兵锋远至欧洲。此次西征统帅为术
赤之子拔都,蒙哥仅是参与者之一。

纲 冬十二月，以魏了翁同签书枢密院事，督视江淮、京湖军马。

目 了翁在朝凡六月，前后二十余疏，皆当世急务。帝将引以共政，而忌
　　者相与合谋排摈之，且言了翁知兵体。乃命出视师，赐便宜诏书如张
　　浚故事。陛辞，御书唐严武诗及"鹤山书院"四大字赐之①。了翁开
　　幕府于江州，以吴潜为参谋官，赵善瀚、马光祖为参议官。

纲 曾从龙卒，以余嵘同签书枢密院事。

纲 蒙古阔端入沔(miǎn)州②，杀知州事高稼，进围青野原，利州统制曹友
　　闻将兵救却之。

纲 丙申，三年(1236)，春正月，蒙古将忒木觟寇江陵③。

目 统制李复明死之。

纲 二月，召魏了翁还签书枢密院事，固辞不拜。

目 廷臣多忌了翁者，故谋假出督以外之。甫二旬，复以建督为非，召之
　　还，而帝不悟。于是了翁固辞求去。

纲 以陈韡(wěi)为沿江制置使，史嵩之为淮西制置使。

纲 三月，襄阳将王旻等作乱，以城降蒙古。

目 赵范在襄阳，以北军将王旻、李伯渊、樊文彬、黄国弼等为腹心，朝夕

_____

① 严武：唐代宗时剑南节度使，捍御吐蕃有功绩。

② 沔州：治今陕西略阳县。

③ 江陵：府名，治今湖北荆州市。

酣狎①,了无上下之序,民讼边防,一切废弛。既而南北军交争,范失于抚驭,于是旻、伯渊焚襄阳城郭、仓库,相继降于蒙古。诏削赵范三官,仍旧职任。

纲 夏四月,魏了翁罢。

目 了翁乞归田里,不允,以资政殿学士知潭州。时殿中侍御史李韶讼曰:"了翁刻志问学,几四十年,忠言谠论,载在国史。比者枢庭之诏,未几改镇②,改镇未久,有旨予祠,不知国家人才,烨然有称如了翁者几人③? 愿亟召还,处以台辅。"不报。

纲 下诏罪己。

目 时师屡为蒙古所败,襄、汉、淮、蜀日事兵争,帝悔前事,命学士吴泳草诏罪己。泳以监察御史王万忠伉有大志④,精于边防,以诏意访之。万曰:"兵固失矣,言之甚,恐亦不可。今边民生意如发,宜以振厉奋发,兴感人心。"因为条具沿边事宜。泳从其言,草诏上进,其略有曰:"数年之间,多难已甚,属仇金之寖灭,而蒙古之与邻。逮合谋成破蔡之功⑤,恐假道有及虞之势。心之忧矣,脐可噬乎!"又曰:"兵民之死战斗,户口之困流离,室庐靡存,骼骴(zì)相望⑥。是皆朕明不能烛,德有未孚,上无以格天心,下无以定民志。今方施令发政,以为绥辑之

---

① 酣狎:恣意狎玩。
② 改镇:指魏了翁改任督视江淮、京湖军马。
③ 烨然:光彩鲜明的样子。
④ 伉:直。
⑤ 破蔡之功:宋蒙合力攻破蔡州,灭亡金朝。
⑥ 骼骴:尸体骸骨。

图①,补卒搜乘②,以严守御之备,想疮痍之溢目③,如疾病之在身。"

纲 五月,以赵葵为淮东制置使。

纲 秋七月,陈卓罢,以郑性之参知政事,李鸣复签书枢密院事。

纲 八月,赵范有罪免。

纲 蒙古陷枣阳军、德安府④。

目 初,蒙古破许州⑤,获金军资库使姚枢⑥,杨惟中见之,以兄事枢。时北庭无汉人士大夫,太祖见枢至⑦,甚喜,特加重焉。及阔端南侵,俾枢从。至是破枣阳,忒木觲欲坑士人,枢力与辨,得脱死者数十人。继拔德安,得赵复。复以儒学见重于世,其徒称为江汉先生。既被获,不欲北行,力求死所。枢止与共宿,譬说百端,曰:"徒死无益,随吾而北,可保无他也。"至燕,名益大著,学徒百人,由是北方始知学经⑧,而枢亦初得睹程、朱性理之书。

纲 九月,有事于明堂,大雨,震电。郑清之、乔行简免。召崔与之为右丞相兼枢密使,复辞不至。

----

① 绥辑:安抚集聚。
② 补卒搜乘:整饬军备,秣马厉兵。
③ 疮痍:战后民生凋敝的景象。
④ 德安府:治今湖北安陆市。
⑤ 许州:治今河南许昌市。
⑥ 军资库使:官名,管理军需物资的储备仓库。
⑦ 太祖:据《元史·姚枢传》,当作"太宗"。太宗是窝阔台在元朝时被追奉的庙号。
⑧ 经:指程朱理学。

〔蒙古入成都〕

纲 曹友闻与蒙古战于阳平关①,败绩,死之。蒙古阔端遂入成都。

纲 冬十月,蒙古陷文州②,知州事刘锐等死之。

目 阔端兵离成都入文州,知州刘锐、通判赵汝襄(xiàng)乘城固守,昼夜搏战。逾月,援兵不至,锐度不免,集其家人,尽饮以药,皆死。家素有礼法,幼子才六岁,饮药时犹下拜受之,左右感动。城破,锐及其二子自刎死。汝襄被执,脔(luán)杀之③,军民同死者数万。

纲 封陈日煚(jiǒng)为安南王。

纲 十一月,以乔行简为左丞相兼枢密使。

纲 蒙古兵入淮西,诏史嵩之、赵葵、陈鞾分道拒之。

纲 孟珙引兵败蒙古忒木觰于江陵。

纲 蒙古将察罕寇真州,知州事丘岳败之。

纲 复成都。

　　　　　　　　　　黄晓巍 评注
　　　　　　张　帆　高纪春 审定

────────────

① 阳平关:在今陕西宁强县。
② 文州:治今甘肃文县。
③ 脔:切成肉块。

纲鉴易知录卷八七

卷首语：本卷起宋理宗嘉熙元年（1237），止景定元年（1260），所记为理宗朝二十四年的史事。在关系破裂后，宋蒙间的对抗状态长期延续。宋理宗后期怠政，委政贾似道，南宋政局进入权相贾似道的时代。宋朝经营川蜀钓鱼城、京湖襄阳的防御，抵抗蒙古的进攻。蒙古在贵由汗去世后，汗位由窝阔台系转移到拖雷系，拖雷之子蒙哥即位。蒙哥死于钓鱼城后，其弟忽必烈、阿里不哥争位，忽必烈胜利，建立元朝。

南宋纪

理宗皇帝

纲 丁酉,嘉熙元年(1237),春正月,以李埴同知枢密院事,宣抚四川。

纲 二月,以郑性之知枢密院事,邹应龙签书院事,李宗勉同签书院事。李鸣复罢。

纲 诏经筵进讲朱熹《通鉴纲目》。

纲 三月,资政殿学士魏了翁卒。

纲 夏五月,临安大火。

目 临安大火,自巳至酉①,烧民庐五十三万②。士民上书咸诉济王之冤,进士潘牥(fāng)对策亦以为言,并及史弥远。侍御史蒋岘,弥远之党也,上疏谓:“火灾天数,何预故王?”遂劾方大琮、王迈、刘克庄等鼓扇异论,并斥牥性同逆贼,语涉不顺,请皆论以汉法。自是群臣无敢复言济王冤矣。

纲 六月,邹应龙罢。秋八月,以李鸣复参知政事,李宗勉签书枢密院事。

纲 蒙古校(jiào)儒士于诸路③。

---

① 巳:巳时,上午九点至十一点。酉:酉时,下午五点至七点。
② 五十三万:据《宋史·五行志》,当作“三万”。
③ 校:考试。

目耶律楚材奏："制器者必用良工,守成者必用儒臣。儒臣之事业,非积
数十年殆未易成也。"蒙古主曰:"果尔,可官其人。"楚材请校试之,
乃命税课使刘中、杨奂随郡考试①,以经义、词赋、论分为三科,儒人
被俘为奴者亦令就试,其主匿弗遣者死,得士凡四千三十人,免为奴
者四之一。楚材又请一衡量②,立钞法③,定均输④,庶政略备,民稍
苏息。

〔杜杲抗御蒙古〕

纲冬十月,蒙古寇安丰,知军事杜杲力战御之,蒙古引还。

目蒙古口温不花攻黄州,孟珙帅师救却之。遂攻安丰。杜杲缮完守御,
蒙古以火炮焚楼橹,杲随陷随补完。蒙古令拔都鲁斫牌杈木⑤。拔
都鲁者,皆死囚为之,攻城以自赎。杲募善射者用小箭射其目,拔都
鲁多伤而退。会池州都统制吕文德突围入城,合力捍御,蒙古引去,
淮右以安⑥。文德,安丰人,魁梧勇悍,尝鬻薪城中,赵葵见其遗屦
(jù)长尺有咫⑦,异而访之,值文德出猎,暮负虎鹿各一而归,召置帐
下,遂累功劳,超擢军职。

━━━━━━━━

① 据《元史·杨奂传》,杨奂是考生而非考官。
② 一:统一。
③ 钞法:关于纸币发行、流通、兑换的制度。
④ 均输:赋税征收等制度。
⑤ 拔都鲁:蒙古语,意为勇士。斫:砍,斩击。牌杈木:用于防御的盾牌、用于拒敌的木
架。
⑥ 淮右:淮西。
⑦ 屦:用麻、葛等制成的鞋。尺有咫:一尺八寸,"咫"为八寸。

纲 戊戌，二年（1238），春正月，以余天锡同签书枢密院事。

纲 二月，以史嵩之参知政事，督视京湖、江西军马，置司鄂州。

纲 夏六月，李埴卒。

纲 秋七月，以赵以夫同知枢密院事。

纲 九月，蒙古围庐州，杜杲败走之。

目 蒙古察罕帅兵号八十万围庐州，期破庐后造舟巢湖以窥江左。于壕外筑土城六十里①，穿两壕，攻具皆数倍于攻安丰时。杜杲极力守御，蒙古筑坝高于城楼，杲以油灌草，即坝下炼之，皆为煨烬②。又于串楼内立雁翅七层③，俄炮中坝上④，众惊，杲乘胜出战，蒙古败走，杲追蹑数十里。又练舟师扼淮河，遣其子庶监吕文德、聂斌伏精锐于要害。蒙古不能进，遂引师北归。诏加杲淮西制置使。

纲 以孟珙为京湖制置使。冬十月，珙复郢州、荆门军。

纲 蒙古建太极书院于燕京。

目 时濂溪周子之学未至于河朔⑤，杨惟中用师于蜀、湖、京、汉，得名士数十人，始知其道之粹，乃收集伊洛诸书⑥，载送燕京。师还，与姚枢谋

---

① 壕：护城河。

② 煨烬：灰烬。

③ 串楼：移动木楼。雁翅：如雁张翅般排开的护盾。

④ 俄：不久，瞬间。

⑤ 濂溪周子：周敦颐。河朔：今河北一带。

⑥ 伊洛：指北宋理学家程颢、程颐。

建太极书院及周子祠,以二程、张、杨、游、朱六子配食①,请赵复为师,选俊秀有识度者为道学生。由是河朔始知道学。

纲己亥,三年(1239),春正月,以乔行简为少傅、平章军国重事,李宗勉为左丞相兼枢密使,史嵩之为右丞相兼枢密使、督视江淮、四川、京湖军马。

目嵩之既相,一时正人多以不合逐去。时三相当国,论者谓乔失之泛,李失之狭,史失之专;然宗勉清谨守法,犹号为贤。

纲以余天锡参知政事,游侣(sì)签书枢密院事。

〔孟珙收复襄阳〕

纲三月,孟珙复襄阳。

目珙遣兵及蒙古三战皆捷,遂复樊城、襄阳,因上奏曰:"取襄不难而守为难。非将士不勇也,非车马器械不精也,实在乎事力之不继尔。襄樊为朝廷根本,今百战而得之,当加经理,如护元气,非甲兵十万,不足分守。与其抽兵于敌来之后,孰若保此全胜!练兵集谋,此不争之争也。"乃以蔡、息降人置忠卫军②,襄、郢降人置先锋军。

纲冬十二月,观文殿大学士致仕崔与之卒。

目与之晚出番禺(pān yú)③,屹然有大臣风,与张九龄齐名异代。赠少

① 六子:程颢、程颐、张载、杨时、游酢、朱熹。
② 息:州名,治今河南息县。
③ 番禺:今广东广州市。

师,封南海郡公,谥清献。

〔孟珙收复夔州〕

綱孟珙遣兵御蒙古于蜀口,遂复夔州。

綱以陈垲为国子司业。

目垲,史弥远之甥也,绍定中为太常博士,上疏"乞去君侧之蛊媚以正主
德①,从天下之公论以新庶政",盖指贾贵妃及弥远也。弥远召谓曰:
"何为好名?"垲曰:"好名,孟子所不取,然求士于三代之上,惟恐其
好名;求士于三代之下,惟恐其不好名耳。"因力请外。弥远卒,乃召
还,历官吏部侍郎,至是授司业,诸生相庆以为得师。

綱庚子,四年(1240),春正月,彗见营室②。

綱临安大饥。

綱蒙古张柔等分道入寇。

綱二月,以孟珙为四川宣抚使,珙遂大兴屯田。

目珙条具上疏事宜,遂拜四川安抚使,知夔州。珙至镇,招集散民为宁武
军,以降人回鹘爱里八都鲁为飞鹘军。寻兼夔州路制置屯田,调夫筑
堰,募农给种,首秭(zǐ)归③,尾汉口,为屯二十,为顷十八万八千二百八
十。又创南阳、竹林两书院,以处襄汉、四川流寓之士。以李庭芝权施

① 蛊媚:妖冶妩媚。
② 营室:二十八星宿之室宿。
③ 秭归:县名,今湖北秭归县。

州建始县①,庭芝训农治兵,选壮士杂官军教之,期年民皆知战守,善驰逐,无事则植戈而耕,敌至则悉出而战。珙下其法于所部行之。

纲夏四月,召史嵩之还。

纲以杜杲为沿江制置使。

纲秋九月,乔行简罢。寻卒。

纲冬闰十二月,李宗勉卒。以游侣知枢密院事,徐荣叟签书院事,范钟参知政事。

纲辛丑,淳祐元年(1241),春正月,诏加周敦颐、张载、程颢、程颐封爵,与朱熹并从祀孔子庙庭。黜王安石从祀。

目诏曰:"孔子之道,自孟轲后不得其传,至我朝周敦颐、张载、程颢、程颐,真见实践,深探圣域,千载绝学,始有指归。中兴以来,又得朱熹,精思明辨,表里浑融,使《大学》《论》《孟》《中庸》之书本末洞彻,孔子之道益以大明于世。朕每观五臣论著,启沃良多。今视学有日,其令学官列诸从祀,以示崇奖之意。"寻以"王安石谓天命不足畏,祖宗不足法,人言不足恤,为万世罪人,岂宜从祀孔子! 其黜之。"越二日,加封敦颐汝南伯、载郿伯、颢河南伯、颐伊阳伯。

评宋代新儒学:

宋代新儒学是春秋战国百家争鸣以降中国思想史上的重大创获。新儒学是对儒家经典的重新阐释,伸张性命之学,弥补了传统儒家义理

---

① 施州:治今湖北恩施土家族苗族自治州。建始县:今湖北建始县。

方面的阙失。新儒学派别众多,而以王安石新学、程朱理学(道学)、陆九渊心学等影响最大。王安石新学是北宋后期的官方主流学派,《孟子》经学地位的提高与新学相关,《三经新义》长期是科举考试的评判标准。程朱理学由程颢、程颐兄弟创立,南宋朱熹集其大成。理学汲取佛、道两家思想,创立天理之说,黜功利,崇道德,《四书章句集注》是元代以降科举考试最重要的研读书籍。理学一度因"庆元党禁"受到打压,但在理宗朝成为官方主流学说。理学长期主宰中国思想界,对中国政治、社会、文化思想等各方面的影响至为深远。

纲 三月,赵以夫罢。

纲 秋八月,求遗书。

〔窝阔台去世〕

纲 冬十一月,蒙古主窝阔台卒,第六后乃马真氏称制①。

目 窝阔台立十有三年,卒年五十六,庙号太宗。初,蒙古主有旨以孙失烈门为嗣。至是,六皇后召耶律楚材问之,楚材曰:"此非外姓臣所敢知,自有先帝遗诏,幸遵行之。"后不从,遂称制于和林②。失烈门,蒙古主第四子曲出之子也。

〔成都陷落〕

纲 成都将田世显叛,以城降蒙古,制置使陈隆之死之。

---

① 第六后:《元史·太宗本纪》作"六皇后",当是"大皇后"之误。称制:代行大汗职权。
② 和林:即哈剌和林,大蒙古国都城,遗址在今蒙古国后杭爱省额尔德尼昭旁。

目 塔海部汪世显等复入蜀,进围成都,隆之守弥旬①,誓与城存亡。部将田世显潜送款于蒙古,乘夜开门,北兵突入,隆之举家数百口皆死。槛送隆之至汉州②,命谕守臣王夔降,隆之大呼曰:“大丈夫死尔,勿降也!”遂见杀。汉州兵三千出战,城破,尽为蒙古所屠。

纲 十二月,余天锡卒。

纲 蒙古使月里麻思等来,至淮上,守将囚之。

纲 壬寅,二年(1242),春正月,游倡罢。

纲 以范钟知枢密院事,赵葵同知院事,别之杰签书院事。

纲 以徐荣叟参知政事。

〔孟珙分军御蒙古〕

纲 蒙古复寇蜀,孟珙分兵御之。

目 蒙古也可那颜、耶律朱哥自京兆取道商、房以趋三川③,遂攻泸州。孟珙遣一军屯江陵及郢州,一军屯沙市④,一军自江陵出襄与诸军会,又遣一军屯涪州。且下令应出戍主兵官,不许失弃寸土。权开州梁栋以乏粮还司⑤,珙曰:“是弃城也!”斩以徇。由是诸将禀命惟谨。

----

① 弥旬:满十日。
② 槛:囚车。汉州:治今四川广汉市。
③ 三川:今陕西南部及四川一带。
④ 沙市:今湖北荆州市沙市区。
⑤ 开州:治今四川开江县。

纲 蒙古燕京行省郎中姚枢弃官隐于苏门①。

目 蒙古牙剌瓦赤在燕，惟事货赂，以枢为幕长②，分及之，枢一切拒绝，因辞职去，携家往辉州之苏门③，作家庙，别为室，奉孔子及宋儒周、程、张、邵、司马六君子像④，刊小学、四书并诸经传注以惠学者，读书鸣琴，若将终身。

纲 夏五月，赵葵罢。

纲 六月，徐荣叟罢。以别之杰同知枢密院事，高定子签书院事，杜范同签书院事。定子寻罢。

纲 秋七月，蒙古兵渡淮入扬、滁、和州⑤。

纲 冬十月，蒙古陷通州，屠其民。

纲 十二月，别之杰罢。

〔余玠治蜀，建设山城防御体系〕

纲 癸卯，三年（1243），春二月，以余玠为四川制置使。

目 初，玠家贫，落魄无行，亡命走扬州，上谒赵葵，葵壮之，留置幕府，俾帅舟师溯淮入河抵汴⑥，所向有功，累推淮东制置副使。入对言："方

---

① 苏门：县名，今河南辉县市。
② 幕长：幕府之长。
③ 辉州：治今河南辉县市。
④ 六君子：周敦颐、程颢、程颐、张载、邵雍、司马光。
⑤ 滁：州名，治今安徽滁州市。
⑥ 溯：逆流而上。

今指即戎之士为粗人,斥为'哙伍'①。愿陛下视文武之士为一,勿令偏有所重。偏则必至于激,文武交激,非国之福。"帝曰:"卿人物议论皆不寻常,可独当一面。"乃授四川宣谕使。至是加制置使,知重庆府。

时蜀地残破,两川无复纪律②,遗民咸不聊生。监司、戎帅各专号令,擅辟守宰③,荡无法度,蜀日益坏。玠至,大更弊政,遴选守宰。筑招贤馆于府左,士之至者,玠不厌接,随其材而任之。遂于利、阆城大获山以护蜀口④,蓬州城营山⑤,渠州城大良坪⑥,嘉定城旧治,泸州城神臂山⑦,其他因山为垒,棋布星列,如臂使指,气势联络。屯兵聚粮,为必守计,民始有安土之心。

纲 三月,蒙古中书令耶律楚材以忧卒。

目 乃马真氏称制,奥都剌合蛮专政用事,权倾中外,后至以御宝空纸使自书填。楚材谏不听,愤悒成疾而卒。或谮之曰:"楚材为相二十年,天下贡赋,半入其家。"后命近臣覆视之⑧,惟琴玩十余及古今书画、金石、遗文数千卷。

楚材天资英迈,夐(xiòng)出人表⑨,正色立朝,不为势屈,每陈国家利

①哙伍:典出韩信"与哙等为伍",指平庸之辈。
②两川:东川、西川。
③辟:辟举,任命。守宰:州县长官。
④城:筑城。大获山:在今四川苍溪县东南。
⑤蓬州:治今四川仪陇县。营山:今四川营山县,在仪陇县东南。
⑥渠州:治今四川渠县。大良坪:在今四川渠县。
⑦神臂山:在今四川泸州市。
⑧覆视:查核,察看。
⑨夐出人表:远远超出其他人。

病,生民休戚,辞色恳切。蒙古太宗尝曰:"汝又欲为百姓哭邪!"楚材每言:"兴一利,不若除一害。生一事,不若减一事。"人以为名言。至顺①,赠太师,追封广宁王,谥文正。

〔余玠筑钓鱼城〕

纲 余玠城钓鱼山②,徙合州治之③。

目 播州冉琎(jīn)及弟璞俱有文武材④,隐居蛮中,前后阃帅辟召,皆坚辞不至。闻玠贤,自诣府上谒,玠待以上客。琎、璞居数月,无所言,玠疑之,乃更开别馆以处之,且日使人窥其所为。兄弟终日不言,惟对踞以垩(è)画地⑤,为山川城池之形,起则漫去⑥。如是又旬日,请见玠,屏人曰:"某兄弟辱明公礼遇,思有以少裨益。为今日西蜀之计,其在徙合州城乎?"玠不觉跃起,执其手曰:"此玠志也,但未得其所耳。"琎曰:"蜀口形胜之地莫若钓鱼山,请徙诸此。若任得其人,积粟以守之,贤于十万师远矣。"玠大喜曰:"玠固疑先生非浅士。先生之谋,玠不敢掠以归己。"遂密以其谋闻于朝,请不次官之;诏琎权发遣合州,璞权通判,徙城之事悉以任之。钓鱼城成,蜀始可守。

纲 甲辰,四年(1244),春正月,以李鸣复参知政事,杜范同知枢密院事,刘伯正签书院事。范固辞,遂与鸣复俱罢。

---

① 至顺:元文宗年号。
② 钓鱼山:在今重庆市合川区。
③ 合州:治今重庆市合川区。
④ 播州:治今贵州遵义市。
⑤ 踞:蹲坐。垩:白土。
⑥ 漫:涂抹使模糊。

目初,范为殿中侍御史,尝论郑清之、李鸣复之过,不行,即弃官去。至是不屑与鸣复共政,上疏辞位而去。帝遣使召还,太学诸生亦上书留范而斥鸣复,并斥史嵩之。嵩之讽谏议大夫刘晋之并论罢二人。

纲三月,以金渊签书枢密院事。

纲夏六月,赐礼部进士留梦炎及第。

纲以吕文德为淮西招抚使。

纲秋九月,诏起复史嵩之。将作监徐元杰、太学生黄恺伯等上书论之,不报。

目先是,黄涛、刘应起、徐霖等俱上书论嵩之深奸擅权,帝不听,而论者益众。及其父弥忠疾亟,嵩之谒告①,许之。翌日弥忠卒,诏嵩之起复。徐元杰上疏曰:"陛下为四海纲常之主,大臣身任道揆,扶翊纲常。自闻嵩之有起复之命,凡有父母之心者,莫不失声涕零。是果何为而然？人心天理,谁实无之,兴言及此,非可使闻于邻国也。臣恳恳纳忠,何敢诋讦②,特为陛下爱惜民彝而已③。"疏出,嵩之憾之,帝不听。

于是太学生黄恺伯等百四十四人上书曰:"嵩之心术回邪,踪迹诡秘。曩者开督府④,以和议堕将士心,以厚货窃宰相位,罗天下之小人为私党,夺天下之利权归私室。蓄谋积虑,险不可测。在朝廷一日则贻一

①谒告:请假。
②诋讦:诋毁攻击。
③民彝:人伦道德。
④曩者:以往,从前。

日之祸,一岁则贻一岁之忧。万口一辞,惟恐其去之不速。今嵩之不去,徘徊牵引,弥缝贵戚,买属貂珰①,转移上心,衷私御笔,必得起复之礼,然后从容就道,初不见其忧戚之容。大臣佐天子以孝治天下,孝不行于大臣,是率天下而为无父之国矣。以法绳之,虽置之鈇(fū)钺犹不足谢天下②,况复置之具瞻之位乎③!"

武学生翁日善等六十七人、京学生刘时举等九十四人、宗学生与寰等三十四人皆上书切谏,亦不报。时范钟、刘伯正领相事,恶京学生言事,谓皆游士鼓倡之,讽京尹赵与筹尽削游士之籍。

纲 冬十月,以刘汉弼为左司谏。

目 史嵩之久擅国柄,帝亦患苦之,乃夜降御笔,黜四不才台谏,于是谏议大夫刘晋之、侍御史王瓒、监察御史龚基先、胡清献皆罢去,以汉弼为左司谏。汉弼首赞帝曰:"拔去阴邪,庶可转危而安;否则是非不两立,邪正不并进,陛下虽欲收召善类,不可得矣。"帝嘉纳之。

纲 十一月,诏史嵩之终丧。

目 徐元杰复上疏论:"嵩之起复,士论纷然,乞许其举执政自代。"帝曰:"学校虽是正论,但言之太甚。"元杰对曰:"正论乃国家元气。今正论犹在学校,要当保养一线之脉。"因乞引去。左司谏刘汉弼亦上言愿听嵩之终丧,亟选贤臣,早定相位。会嵩之亦自知不为众论所容,上疏乞终制,帝乃许之。

————————

① 买属:收买嘱托。貂珰:宦官。
② 鈇钺:砍刀和大斧。
③ 具瞻之位:宰相之位。

纲十二月,以范钟、杜范为左、右丞相,并兼枢密使。

目范入相,首上五事:曰正治本,谓政事当常出于中书,毋使旁蹊得窃威福①。曰肃宫闱,谓当严内外之限,使宫府一体。曰择人才,谓当随其所长用之,而久于职,毋徒守迁转之常格。曰惜名器,谓如文臣贴职,武臣阁卫②,不当为徇私市恩之地。曰节财用,谓当自人主一身始,自宫掖始,自贵近始。考封桩国用出入之数③,而补窒其罅(xià)漏④;求盐策、楮币变更之目⑤,而斟酌其利害。仍乞早定国本,以安人心。

〔孟珙措置江陵防御〕

纲以孟珙兼知江陵府。

目珙至江陵,登城叹曰:"江陵所恃三海⑥,不知沮洳(rù)有变为桑田者⑦,敌一鸣鞭,即至城外。"盖自城以东,古岭、先锋直至三汊,无限隔,乃修复内隘十有一,别作十隘于外,有距城数十里者。沮漳之水⑧,旧自城西入江,因障而东之,俾绕城北入于汉,而三海遂通为一。随其高下,为渠蓄泄,三百里间,渺然巨浸。土木之工,百七十

---

① 旁蹊:偏仄的小路,比喻不正当的途径。
② 阁卫:阁职、环卫官,皆为武臣清要之选。
③ 封桩:封存年终财政结余,以备急需。
④ 补窒:补阙堵漏。罅漏:阙漏,漏洞。
⑤ 楮币:纸币,用楮树皮制作。
⑥ 三海:长江、汉水、沮漳河。
⑦ 沮洳:被水淹没浸润的低湿之地。
⑧ 沮漳之水:分则为沮水、漳水,合则为沮漳河,源出今湖北襄阳市,东南流至今湖北荆州市汇入汉水。

万,民不知役。因绘图上之。

纲 乙巳,五年(1245),春正月,刘伯正罢,以李性传签书枢密院事。

纲 夏四月,右丞相兼枢密使杜范卒。

纲 六月,工部侍郎徐元杰暴卒。

目 史嵩之既去,元老旧德次第收召,杜范既入相,复延元杰议政,多所裨益。六月朔,元杰当侍立,先一日谒范钟归,是夕热大作,夜四鼓,指爪忽裂以死。三学诸生相继伏阙上言①:"昔小人倾君子者,不过使之死于蛮烟瘴雨之乡;今蛮烟瘴雨不在岭海而在朝廷。"诏付临安府鞫治常所给使之人,狱迄无成。刘汉弼亦每以奸邪未尽屏汰为虑,未几以肿疾暴死,太学生蔡德润等百七十有三人复叩阍上书讼冤②。诏给元杰、汉弼官田五百亩,缗钱五千,恤其家。时杜范入相八十日卒,元杰、汉弼相继暴死,时谓诸公皆中毒,堂食无敢下箸者③。

初,嵩之从子璟卿尝上书谏嵩之曰:"久开督府,所成何功? 东南民力困于征输,州县匮于应办,诚恐祸起萧墙,危如朝露。为今之计,莫若尽去在幕之群小,悉召在野之君子,相与改弦易辙,戮力王事,以收桑榆之功④。"言甚切至。居无何,璟卿暴卒,相传亦嵩之致毒云。

纲 冬十一月,以陈韡同签书枢密院事。

纲 十二月,以游似为右丞相兼枢密使,赵葵知枢密院事,李性传同知院

---

① 三学:太学、宗学、武学。
② 阍:宫门。
③ 堂食:政事堂的公膳。
④ 收桑榆之功:化用"失之东隅,收之桑榆"的典故,寓意事犹未晚,尚可补救。

事。性传寻罢。

纲丙午,六年(1246),春正月朔,日食。

纲二月,范钟罢。

纲夏六月,以陈韡参知政事。

〔蒙古定宗贵由继位〕

纲秋七月,蒙古主贵由立①。

纲九月,宁武节度使、汉东公孟珙卒。以贾似道为京湖制置使。

目珙忠君体国之念可贯金石。在军中,参佐、部曲论事,言人人殊,珙徐以片言折衷,众志皆惬。谒士、游客、老校、退卒,一以恩意抚接。名位虽重,惟建旗鼓、临将士,面色凛然,无敢涕唾者;退则扫地焚香,隐几危坐,若萧然事外。远货色,绝滋味,尤邃于《易》学。累赠太师,追封吉国公,谥忠襄。

纲冬十二月,诏史嵩之致仕。

纲蒙古寇京湖、江淮之境。

纲丁未,七年(1247),夏四月,以王伯大签书枢密院事,吴潜同签书院事。

纲游佀罢,以郑清之为太傅、右丞相,兼枢密使。

———————————

① 贵由:窝阔台长子,后追奉庙号定宗。

纲以赵葵为枢密使，督视江淮、京湖军马。陈韡知枢密院事、湖南安抚
　　大使。

纲戊申，八年（1248），春三月，蒙古主贵由卒，后斡兀立海迷失称制。

目贵由年四十三卒，庙号定宗。皇后斡兀立海迷失抱曲出子失烈门听
　　政，诸王大臣皆不服。

纲秋七月，王伯大罢。

纲己酉，九年（1249），春闰二月，以郑清之为太师、左丞相，赵葵为右丞
　　相，并兼枢密使，应繇（yóu）、谢方叔参知政事，史宅之同知枢密院事。
　　夏五月，陈韡罢。冬十一月，应繇罢。十二月，以吴潜同知枢密院事，
　　徐清叟签书院事。史宅之卒。

纲庚戌，十年（1250），春三月，以贾似道为两淮制置大使，李曾伯为京湖
　　制置使。

纲赵葵罢。

目言者论葵非由科目进①，且曰"宰相须用读书人"。葵因力辞，其表有
　　云："霍光不学无术，每思张咏之语以自惭②。后稷所读何书，敢以赵
　　抃之言而自解。"帝不得已，授醴泉观使，兼侍读。复固辞，乃以观文
　　殿大学士判潭州。

纲冬，余玠出兵至兴元而还。

———————————

① 科目：进士科。
② 张咏之语：张咏劝寇准读《霍光传》，以"不学无术"为戒。

目玠帅蜀，慷慨自许，数年之间，边境稍息，寖以骄恣。而郑清之再相，因从臾(sǒng yǒng)其进兵①，于是一意出师，虽有小捷，至兴元遇蒙古将汪德臣、郑鼎，无功而还。

〔蒙古宪宗蒙哥即位〕

纲辛亥，十一年(1251)②，夏六月，蒙古主蒙哥立。

目初，定宗卒，久未立君，中外汹汹，至是诸王木哥及大将兀良合台等咸会议所立。时定宗后所遣使者在坐曰："昔太宗命以皇孙失烈门为嗣，诸王百官皆与闻之。今失烈门故在，而议欲他属，将置之何地邪？"兀良合台等不听，共推蒙哥即位于阔帖兀阿兰之地③，追尊其考拖雷为帝，庙号睿宗④。失烈门及诸弟心不能平，蒙哥因察诸王有异同者并羁縻之，取主谋者诛之，遂颁便宜事于国中，罢不急之役，凡诸王、大臣滥发牌印、诏旨、宣命，尽收之，政始归一。兀良合台，速不台之子也。

〔忽必烈总治漠南〕

纲秋七月，蒙古主命其弟忽必烈总治漠南⑤，开府金莲川⑥。

目诏凡军民在漠南者听忽必烈总之，遂开府于金莲川。时姚枢隐居苏门，忽必烈遣赵璧召之。枢至，大喜，待以客礼，枢乃为书数千言上

---

① 从臾：怂恿，鼓动。"从"通"怂"。
② 蒙古宪宗蒙哥元年。
③ 阔帖兀阿兰：亦译曲雕阿兰，在今蒙古国肯特省。
④ 按追尊拖雷为睿宗，事在忽必烈即位后，非此时。
⑤ 漠南：蒙古高原戈壁沙漠以南，即北方原金朝统治区。忽必烈所"总治"者主要为军事。
⑥ 金莲川：在今内蒙古锡林郭勒盟正蓝旗。

之,首陈帝王之道,与治国平天下之大经,汇为八目,曰修身、力学、尊贤、亲亲、畏天、爱民、好善、远佞,次及救时之弊,为条三十。忽必烈奇其才,动必召问,枢因言于忽必烈曰:"今土地、人民、财赋皆在汉地,王若尽有之,则天子何为? 后必有间之者矣。不若惟持兵权,凡事付之有司,则势顺理安。"忽必烈从之。

纲 冬十一月,郑清之卒。

纲 以谢方叔为左丞相,吴潜为右丞相,并兼枢密使。

纲 以徐清叟参知政事,董槐签书枢密院事。

纲 蒙古忽必烈置经略司于汴,分兵屯田。

目 忽必烈从姚枢之请,置经略司于汴,以忙哥、史天泽、杨惟中、赵璧为使,俾屯田唐、邓等州,授之兵、牛,敌至则战,退则耕。

纲 蒙古号西域僧那摩为国师。

纲 壬子,十二年(1252),春二月,蒙古主蒙哥徙诸王于边,杀定宗后斡兀立海迷失,窜失烈门于没脱赤。

纲 夏六月,闽、浙大水。

纲 蒙古分汉地封宗属。

目 蒙古主以中州封同姓,命弟忽必烈于汴京、关中自择其一。姚枢曰:"南京河徙无常①,土薄水浅,不若关中。"忽必烈遂请于蒙古主,蒙古

———————————

① 南京:指开封府。

主曰："关中户寡,河南、怀孟地狭民伙①,可取自益。"由是尽有关中、河南之地。

<u>纲</u>癸丑,宝祐元年(1253),春正月,诏以与芮子禥(qí)为皇子,封永嘉郡王。

<u>目</u>帝在位岁久,无子,群臣屡以为言,至是乃下诏以母弟嗣荣王与芮子孜为皇子,赐名禥,封永嘉郡王。明年,进封忠王。

〔余玠之死〕

<u>纲</u>夏五月,召余玠还。六月,以余晦为四川宣谕使。

<u>目</u>初,利州都统王夔素残悍,号"王夜叉",恃功骄恣,桀骜不受节度,所至劫掠,蜀人苦之。玠至嘉定,夔帅所部兵迎谒,班声如雷,江水为沸,旗帜精明,舟中皆战掉失色②,而玠自若也,徐命吏班赏。夔退谓人曰:"儒者乃有此人!"玠久欲诛夔,独患其握重兵居外,谋于亲将杨成。成曰:"今纵弗诛,养成其势,后一举足,西蜀危矣。"玠意遂决。夜召夔计事,潜以成代领其众,夔才离营,而新将以单骑入矣。夔至,玠斩之。

会戎州帅欲举统制姚世安为代③,玠素欲革军中举代之弊,以三千骑至云顶山下,遣都统金某往代世安。世安闭关不纳。而世安素结丞相谢方叔子姓,至是求援于方叔,方叔遂倡言玠失戎伍心,帝惑之。

①怀孟:即怀孟路,治今河南沁阳市。伙:众多。
②战掉:恐惧发抖。
③戎州:治今四川宜宾市。

世安乃与玠抗,玠郁郁不乐。

玠专制西蜀,凡有奏疏,词气不谨,帝不能平。会徐清叟入对,语及玠,因言:"玠不知事君之礼,陛下何不出其不意而召之。"帝不答。清叟曰:"陛下岂以玠握大权,召之或不至邪?臣度玠素失士心,必不敢。"帝然之,乃以资政殿学士召,而以知鄂州余晦为宣谕使。

纲 秋七月,资政殿学士余玠暴卒。

纲 八月,以余晦为四川制置使。

纲 甲寅,二年(1254),夏六月,诏籍余玠家财。

目 侍御史吴燧等论故蜀帅余玠聚敛罔利七罪。玠死,其子如孙尽窃帑庾之积以归①。诏簿录玠家财以犒师、赈边。如孙遂认钱三千万,征之累年始足。

纲 加贾似道同知枢密院事。

纲 召余晦还。闰月,以李曾伯为四川宣抚使,置司夔州。

目 初,晦制下②,徐清叟奏曰:"朝廷命令不甚行于西蜀者十有二年,今者天毙余玠,乃陛下大有为之机也。今以素无行检、轻儇(xuān)浮薄、不堪任重余晦者当之③,臣恐五十四州军民不特望而轻鄙之,夷狄闻之,亦且窃笑中国之无人矣。乞收回所除内批。"帝不听。及晦在蜀屡败,边事日急,帝乃召晦还。董槐上疏请行,且请顿重兵置司夔州,

---

① 帑庾:储藏钱财、粮食的仓库,此指官府库藏。
② 制:高级官员的任命文书。
③ 轻儇:轻佻。

以固荆、蜀辅车之势①。帝以槐言事无隐,方向用之②,不许,而以李曾伯代晦。

〔余晦等诬杀大将王惟忠〕

纲秋九月,杀利州西路安抚使王惟忠。

目惟忠以余晦镇蜀,心轻之,呼其小字曰:"余再五来也。"晦怒,诬奏惟忠潜通北国。诏下大理狱,勘官陈大方煅成其事③,遂斩于市,血上流而色不变,且谓大方曰:"吾死诉于天!"未几,大方亦死。

纲冬十一月,蒙古忽必烈以廉希宪为京兆宣抚使。

目希宪,畏兀人,少入侍忽必烈,笃好经书,一日方读《孟子》,闻召,因怀以进。忽必烈问其说,希宪以性善、义利、仁暴之旨为对。忽必烈善之,目为"廉孟子"。又一日,与诸贵人较射④,连发三中,众惊叹曰:"真文武材也。"忽必烈以京兆分地置宣抚司,命希宪为使。京兆控制陇、蜀,诸王贵藩分布左右,民杂戎、羌,尤号难治。希宪讲求民病,抑强扶弱,境内大安。

纲乙卯,三年(1255),春正月,迅雷,罢元夕张灯。

纲二月,蒙古忽必烈征许衡为京兆提学。

---

① 辅车:辅车相依,互为依存。
② 向:偏向。
③ 勘官:审讯官。煅:炼,刑讯逼供,强迫认罪。
④ 较射:比赛射技。

目 衡,怀庆河内人①,幼有异质,七岁入学,授章句,问其师曰:"读书何为?"师曰:"取科第耳。"曰:"如此而已乎?"师大奇之,谓衡父母曰:"儿颖悟非常,他日必有过人者,吾非其师也。"遂辞去。稍长,嗜学如饥渴,然遭世乱,且贫无书,尝从日者得《书》疏义。避难徂徕山②,得《易》王弼说,夜思昼诵,言动必揆诸义。既而乱少定,往来河洛间,从柳城姚枢得程、朱氏书③,益大有得。寻居苏门,与枢及窦默相讲习,慨然以道自任。尝语人曰:"纲常不可一日亡于天下。苟在上者无以任之,则在下之任也。"凡丧、祭、娶、嫁必征于礼,以倡其乡人,学者寖盛。衡尝语之曰:"进学之序,必当弃前日章句之习,从事于小学。"因悉取向来简帙焚之,使无大小皆自小学入。是时秦人新脱于兵④,欲学无师,闻衡来,人人莫不嘉幸,于是郡县皆建学,民大化之。

纲 三月,以王埜(yě)签书枢密院。

纲 雨土。

纲 夏五月,四川地震,闽、浙大水。

纲 六月,以丁大全为右司谏。

目 大全,镇江人,面蓝色,为戚里婢婿,夤(yín)缘阎妃及内侍卢允升、董宋臣,遂得宠于帝⑤,自萧山尉累拜右司谏。时正言陈大方、侍御史

---

① 怀庆:即怀孟路。元仁宗延祐六年改名怀庆路。河内:县名,今河南沁阳市。
② 徂徕山:在今山东泰安市岱岳区。
③ 柳城:县名,今辽宁朝阳县。
④ 秦人:关中之人。
⑤ 夤缘:攀援,攀附。

胡大昌与大全同除,人目为"三不吠犬"。

纲罢监察御史洪天锡。秋七月,谢方叔、徐清叟免。

纲八月,王埜罢。

纲以董槐为右丞相兼枢密使,程元凤签书枢密院事,蔡抗同签书院事①。

纲丙辰,四年(1256),春三月,以蒲择之为四川制置使,置司重庆。

纲夏四月,加贾似道参知政事。

纲五月,赐礼部进士文天祥及第。

目天祥以"法天不息"为对,其言万余,帝亲拔为第一。考官王应麟奏
　　曰:"是卷古谊若龟鉴,忠肝如铁石,臣敢为得人贺。"

纲六月,丁大全逐右丞相董槐,诏罢槐提举洞霄宫。窜太学生陈宜中等
　　于远州。

目槐自以为人主所振拔,苟可以利安国家者无不为。时帝年寖高,操柄独
　　断,群臣无当意者,渐喜狎佞人。丁大全方谄事内嬖②,窃弄威权,帝弗
　　觉悟。大全尝遣客私于槐,槐曰:"吾闻人臣无私交,吾惟事上,不敢私
　　结约,幸为谢丁君。"大全度槐终不容己,乃日夜刻求槐短。槐入对,极
　　言大全邪佞不可近,大全益怨之,乃上章劾槐,章未下,大全夜半以台檄
　　调隅兵百余人③,露刃围槐第,驱迫之出,而罢相之制始下,物论殊骇。三

① 蔡抗:蔡元定之孙、蔡沈之子。据《宋元学案·九峰学案》等,当作"蔡杭",下同。
② 内嬖:内宠,受君主宠爱的人。
③ 台檄:御史台文书。隅兵:火隅的军士,负责灭火。

学生屡上书言之,乃诏槐以观文殿大学士提举洞霄宫。大全既逐槐,益恣横用事,道路以目,太学生陈宜中、黄镛、林则祖、曾唯、刘黻、陈宗六人上书攻之。大全怒,使御史吴衍劾之,削其籍①,编管远州,立碑三学,戒诸生勿得妄议国政,士论翕然称宜中等②,号为"六君子"。

纲 秋七月,以程元凤为右丞相兼枢密使,蔡抗参知政事,张磻(pán)签书枢密院事。

纲 九月,监察御史朱熠(yì)乞汰冗吏,不报。

目 熠言:"境土蹙而赋敛日繁,官吏增而调度日广。景德、庆历时,以三百二十余郡之财赋,供一万余员之俸禄。今日以一百余郡之事力,赡二万四千余员之冗官,边郡则有科降支移③,内地则欠经常纳解④。欲宽民力,必汰冗员。"帝嘉之而不能用。

纲 冬十一月,以张磻同知枢密院事,丁大全签书院事,马天骥同签书院事。

目 时阎妃怙宠,大全、天骥用事,有无名子书八字于朝门曰:"阎马丁当⑤,国势将亡。"

纲 蔡抗罢。

纲 丁巳,五年(1257),春正月,加贾似道知枢密院事。召吴渊参知政事,渊未至卒。

---

① 削其籍:开除学籍。
② 翕然:一致称颂。
③ 支移:民户将税粮送往指定地点。
④ 经常纳解:常规的赋税缴纳。
⑤ 阎马丁当:指阎贵妃、马天骥、丁大全以及貂珰宦官。

纲蒙古罢忽必烈开府,命阿兰答儿行省事于京兆。

目或谗忽必烈得中土心,蒙古主遣阿兰答儿行省事于京兆,刘太平佐
之。忽必烈闻之不乐,姚枢曰:"帝,君也。大王为皇弟,臣也。事难
与较,远将受祸。莫若尽王邸、妃主自归朝廷,为久居谋,疑将自释。"
及忽必烈见蒙古主,皆泣下,竟不令有所白而止。

纲夏六月,马天骥罢。

〔蒙哥亲征南宋〕

纲秋八月,蒙古主蒙哥分道入寇,以其少弟阿里不哥守和林。

纲冬,张磻卒,以林存签书枢密院事。

纲戊午,六年(1258),春正月,以丁大全参知政事。

纲二月,以马光祖为京湖制置使。

目光祖为沿江制置,辟召僚属皆极一时之选,至是移镇江陵,以汪立信、
吕文德、王登、王鉴为参议官。

纲夏四月,程元凤罢,以丁大全为右丞相兼枢密使。

纲秋九月,蒙古主蒙哥入剑门①。冬十一月,陷鹅顶堡诸城②。

纲林存罢。以贾似道为枢密使、两淮宣抚使。

---

① 剑门:县名,在今四川剑阁县。
② 鹅顶堡:在今四川剑阁县。

纲 十二月，诏马光祖等进军归、峡州以援蜀①。

目 诏光祖移司峡州六郡，镇抚向士璧移司绍庆②，士璧遂进师归州，与光
　祖迎战房州，蒙古少却。

纲 蒙古主蒙哥入阆州，守将杨大渊以城降。

纲 己未，开庆元年（1259），春正月，以贾似道为京湖南北、四川宣抚大使。

纲 二月，蒙古主蒙哥围合州，王坚力战御之。

纲 三月，以吕文德为四川制置副使。夏六月，文德及蒙古史天泽战于嘉
　陵江③，败绩。

纲 以朱熠参知政事，饶虎臣同知枢密院事。

〔蒙哥卒于合州钓鱼城下〕

纲 秋七月，蒙古主蒙哥卒于合州城下④，余众解围北还。

目 王坚固守，蒙古主督诸军攻之，屡战不克，前锋将汪德臣选兵夜登外城，
　坚率兵逆战。迟明，德臣单骑大呼曰：“王坚，我来活汝一城军民，宜早降。”
　语未既，几为飞石所中，因得疾死。会天大雨，攻城梯折，后军不克进，俱
　退。蒙古主亦卒于合州城下，年五十二，诸王、大臣用二驴蒙以绘槽(huì)⑤，

---

① 归：州名，治今湖北秭归县。
② 绍庆：府名，治今重庆市彭水苗族土家族自治县。
③ 嘉陵江：指今嘉陵江之重庆市段。
④ 合州城：即钓鱼城。
⑤ 槽：小棺材。

负之北行。合州围解,捷闻,诏加坚宁远军节度使。

纲八月,蒙古忽必烈将兵渡淮,九月渡江,遂围鄂州。

纲以戴庆炯(kě)签书枢密院事。

纲蒙古陷临江①,知军事陈元桂死之,蒙古遂入瑞州②。

纲诏诸路出师以御蒙古,大出内府银、币犒师。

纲冬十月,丁大全有罪,免。

纲以吴潜为左丞相兼枢密使。

目潜既相,首言:“鄂渚被兵,湖南扰动,推原祸根,由近年奸臣憸壬,设为虚议,迷国误君,仁贤空虚,名节丧败,天怒而陛下不知,人怨而陛下不察,稔成兵戈之祸。章鉴、高铸尝与丁大全同官,倾心附丽,躐跻(liè jī)要途③。萧泰来等,群小噂沓(zǔn tà)④,国事日非,浸淫至于今日。沈炎实其爪牙,而任台臣,甘为搏击,奸党盘据,血脉贯穿,以欺陛下,致危乱。望令炎等与祠,铸等羁管州军。”帝不听。

〔贾似道相〕

纲即拜贾似道右丞相兼枢密使,军汉阳以援鄂。

① 临江:即临江军,治今江西樟树市。
② 瑞州:治今江西高安市。
③ 躐跻:越级升迁。
④ 噂沓:议论纷纷,攻讦诋毁。

评权相政治：

宋代政治总体由皇权主导，但南宋先后经历了秦桧、韩侂胄、史弥远、贾似道四位权相的统治，可谓典型的"权相政治"时期。南宋权相的产生，一方面由于受到金、蒙的军事压力，期求应变，朝政出现了行政权、军政权合一、独相等有利于宰相专权的制度变化；另一方面，权相多通过尊奉乃至拥立皇帝，与外戚、后妃结成政治联盟等方式，专权擅政。权相专政相继的现象虽然实现了战争压力下的资源整合，却破坏了原有的政治体制，最终在抗蒙失败后与南宋政权一同终结。

纲 以赵葵为江东、西宣抚使。

纲 十一月，诏贾似道移军黄州。

纲 闰月，以吕文德知鄂州，向士璧知潭州。

〔贾似道乞和于蒙古〕

纲 贾似道乞和于蒙古，忽必烈引还，鄂州围解。

目 蒙古攻城益急，似道大惧，乃密遣宋京诣蒙古营，请称臣纳币，忽必烈不许。会合州守臣王坚使阮思聪走鄂，以蒙古主讣闻①。似道再遣京往，请称臣，割江南为界，岁奉银绢匹两各二十万。忽必烈亦闻阿蓝答儿等谋立阿里不哥，乃许之，遂拔寨而去，遣张杰、阎旺以偏师候湖南兀良合台之兵。

纲 十二月，蒙古兀良合台引兵趋湖北，潭州围解。

———————

① 讣：报丧的通知。

纲庚申，景定元年(1260)①，春二月，蒙古兀良合台至鄂州引还，贾似道
　使夏贵等杀其殿卒于新生矶②。

纲三月，贾似道奏诸路大捷，召似道还朝。

目似道匿议和称臣、纳币之事，以所杀获俘卒殿兵，上表言"诸路大捷，
　鄂围始解，江汉肃清，宗社危而复安，实万世无疆之休③。"帝以似道
　有再造功，召入朝。

纲白气如匹练亘(gèn)天④。

[忽必烈建立元朝]

纲夏四月，蒙古主忽必烈立。

目忽必烈北还，时诸王合丹、莫哥、塔察儿俱会于开平⑤，旭烈亦自西域
　遣使劝进⑥，惟阿里不哥不至。廉希宪、赵良弼及商挺等力言："先发
　制人，后发人制，逆顺安危，间不容发，宜早定大计。"忽必烈然之，遂即
　位，建元中统⑦。

评忽必烈即位：

　　公元1260年忽必烈登上大蒙古国汗位，是历史上具有阶段性意义

——————

① 蒙古中统元年。
② 殿卒：殿后的军士。新生矶：在今湖北黄冈市。
③ 无疆之休：无限美好，无穷幸福。
④ 匹练：白绢。亘天：横贯天空。
⑤ 开平：府名，治今内蒙古锡林郭勒盟正蓝旗。
⑥ 劝进：劝登帝位。
⑦ 自此，蒙古将统治重心从漠北草原移至中原汉族地区，改行中原前代王朝制度，大蒙
　古国转变为元朝。

的重大事件。此前,大蒙古国一直采取草原本位的统治方针,汉地管理基本无章可循。与前任大汗相比,忽必烈受到过较多的汉文化薰陶,并且以汉地的经济、军事力量为后盾争夺汗位,因此即位后将统治重心放在汉地,开始推行"汉法",借鉴中原王朝的典章制度和统治政策。尽管"大元"国号 1271 年才正式颁行,但从 1260 年忽必烈登上汗位起,重视汉地的元王朝实际已经建立。横跨欧亚的大蒙古国自此走向分裂,在西部形成了相对独立的钦察、察合台、窝阔台、伊利四大汗国。作为游牧民族的蒙古在征服中原后,必然要逐渐适应发展程度较高的汉地农业文明。忽必烈的主要历史功绩,就在于他顺应并推进了这一历史趋势。

纲 蒙古召窦默、许衡至开平。

目 默,肥乡人①,金末避乱转徙,隐于大名,与姚枢、许衡朝暮讲习,至忘寝食。蒙古主在潜邸,尝召之,默变姓名以自晦,使者俾其友人往见之,微服踵其后,默不得已,乃拜命。既至,问以治道,默首以纲常为对,且曰:"失此,则无以自立于世矣。"又言:"帝王之道,在诚意正心。心既正,则朝廷远近莫敢不一于正。"蒙古主敬待加礼,久之南还。至是,复与衡同召。

纲 吴潜罢。

目 初,贾似道在汉阳,以潜移之黄州,为欲杀己,衔之。至是帝欲立忠王禥为太子,潜密奏云:"臣无弥远之才,忠王无陛下之福。"帝遂积怒潜,似道因陈建储之策,令侍御史沈炎劾奏,且云:"忠王之立,人心所

---

① 肥乡:县名,今河北邯郸市肥乡区。

属,潜独不然。章汝钧乞为济王立后,潜乐闻其论,授汝钧正字①,奸谋叵测。请速召贾似道正位鼎轴②。"帝从之,遂罢潜奉祠。

纲 加贾似道少师,封卫国公;将士进官有差。

目 似道既至,诏百官郊劳③,如文彦博故事,奖眷甚至。诸将士悉进官:吕文德检校少傅,高达宁江军承宣使,刘整知泸州、兼潼川安抚副使,夏贵知淮安州、兼京东招抚使,孙虎臣和州防御使,范文虎黄州、武定诸军都统制,向士璧、曹世雄各加转有差。初,似道恶达在军中尝侮己,言于帝,欲杀之,帝知其有功,不从,故论功以文德为第一,而达居其次。似道既相,权倾中外,进用群小,变更法制矣。

〔蒙古初定官制〕

纲 蒙古初定官制④。

纲 以饶虎臣参知政事,戴庆炯同知枢密院事,皮龙荣签书院事。

纲 蒙古以廉希宪为陕西、四川宣抚使。

纲 蒙古阿里不哥称帝于和林。

纲 五月,饶虎臣罢。

纲 戴庆炯卒,以沈炎同签书枢密院事。

---

① 正字:秘书省正字。
② 正位鼎轴:出任宰相。
③ 郊劳:出城到郊外迎接并慰劳。
④ 初定官制:指改行中原王朝制度。

纲蒙古以王鹗为翰林学士承旨①。

目鹗,金正大元年(1224)进士第一人②,历官尚书左右司郎中。金亡,将被杀,张柔闻其名救之,馆于保州③。蒙古主在藩邸召对,甚礼重之。至是为翰林学士承旨,制诰、典章,皆所裁定。又荐李冶、李昶、王磐、徐世隆、高鸣为学士,复奏立十道提举学校官,蒙古主皆从之。

纲荧惑入南斗④。

目留五十余日。

〔宋理宗立太子赵禥〕

纲六月,立忠王禥为皇太子。

目帝家教甚严,太子鸡初鸣问安,再鸣回宫,三鸣往会议所参决庶事,退入讲堂讲经史,将晡(bū)⑤,复至榻前起居,问今日讲何经,答之是则赐坐赐茶⑥,否则为之反覆剖析,又不通,则继以怒,明日须更覆讲,率为常例。

〔贾似道囚禁蒙古使者郝经〕

纲秋七月,蒙古使翰林侍读学士郝经来修好,贾似道幽之真州。

———————

① 翰林学士承旨:翰林国史院长官,掌起草诏令。

② 正大:金哀宗年号。

③ 保州:治今河北保定市。

④ 荧惑:火星,象征兵灾。南斗:二十八星宿中的斗宿。

⑤ 晡:申时,下午三点至五点。

⑥ 是:正确。

目似道还朝,使其客廖莹中辈撰《福华编》,称颂鄂功,通国皆不知所谓和也。蒙古主既立,欲来修好,以郝经为翰林侍读学士,充国信使①,来告即位,且征前日请和之议②。似道恐经至谋泄,竟拘留于真州之忠勇军营。经上表曰:"愿附鲁连之义,排难解纷;岂知唐俭之徒,款兵误国。"又数上书于帝及执政,极陈和战利害,且请入见及归国,皆不报。驿吏棘垣钥户③,昼夜守逻④,欲以动经⑤,经不屈,但语其下曰:"死生进退,听其在彼,屈身辱命,我终不能!汝等不幸,宜忍死以待,揆之天时、人事,宋祚殆不远矣!"蒙古遣详问官崔明道诣淮东制司访问经等所在,仍以稽留信使、侵扰疆场来诘。淮东制置李庭芝奏蒙古使者久留真州,不报。

纲以贾似道兼太子太师。

纲冬十二月,蒙古号西僧八思巴为国师⑥。

黄晓巍 评注

张　帆　高纪春 审定

---

① 国信使:国家使臣。

② 征:验证。

③ 棘垣钥户:用荆棘围墙,用锁钥闭门。

④ 守逻:看守巡逻。

⑤ 动:动摇。

⑥ 西僧:西蕃僧人。

纲鉴易知录卷八八

卷首语:本卷起宋理宗景定二年(1261),止宋度宗咸淳十年(1274),所记为理宗、度宗朝十四年的史事。宋朝内则处于贾似道专权之中,外则在宋蒙战争的笼罩之下。贾似道推行打算法、公田法,激化内部矛盾,引发刘整叛宋降蒙事件。宋理宗去世后,贾似道先后拥立宋度宗、度宗嫡子赵㬎继位。忽必烈继续推行汉法,定国号为大元。宋元围绕襄阳展开了持续数年的攻防战,以樊城陷落、襄阳降元告终,宋朝防线崩溃。

南宋纪

理宗皇帝

纲 辛酉,二年(1261)①,春正月,诏皇太子释奠孔子,加张栻、吕祖谦伯爵,并从祀。

目 帝手诏曰:"虎闱齿胄②,太子事也。此礼废久矣,如释奠、释菜之事③,我朝俱未尝废,然享师敬道④,又不可拘旧制,可令太子谒拜。"太子既还,上奏曰:"先圣之道,至我朝而后有以续孟氏之传。然诸说并驾,未知统一。迨朱熹、张栻、吕祖谦志同道合,切思讲磨,择精语详,开牗后学⑤,人心一正,圣道大明。今熹已秩从祀⑥,而栻、祖谦尚未奉明诏,臣窃望焉。"帝从之,遂封栻华阳伯,祖谦开封伯,并列从祀。

纲 二月,朱熠罢。夏四月,以皮龙荣参知政事,沈炎同知枢密院事,何梦然签书院事。

纲 以俞兴为四川制置使。

―――――――

① 蒙古中统二年。
② 虎闱齿胄:国子监的贵胄子弟以年龄为序。
③ 释菜:在学校祭祀先圣先师的入学典礼。
④ 享:祭祀上供。
⑤ 开牗:开启,启发。
⑥ 秩从祀:在从祀之列。

纲蒙古听儒士被俘者赎为民。

纲五月,蒙古以史天泽为中书右丞相①。

纲蒙古以姚枢为太子太师②,窦默为太子太傅,许衡为太子太保,皆辞
不拜。

〔刘整叛降蒙古〕

纲六月,潼川安抚副使刘整以泸州叛降蒙古,制置司参谋官许彪孙
死之。

目初,贾似道之出督也,尝憾高达、曹世雄之轻己,令吕文德捃摭其罪,
逼世雄死,达亦废弃。整闻之惧,会俞兴帅蜀,整素与兴有隙,而似道
方会计边费③,兴遣吏下整,整诉于朝不得达,心益不安,遂籍泸州十
五郡、户三十万降于蒙古,蒙古以整为夔路行省④,兼安抚使。整,骁
将也,蒙古既得之,由是尽得国事虚实,而似道不以为虞⑤。整之将
叛也,命制置司参谋官许彪孙草表,彪孙不屈,合门仰药死⑥。

纲秋七月,窜吴潜于循州⑦。

纲八月,俞兴讨刘整败绩,诏罢兴,以吕文德兼四川宣抚使。

① 中书:中书省,元朝宰相机构。长官为丞相二人,右在左上。
② 太子太师:东宫官,与太子太傅、太子太保统称太子三师。
③ 会计边费:贾似道推行"打算法",清查将帅财政状况,严格军费收支管理。
④ 行省:行中书省,蒙元设置的高级行政区。
⑤ 虞:忧虑。
⑥ 仰药:服毒。
⑦ 循州:治今广东龙川县。

纲 以江万里同签书枢密院事。

纲 贾似道杀湖南制置副使向士璧。

目 先是,贾似道忌功,欲污蔑一时阃臣,且怨士璧尝侮己,讽侍御史孙附凤等劾罢之,送漳州安置。又遣官会计边费,于是赵葵、史岩之等皆坐侵盗掩匿,罢官征偿①,而士璧所费尤多,至是逮至行部责偿②。幕属方元善者,极意逢迎似道意,士璧坐是死,复拘其妻妾征之,潭人闻之有垂涕者。信州谢枋(bǐng)得,以赵葵檄给钱粟募民兵守御,及会计者至信,枋得曰:"不可以累宣抚③。"自偿万缗,余不能办。乃上书似道,有云"千金而募徙木,将取信于市人;二卵而弃干城④,岂可闻于邻国!"遂得免征余者。似道又忌王坚,出知和州;坚郁郁而卒。

纲 冬十月,沈炎罢。

纲 蒙古主忽必烈击阿里不哥于昔木土⑤,败走之。

纲 十二月,以何梦然参知政事,马光祖知枢密院事、兼知临安府⑥。江万里罢。

纲 壬戌,三年(1262)⑦,春正月,赐贾似道第宅、家庙。

---

① 征偿:索求赔偿。
② 行部:巡行考察官的驻地。
③ 宣抚:指赵葵。
④ 二卵而弃干城:典出《孔丛子》,比喻因人之小过而掩其大节。
⑤ 昔木土:即昔木土脑儿,在今内蒙古锡林郭勒盟,一说在今蒙古国东南苏赫巴托尔省南部。
⑥ 知枢密院事:据《宋史·理宗纪五》,当作"同知枢密院事"。
⑦ 蒙古中统三年。

纲 吕文德复泸州。

目 刘整率所部入朝于蒙古,文德遂入泸州,诏改为江安军。

纲 蒙古修孔子庙。二月,皮龙荣罢。

纲 临安饥。

目 诏赈恤贫民。时马光祖知荣王与芮府有积粟,三往见之,王以他辞。光祖乃卧于客次①,王不得已,见焉。光祖厉声曰:"天下谁不知储君为大王子! 今民饥欲死,不以此时收人心乎!"王以廪虚辞②,光祖探怀中出片纸曰:"某庄、某仓若干。"王语塞,遂许以三十万。光祖遣吏分给,活饥民甚众。

〔李璮叛蒙古〕

纲 蒙古江淮大都督李璮(tǎn)以京东来归③。诏封璮为齐郡王,复其父全官爵。三月,蒙古杀王文统。

目 璮自忽必烈即位,便有南归之志。至是召其子彦简于开平,修筑济南、益都等城壁④,遂以涟、海三城来归,献京东郡县,请赎父过。诏授璮保信、宁武军节度使,督视京东、河北路军马,封齐郡王,改涟水为安东州。蒙古王文统使其子荛(ráo)通好于璮,事觉被诛。

———————

① 客次:接待宾客的处所。
② 廪虚:仓廪空虚。
③ 江淮大都督:又称山东行省大都督、益都行省大都督,总管山东地区军事。京东:京东路,今山东一带。
④ 益都:府名,治今山东青州市。

纲以孙附凤签书枢密院事。

纲夏五月,马光祖罢。

纲蒙古史天泽围李璮于济南。六月,遣提刑青阳梦炎将兵救之①,不至而还。

纲封陈光昺(bǐng)为安南王。

纲故相吴潜暴卒于循州。

纲以杨栋同签书枢密院事。

纲秋八月,蒙古陷济南,李璮死之。蒙古以董文炳为山东经略使。

纲九月,蒙古以阿术为征南都元帅。

纲冬十月,以杨栋签书枢密院事,叶梦鼎同签书院事。

纲蒙古命阿合马领中书左右部②,专理财赋。

纲十一月,窜丁大全于新州,道死。

纲癸亥,四年(1263)③,春正月,蒙古以姚枢为中书左丞④。

---

① 青阳梦炎:人名,复姓青阳。
② 中书左右部:吏、户、礼为左三部,兵、刑、工为右三部。
③ 蒙古中统四年。
④ 中书左丞:中书省官名,与中书右丞同设而地位略低,辅佐级别更高的丞相、平章政事处理政务。

〔贾似道行公田法〕

纲二月,诏买公田,置官领之。罢翰林学士徐经孙。

目贾似道以国计困于造楮①,富民困于和籴,思有以变法而未得其说。
　　知临安府刘良贵、浙西转运使吴势卿献买公田之策,似道乃命殿中侍
　　御史陈尧道、右正言曹孝庆、监察御史虞㙠(bì)、张希颜上疏言:“三
　　边屯列,非食不饱;诸路和籴,非楮不行。既未免于廪兵,则和籴所宜
　　广图;既不免于和籴,则楮币未容缩造。为今日计,欲便国便民而办
　　军食、重楮价者,莫若行祖宗限田之制。以官品计顷,以品格计数,下
　　两浙、江东、西和籴去处,先行归并诡析②,后将官户田产逾限之数,抽
　　三分之一,回买以充公田。但得一千万亩之田,则每岁可收六七百万
　　石之米,其于军饷沛然有余,可免和籴,可以饷军,可以住造楮币③,可
　　平物价,可安富室,一事行而五利兴矣。”帝从之,诏买公田,置官田
　　所,以刘良贵提领,通判陈岂(yín)为简阅,副之。
　　良贵请下都省④,严立赏罚,究归并之弊。独徐经孙条具其害,似道讽
　　御史舒有开劾之,罢归。经孙尝举陈茂濂,至是为公田官,分司嘉兴,
　　闻经孙去国,曰:“我不可以负徐公!”亦谢事⑤,终身不起⑥。
　　未几,帝手诏曰:“永免和籴,无如买逾限之田为良法。然东作方兴⑦,

① 国计:国家财政。
② 诡析:为逃税而拆分设立的小户、虚户。
③ 住造:停止制造。
④ 都省:尚书都省,宰相办公机构。
⑤ 谢事:辞职。
⑥ 不起:不出任官职。
⑦ 东作:春耕。

权俟秋成,续议施行。"似道愤然上疏求去,复讽何梦然、陈尧道、曹孝庆抗章留之,且劝帝下诏慰勉。帝乃趣似道出视事,似道复具陈其制,帝悉从之。

纲　三月,蒙古始建太庙。

纲　夏六月,论买公田功,进知临安府刘良贵等官。

纲　秋七月,置榷场于樊城①。

目　刘整言于蒙古曰:"南人惟恃吕文德耳,然可以利诱也,请遣以玉带馈之②,求置榷场于襄阳城外。"蒙古从之,至鄂请于文德,文德许之。蒙古使曰:"南人无信。安丰等处榷场,每为盗所掠,愿筑土墙以护货物。"文德不许。或谓文德曰:"榷场成,我之利,且可因以通好。"文德为请于朝,开榷场于樊城外,筑土墙于鹿门山③,外通互市,内筑堡壁④。蒙古又筑堡于白鹤⑤,由是敌有所守,以遏南北之援,时出兵哨掠襄阳城外⑥,兵威益炽。文德弟文焕知为蒙古所卖⑦,以书谏止,文德始悟,然事已无及,惟自咎尔。

纲　蒙古以廉希宪为中书平章政事⑧,商挺参知政事⑨。

————————

① 榷场:设于边境的市场。
② 馈:贿赂。
③ 鹿门山:在今湖北襄阳市。
④ 堡壁:军营,堡为小城,壁为军垒。
⑤ 白鹤:山名,在今湖北襄阳市。
⑥ 哨掠:呼啸劫掠。
⑦ 卖:欺骗。
⑧ 平章政事:中书省官名,地位低于右、左丞相。
⑨ 参知政事:中书省官名,地位低于右、左丞。

纲甲子,五年(1264)①,春三月,增公田官于平江诸路。

纲何梦然罢。夏五月,以杨栋参知政事,叶梦鼎同知枢密院事,姚希得
同签书院事。

纲秋七月,彗星出。中外上书乞罢公田,贾似道力求去位,诏勉留之。

目彗星出柳②,光烛天,长数十丈,自四更见东方,日高始灭。诏避殿、减
膳③,许中外直言。台谏士庶皆上书,以为公田不便,民间愁怨所致。
于是似道上书力辩,乞避位。帝曰:"言事易,任事难,自古然也。公
田之说,公私兼济,所以决意行之。今业已成矣,若遽因人言罢之,虽
可快一时之异议,如国计何。卿既任事,亦当任怨,'礼义不愆,何恤
人言!'"由是公论顿沮。

纲黥配临安府学生叶李等于远州。

目叶李、萧规应诏上书,诋贾似道专权,害民误国。似道命刘良贵捃摭
以罪,黥配李于漳州,规于汀州。

纲蒙古阿里不哥自归于上都④,蒙古主释不治,其党不鲁花等伏诛。

纲杨栋免。

纲八月,蒙古以刘秉忠为太保,参领中书省事。

---

① 蒙古至元元年。
② 柳:柳宿,二十八星宿之一。
③ 避殿:不御正殿以示修省。
④ 上都:即开平府,忽必烈藩邸所在和即位之地,即位后加号上都。

〔蒙古入都燕京〕

纲蒙古入都于燕。

目刘秉忠请定都于燕,蒙古主从之,诏营城池及宫室,仍号为中都。

纲九月,窜建宁府教授谢枋得于兴国军。

目枋得考试宣城及建康①,摘贾似道政事为问,且言:"权奸擅国,敌兵必至,赵氏必亡。"漕使陆景思上其稿于似道②,于是左司谏舒有开劾枋得怨望腾谤③,大不敬,诏窜之。

纲作银关④。

目贾似道以物贵由于楮贱,楮贱由于楮多,乃更造银关,每一,准十八界会之三⑤,自制其印如"贾"字状行之,出奉宸库珍货⑥,收币会于官,废十七界会不用。银关行,物益贵,楮益贱。

纲冬十月,帝崩,太子禥即位,尊皇后曰皇太后,大赦。

度宗皇帝

纲乙丑,度宗皇帝咸淳元年(1265)⑦,春正月朔,日食。

---

① 宣城:即宣州,今安徽宣城市。
② 漕使:转运使。
③ 怨望腾谤:心怀怨恨,肆意诽谤。
④ 银关:银钱关子,区域性纸币。
⑤ 十八界会:会子的发行以三年为一界,期满换发新会子,十八界会子发行于宋理宗朝,发行量大而严重贬值。
⑥ 奉宸库:收存金玉珠宝及其它珍贵物品的仓库。
⑦ 蒙古至元二年。

纲二月，以姚希得参知政事，江万里同知枢密院事，王爚签书院事。

〔宋度宗尊贾似道为"师臣"〕

纲三月，葬永穆陵①。夏四月，加贾似道太师，封魏国公。

目帝以似道有定策功，每朝必答拜②，称之曰"师臣"而不名，朝臣皆称
　　为"周公"。理宗山陵事竣，径弃官还越，而密令吕文德诈报蒙古兵攻
　　下沱急③，朝中大骇，帝与太后手诏起之，似道乃至。

纲闰五月，以江万里参知政事，王爚同知枢密院事，马廷鸾签书院事。

纲秋八月，蒙古以安童为中书右丞相。冬十月，命许衡议省事，衡辞，
　　不许。

目安童，木华黎四世孙，年二十一矣。蒙古主以其幼未更事，召许衡于
　　怀孟，俾议中书省事，衡至，以疾辞，蒙古主不许。安童亲候其馆，与
　　语良久，既还，念之不释者累日。

纲十一月，以留梦炎签书枢密院事。

纲丙寅，二年(1266)④，春正月，江万里罢。

目贾似道以去要君，帝至拜留之，万里以身掖帝⑤，云："自古无此君臣
　　礼！陛下不可拜，似道不可复言去。"似道不知所为，下殿，因举笏谢

_____

① 永穆陵：宋理宗陵墓，在今浙江绍兴市。
② 答拜：回拜，表示尊重。
③ 下沱：在今湖北枝江市。
④ 蒙古至元三年。
⑤ 掖：搀扶。

万里曰:"微公,似道几为千古罪人。"然以此益忌之,谋逐万里。万里亦四上疏求退,乃以资政殿大学士奉祠。

纲 夏四月,姚希得、王爚罢。

纲 五月,以王爚参知政事,留梦炎同知枢密院事,包恢签书院事。

目 恢所至,以严为治,破豪猾,去奸吏,治蛊狱,政声赫然。理宗朝,尝因轮对曰:"陛下之心,如天地日月,其闭而食者,外戚近习耳。"

〔张德辉等尊忽必烈为"儒教大宗师"〕

纲 秋七月,蒙古以张德辉参议中书省事①。

目 初,德辉在史天泽幕下,蒙古主在藩邸闻之,召见,问曰:"或云'辽以释废,金以儒亡',有诸?"对曰:"辽事臣未周知,金季乃所亲睹。宰执皆武弁世爵②,虽用一二儒臣,及论军国大事又不使预闻,然则金之存亡,自有任其责者。"蒙古主然之,呼其字而不名。德辉又尝与元裕上谒,请蒙古主为儒教大宗师,蒙古主悦而受之。既即位,以为河东南、北路宣抚使,遂入议政。

纲 丁卯,三年(1267)③,春正月,立皇后全氏。

目 后,会稽人,理宗母慈宪夫人侄孙也。宝祐中,父昭孙没于王事,理宗以母故,常召后入宫,问曰:"尔父没于王事,每念之,令人可哀。"后对

---

① 参议中书省事:中书省的幕僚长。
② 武弁:本意为武人冠帽,代指武将。
③ 蒙古至元四年。

曰："妾父可念,淮、湖之民尤可念也①。"帝异之,语大臣曰:"全氏女
言辞甚令②,宜配冢嗣以承宗祀③。"遂纳为太子妃。

纲 帝释菜于孔子,以颜回、曾参、孔伋、孟轲配,列邵雍、司马光于从祀。

目 又升颛(zhuān)孙师于十哲,追封雍新安伯。

纲 蒙古许衡谢病还怀孟。

目 衡陈时务四事,书至万余言,且谓:"孔子曰:'以道事君,不可则止。'
　孟子以责难陈善,乃为恭敬。臣之所守如此,而大约以《大学》'修
　身'为之本。"蒙古主嘉纳之。衡多病,蒙古主命五日一至中书,至是
　始听归怀孟。

〔宋度宗以贾似道平章军国重事〕

纲 二月,以贾似道平章军国重事,三日一朝,治事都堂。

目 似道上疏乞归养,帝命大臣侍从传旨固留,日四五至,中使加赐日十
　数至,特授平章军国重事,一月三赴经筵,三日一朝,治事都堂。赐第
　西湖之葛岭④,使迎养其中。似道于是五日一乘湖船入朝,不赴都堂
　治事,吏抱文书就第呈署,大小朝政,一切决于馆客廖莹中、堂吏翁应
　龙⑤,宰执充位而已。似道虽深居简出,凡台谏弹劾,诸司荐辟,及京

---

① 淮湖:两淮、京湖,宋蒙战争的前线地区。
② 令:善,美好。
③ 冢嗣:嫡长子,此处指太子。
④ 葛岭:在今浙江杭州市内西湖北。
⑤ 馆客:门客,幕僚。

尹、畿漕一切事①,不关白不敢行②。正人端士,斥罢殆尽。吏争纳赂求美职,图为帅阃、监司、郡守者,贡献不可胜计,一时贪风大肆。兵丧于外,匿不以闻,民怨于下,诛责无艺③,莫敢言者。

纲 三月,以程元凤为右丞相、枢密使,叶梦鼎参知政事,王爚知枢密院事,常挺签书院事。元凤、爚寻罢。

纲 夏六月,以马光祖参知政事。

纲 秋八月,进封嗣荣王与芮为福王。

纲 以叶梦鼎为右丞相兼枢密使,固辞,不许。

目 利州路转运使王价子愍求遗泽,梦鼎以为合与④,似道以恩不出己,罢省部吏数人。梦鼎怒曰:“我断不为陈自强。”即求去。似道母责似道曰:“叶丞相安于家食,未尝求进,汝强与以相印,今乃牵制至此。若不从吾言,吾不食矣。”似道曰:“为官不得不如此。”会太学诸生亦上书言似道专权固位,似道乃悔悟求解。梦鼎请去益力,帝不许。

纲 冬十二月,以吕文焕知襄阳府。

纲 蒙古阿术、刘整谋入寇,遂城白河口⑤。

目 刘整言于蒙古主曰:“襄阳,吾故物,由弃弗戍,使宋得窃筑为强藩。

---

① 京尹:指临安府。畿漕:指两浙路转运司。
② 关白:禀告。
③ 无艺:无度,无底限。
④ 合:应该。
⑤ 白河口:在今湖北襄阳市。

若复襄阳,浮汉入江,则宋可平也。"蒙古主从之,诏征诸路兵,命阿术
与整经略襄阳。

阿术驻马虎头山①,顾汉东白河口曰:"若筑垒于此,以断宋饷道,襄阳
可图也。"遂城其地。吕文焕大惧,遣人以蜡书告文德,文德怒且骂曰:
"汝曹妄言邀功赏,设有之,亦假城耳。襄樊城池坚深,兵储支十年,令
吕六坚守;果整妄作,春水至吾往取之。比至,恐遁去耳。"议者窃笑之。

纲 戊辰,四年(1268)②,春正月,留梦炎罢。

纲 夏四月,夺观文殿大学士、惠国公谢方叔官爵。

目 方叔以尝为东宫官,自豫章以一琴、一鹤、金丹一炉献帝。似道疑其
观望再相,讽谏官赵顺孙等论其"不当诱人主为声色之好",欲谪之远
郡。吕文德请以己官赎方叔罪,乃止夺官爵。

〔蒙古围襄阳〕

纲 秋九月,蒙古阿术、刘整围襄阳。

目 刘整与阿术计曰:"我精兵突骑,所当者破,惟水战不如宋耳。夺彼所
长,造战舰,习水军,则事济矣。"乃造船五十艘③,日练水军,虽雨不
能出,亦画地为船而习之。得练卒七万,遂筑圜城以逼襄阳④。

纲 冬十一月,常挺卒。

---

① 虎头山:在今湖北襄阳市。
② 蒙古至元五年。
③ 五十:据《元史·刘整传》,当作"五千"。
④ 圜:同"环"。

纲 行义役法①。

纲 十二月,包恢罢。

纲 己巳,五年(1269)②,春正月,以李庭芝为两淮制置大使。

目 兼知扬州。时扬州新遭火,公私萧然,庭芝大筑城壁,募汴南流民二
　万余人以实之,号武锐军。修学赈饥,民德之如父母。

纲 叶梦鼎上疏乞致仕,不待报而去。

目 梦鼎扼于贾似道不得行,乃引杜衍故事,上疏乞致仕,单车宵遁。诏
　判福州,梦鼎不拜。

纲 以马廷鸾、江万里参知政事。

纲 蒙古遣史天泽益兵围襄阳。

目 蒙古括诸路兵以益襄阳之师,遣史天泽往经画之。天泽至,筑长围,
　起万山③,包百丈山,令南北不相通。又筑岘山、虎头山为一字城,联
　亘诸堡,以立久驻必取之基。

[八思巴创制蒙古新字]

纲 二月,蒙古行新字④,加号西僧八思巴为大宝法王。

---

① 义役:应役民户联合起来,出资助役或雇人代役。
② 蒙古至元六年。
③ 万山:与百丈山、岘山、虎头山皆在今湖北襄阳市。
④ 蒙古新字即随后被元朝定为"国字"的八思巴字,是忽必烈命八思巴在藏文字母基础
　上改编的一套拼音字母,首先用来拼写蒙古语,也用来拼写汉语等其他语言。

綱三月,蒙古军围樊,遂城鹿门,京湖都统张世杰将兵拒之,战于赤滩圃①,败绩。

目世杰,柔之从子②,从柔戍杞③,有罪来奔,阮思聪见而奇之,言于吕文德,文德召置麾下,累功至都统制。

綱以江万里、马廷鸾为左、右丞相兼枢密使,马光祖知枢密院事。夏五月,光祖罢。

綱秋七月,夏贵袭蒙古阿术于新城④,败绩。

綱冬十二月,吕文德卒。以范文虎为殿前副都指挥使。

目文德以许蒙古置榷场为恨,每曰:“误国家者,我也。”因疽发背,乞致仕。诏授少师,封卫国公,卒。贾似道以其婿范文虎总禁兵。

綱庚午,六年(1270)⑤,春正月,以李庭芝为京湖制置大使,督师援襄樊。

綱起复孙虎臣为淮东安抚副使。

綱江万里罢。

綱蒙古廉希宪罢。

---

① 赤滩圃:在今湖北襄阳市。
② 从子:侄子。按此说似为传闻之误。
③ 杞:州名,治今河南杞县。
④ 新城:在今湖北襄阳市。
⑤ 蒙古至元七年。

目蒙古主尝令希宪受帝师戒①，希宪对曰："臣已受孔子戒矣。"蒙古主曰："汝孔子亦有戒邪？"对曰："为臣当忠，为子当孝，孔子之戒，如是而已。"

纲以陈宗礼签书枢密院事，赵顺孙同签书院事。

目宫中饮宴，名曰排当。理宗朝，排当之礼多内侍自为之，一有排当，则必有私事密启。帝即位益盛，至出内帑为之。宗礼为给事中，尝上疏言："内侍用心，非借排当以侵羡余②，则假秩筵以奉殷勤，不知费几州汗血之劳，而供一夕笙歌之乐！请禁绝之。"不报。

纲蒙古立尚书省，以阿合马平章政事。

纲二月，蒙古以许衡为中书左丞，衡固辞，不许。

目时阿合马势倾中外，其子忽辛有同签枢密院之命，衡执奏曰："国家事权，兵、民、财三者而已。父典民与财，子又典兵，不可。"蒙古主曰："卿虑其反邪？"衡曰："彼虽不反，此反道也。"蒙古主以语阿合马，由是怨衡，亟荐衡为左丞，欲因以事中之。衡屡入辞免，蒙古主不许。

纲夏四月，罢直学士院文天祥。

目贾似道以去要君，帝勉留益坚，命学士降诏。天祥当制，时内制相承必先呈稿于相③，天祥不从。似道意不满，讽别院改作。天祥亟求解职，还秘书监，似道使台官张志立劾罢之。

---

① 帝师：指八思巴。
② 侵羡余：侵占剩余财物。
③ 内制：翰林学士起草的诏令。

纲 秋八月,诏贾似道十日一朝,入朝不拜。

目 时襄樊围急,似道日坐葛岭,起楼阁亭榭,作半闲堂,延羽流①,塑己像
其中,取宫人叶氏及娼尼有美色者为妾,日肆淫乐。尝与群妾踞地斗
蟋蟀,所狎客戏之曰:"此军国重事邪!"酷嗜宝玩,建多宝阁,一日一
登玩。自是或累月不朝,有言边事者辄加贬斥。一日帝问曰:"襄阳
之围已三年矣,奈何!"似道对曰:"北兵已退,陛下何从得此言?"帝
曰:"适有女嫔言之。"似道诘其人,诬以他事赐死。由是边事虽日急,
无敢言者。

纲 冬十月,诏范文虎总中外诸军救襄阳。

纲 十一月,蒙古城万山。

纲 十二月,陈宗礼卒。

纲 辛未,七年(1271)②,春二月,大饥。

目 是岁淮、浙、江西皆饥,命官赈贷。知抚州黄震,大书"闭粜者籍③,强
籴者斩!"不抑米价,劝分有方④,全活甚众。

纲 夏五月,蒙古兵分道寇嘉定诸路。

纲 六月,范文虎帅师至鹿门而遁,李庭芝自劾请代,不许。

纲 蒙古以许衡为集贤大学士,兼国子祭酒。

―――――――――

① 羽流:道士。
② 元至元八年。
③ 闭粜:囤积粮食不售卖。
④ 劝分:官府设法鼓励富室、士绅救济灾荒。

目 衡上疏论阿合马专权罔上,蠹政害民诸事,不报,因谢病请解机务。

蒙古主不许,且命举自代者。衡奏曰:"用人,天子之大柄。臣下泛论其贤否则可,若授之以位,则断自宸衷,不可使臣下有市恩之渐。"乃拜衡集贤大学士,兼国子祭酒,即燕京南城旧枢密院设学①。衡闻命,喜曰:"此吾事也。"因请征其弟子王梓、耶律有尚、姚燧等十二人为斋长。时所选弟子皆幼稚(zhì),衡待之如成人,爱之如子,出入进退,其严如君臣。其为教,因觉以明善,因善以开蔽,相其动息以为张弛,课诵少暇即习礼或习书算。少者则令习拜跪、揖让、进退、应对,或射、或投壶,负者罚读书若干遍。久之,诸生人人自得,尊师敬业,下至童子,亦知三纲、五常为生人之道。

〔蒙古改国号"大元"〕

纲 冬十一月,蒙古改国号曰元②。

目 取《易》"乾元"之义,从太保刘秉忠请也。

纲 壬申,八年(1272)③,春正月,元罢尚书省。

〔李庭芝使张顺、张贵救援襄阳〕

纲 夏五月,李庭芝使统制张顺、张贵将兵救襄阳,与元军战,败绩,皆死之。

---

① 旧枢密院:金代枢密院旧址。
② 准确地说应当是改国号曰"大元",取自《周易》"大哉乾元"一语。
③ 元至元九年。

目 襄阳被围五年,援兵不至,吕文焕竭力拒之,幸城中稍有积粟,所乏者盐、薪、布帛尔。至是,诏李庭芝移屯郢州。庭芝闻知襄阳西北一水曰清泥河①,即其地造轻舟百艘。出重赏募死士,得襄、郢、山西民兵之骁悍善战者三千人②。求将,得民兵部辖张顺、张贵③,俱智勇,素为诸将所服,俾为都统,号贵曰"矮张",顺曰"竹园张"。出令曰:"此行,有死而已! 汝辈或非本心,宜亟去,毋败吾事。"人人感奋。

汉水方生,乘顺流发舟百艘,夜漏下三刻起碇出江④,以红灯为号,贵先登,顺殿之,乘风破浪,径犯重围。元兵布舟蔽江,无隙可入。顺等乘锐断铁絚(gēng)⑤,攒筏数百,转战百二十里,元兵皆披靡以避其锋。黎明,抵襄阳城下。城中久绝援,闻顺等至,踊跃过望,勇气百倍。及收军,独失顺,越数日,有浮尸溯流而上,被甲胄,执弓矢,直抵浮梁,视之则顺也,身中四创六箭,怒气勃勃如生,诸军惊以为神,结冢敛葬之。贵入襄阳,文焕固留共守,贵恃其骁勇,欲还郢,乃募二士,能伏水中数日不食,持蜡书赴范文虎于郢求援。元兵增守益密,水路连锁数十里,列撒星桩,虽鱼虾不得度。二人遇桩即锯断之,竟达郢。还报,许发兵五千驻龙尾洲以助夹击⑥。

刻日既定,乃别文焕东下,点视所部军,泪登舟,帐前一人亡去,乃有过被挞者。贵惊曰:"吾事泄矣! 亟行,彼或未及知。"复不能衔枚隐

①　闻知:探知。清泥河:在今湖北谷城县。
②　山西:大别山以西,今河南南部、湖北北部一带。
③　部辖:部将。
④　夜漏下三刻:凌晨。
⑤　铁絚:铁索。
⑥　龙尾洲:汉江中的水洲,在今湖北襄阳市。

迹①,乃举炮鼓噪发舟②,乘夜顺流断絙,破围冒进,元兵皆辟易③。既出险地,渐近龙尾洲,遥望军船,旗帜纷披。贵兵以为郢兵来会④,喜跃而进,及势近欲合,则来舟皆元军也。盖郢兵前二日以风水惊疑,退屯三十里,而元兵得逃卒之报,先据龙尾洲以逸待劳。贵与战而困,且出于不意,所部杀伤殆尽。贵身被数十创,力不能支,遂被执,见阿术于柜门关⑤。阿术欲降之,贵誓不屈,乃见杀。元令降卒四人舁贵尸至襄阳城下,曰:"识矮张都统乎? 此是也。"守陴者皆哭,城中丧气。文焕斩四卒,以贵裀葬顺冢,立双庙祀之。

纲 六月,窜资政殿大学士皮龙荣于衡州,道卒。

目 龙荣,旧宫僚也,知贾似道忌之,家居杜门,不预人事。一日,帝偶问"龙荣安在?"似道恐其召用,阴讽湖南提刑李雷应诬劾以事,徙衡州居住。龙荣恐不为雷应所容,未至,饮药卒。

纲 以章鉴同签书枢密院事。

纲 秋九月,有事于明堂,大雨,帝还宫。贾似道去位,诏出贵嫔胡氏为尼,似道乃还。

目 祀明堂,似道为大礼使⑥。礼成,幸景灵宫,将还,遇大雨,似道期帝雨止升辂,胡贵嫔之兄显祖为带御器械,请如开禧故事,却辂乘逍遥辇

---

① 衔枚:口中衔枚,以防出声。
② 鼓噪:擂鼓呐喊。
③ 辟易:退避,避开。
④ 贵兵:张贵的部队。
⑤ 柜门关:在今湖北谷城县。
⑥ 大礼使:总掌典礼事务,由宰相充任。

还宫①。帝曰:"平章得无不可②?"显祖绐曰:"平章已允。"帝遂归。似道大怒曰:"臣为大礼使,陛下举动不得预闻,乞罢政。"即日出嘉会门③,帝固留之不得,乃罢显祖,涕泣出贵嫔为尼,似道始还。

纲 冬十一月,马廷鸾罢。

目 廷鸾扼于贾似道,力辞相位,乃授观文殿大学士,知饶州。入辞,帝恻怛(dá)久之④,曰:"丞相勉为朕留。"廷鸾对曰:"臣死亡无日,恐不得再见君父。然国事方殷,疆圉(yǔ)孔棘⑤,天下安危,人主不知;国家利害,群臣不知;军前胜负,列阃不知。陛下与元老大臣惟怀永图,臣死且瞑目。"泣拜而出。

纲 十二月,召叶梦鼎入相,固辞不至。

目 诏加梦鼎少傅,入相。梦鼎引疾力辞,使者相继促行,扶病至嵊(shèng)县⑥,疏奏:"愿上厉精寡欲,规当国者收人心,固邦本。"扁舟径还。使者以祸福告,梦鼎曰:"廉耻事大,死生事小,万无可回之理。"贾似道大怒,乃令致仕。

〔樊城陷落,吕文焕以襄阳降元〕

纲 癸酉,九年(1273)⑦,春正月,樊城陷,守将范天顺、牛富死之。

---

① 却:推辞。逍遥辇:帝王坐轿。
② 平章:指贾似道。
③ 嘉会门:临安城南门。
④ 恻怛:哀伤。
⑤ 疆圉:边疆守御。孔棘:艰危,困窘。
⑥ 扶病:带病,抱病。嵊县:今浙江嵊州市。
⑦ 元至元十年。

目 樊城被围四年,范天顺、牛富力战不为衄(nù)①,富又数射书襄阳城中,期吕文焕相与固守为唇齿。未几,阿里海涯得西域人所献新炮法,乃进攻樊,破外郭(fú)②,张弘范为流矢中其肘,束创见阿术曰:"襄在江南③,樊在江北,我陆攻樊则襄出舟师求救,终不可取。若截江道,断救兵,水陆夹攻,则樊破而襄亦下矣。"阿术从之。

初,襄樊两城,汉水出其间,文焕植木江中,锁以铁絙,上造浮桥以通援兵,樊亦恃此为固。至是阿术以机锯断木,以斧断絙,燔其桥④,襄兵不能援。乃以兵截江而出,锐师薄樊城,城遂破。天顺仰天叹曰:"生为宋臣,死为宋鬼。"即所守处缢死。富率死士百人巷战,元兵死伤者不可计,渴饮血水,转战而进,遇民居烧绝街道。富身被重伤,以头触柱,赴火死。裨将王福见富死,叹曰:"将军死国事,吾岂宜独生!"亦赴火死。

纲 二月,吕文焕以襄阳叛降元。

目 襄阳久困援绝,文焕每一巡城,南望恸哭而后下。告急于朝,贾似道累上书请行边,而阴使台谏上章留己。樊城既陷,复申请之,事下公卿杂议,监察御史陈坚等以为:"师臣出⑤,顾襄未必能及淮;顾淮,未必能及襄;不若居中以运天下。"帝从之。未几,阿里海涯帅总管唆都等移破樊攻具以向襄阳,城中汹汹,诸将多逾城降者。阿里海涯身至

① 衄:失败。
② 外郭:外城、城郭。
③ 江南:汉江之南。
④ 燔:焚烧。
⑤ 师臣:指贾似道。

城下,宣元主所降招谕文焕诏曰:"尔等拒守孤城,于今五年,宣力尔主,固其宜也,然势穷援绝,如数万生灵何! 若能纳款,悉赦勿治,且加迁擢。"文焕乃出降,且陈攻郢之策,请己为前锋。阿术入襄阳,阿里海涯遂偕文焕朝燕,元主以文焕为襄汉大都督。事闻,似道言于帝曰:"臣始屡请行边,陛下不之许,向使早听臣出,当不至此。"

评襄阳之战:

宋元襄阳之战,自公元 1268 年秋蒙古军修筑工事围困襄阳开始,到 1273 年春襄阳降元结束,持续近四年半,这样长时间的围城战役,其酷烈程度在古今中外历史上实属罕见。面对蒙古军队横扫亚欧大陆的攻击狂潮,通常被认为军事屡弱的南宋抵抗最为顽强,坚持时间也最为漫长。究其原因,除蒙古往往多面出击、战略目标不明确外,南宋政权长期积累的危机意识和防御经验也起到重要作用。襄阳战役就是南宋军民顽强抵抗精神的一个缩影。到襄阳失陷,南宋大势已去,终至灭亡。

纲 三月,诏城清口①。

目 刘整故吏罗鉴自北复还,上整书稿一帙于四川制司②,有取江南二策,其一言先取全蜀,蜀平,江南可定;其二言清口、桃源③,河、淮要冲,宜先城其地,屯山东军以图进取。帝亟诏淮东制司往清口,择利地筑城备之。

纲 元主立其子真金为太子。

————————————

① 清口:即清河口。
② 帙:用于盛放的书稿囊套。
③ 桃源:在今江苏泗阳县。

目真金,蒙古主之长子,初封燕王,守中书令,兼判枢密院事。刘秉忠荐中山王恂以辅之,蒙古主以为太子赞善。真金问恂以心之所守,恂曰:"尝闻许衡言:'人心犹印板然,板本不差,虽摹千万本皆不差;本既差矣,摹之于纸无不差者。'"真金曰:"善。"至是立为皇太子。

纲李庭芝免。夏四月,以汪立信为京湖制置使①,赵潜(jìn)为沿江制置使②。

纲六月,降范文虎一官,职任如故;窜俞兴子大忠于循州。

目给事中陈宜中言:"襄樊之失,皆由范文虎怯懦逃遁。乞斩之。"贾似道不许,止降一官。汪立信言:"臣奉命分阃③,延见吏民,皆痛哭流涕,言襄樊之祸皆由范文虎及俞兴父子。文虎闻难怯战,仅从薄罚,犹子天顺守节不屈④,犹可少赎其愆。兴奴隶庸材,务复私怨,激叛刘整,流毒至今。其子大忠,挟多资为父行贿,且自希进,今虽寸斩,未足以快天下之忿。乞置重典,则人心兴起,事功可图。"诏除大忠名,循州拘管。

纲秋七月,元许衡乞罢,许之。

目阿合马等屡毁汉法,诸生廪食或不继,衡请还怀孟。元主以问翰林学士王磐,对曰:"衡教人有法,诸生行可从政,此国之大体,宜勿听其去。"元主又命诸老臣议其去留,窦默为衡恳请,乃听衡还。刘秉忠、姚

---

① 京湖制置使:置司江陵。
② 沿江制置使:置司黄州。
③ 分阃:指汪立信出任京湖制置使。
④ 犹子:侄子。

枢及磐、默等复请以赞善王恂摄学事①,衡弟子耶律有尚、苏郁、白栋
为助教,庶几衡之规矩不致废坠。从之。

纲九月,以章鉴签书枢密院事,陈宜中同签书院事。

纲冬十一月,以李庭芝、夏贵为淮东、西制置使②,陈奕为沿江制置使。

纲甲戌,十年(1274)③,春正月,贾似道母死,诏以卤簿葬之④。遂起复
似道入朝。

纲元以伯颜为中书左丞相⑤。

目伯颜事宗王旭烈于西域,尝入奏事,蒙古主见其貌伟言厉,曰:"此非
诸侯王臣。"遂留与议国政,自右丞进左相。

纲二月,赵顺孙罢。

[宋度宗去世,嫡子赵㬎继位]

纲秋七月,帝崩,子嘉国公㬎(xiǎn)即位,太后临朝称制。

目帝崩,年五十三。贾似道入宫议所立,众以建国公昰(shì)长,当立。
似道主嫡,乃立嘉国公㬎,时年四岁矣。谢太后临朝称诏⑥,号帝庙
曰度宗。

---

① 赞善:即太子赞善。
② 淮东、西制置使:淮东置司扬州,淮西置司庐州。
③ 元至元十一年。
④ 卤簿:皇帝仪仗。
⑤ 据《元史·世祖本纪三》,此事发生在至元二年八月。
⑥ 谢太后:宋理宗谢皇后。临朝称诏:垂帘听政。

纲 封兄昰为吉王,弟昺为信王。

纲 诏贾似道独班起居①。

纲 尊皇太后曰太皇太后,皇后曰皇太后。

纲 罢京湖制置使汪立信。

目 立信移书贾似道,谓:"今天下之势,十去八九,诚上下交修以迓续天命之几②,重惜分阴以趋事赴功之日也。而乃酣歌深宫,啸傲湖山,玩岁愒(kài)月③,缓急倒施,以求当天心,俯遂民物,拱揖指挥而折冲万里者,不亦难乎!为今日之计者,其策有三:夫内郡何事乎多兵,宜尽出之江干,以实外御。算兵帐见兵,可七十余万人,老弱柔脆,十分汰二,为选兵五十余万人。而沿江之守,则不过七千里,若距百里而屯,屯有守将,十屯为府,府有总督,其尤要害处,辄参(sān)倍其兵④。无事则泛舟长淮,往来游徼(jiào)⑤,有事则东西齐奋,战守并用,刁斗相闻,馈饷不绝,互相应援,以为联络之固。选宗室大臣忠良有干用者,立为统制,分东西二府以莅,任得其人,率然之势。此上策也。久拘聘使,无益于我,徒使敌得以为辞。请礼而归之,许输岁币以缓师期。不二三年,边运稍休,藩垣稍固,生兵日增,可战可守。此中策也。二策果不得行,则天败我,衔璧舆榇之礼⑥,请备以俟。"似道得

---

① 独班起居:早朝向皇帝行礼时,单独为一班,超然于百官之上。

② 几:时机。

③ 玩岁愒月:贪图安逸,荒废岁月。

④ 参:同"叁"。

⑤ 游徼:巡查。

⑥ 衔璧舆榇:君主以口衔玉璧,臣子以车载棺材,表示投降不再反抗。

书,大怒,抵之地,诟曰:"瞎贼,狂言敢尔!"盖立信一目微眇云。寻中(zhòng)以危法①,废斥之。

纲以朱禩(sì)孙为京湖、四川宣抚使。

纲八月,大霖雨,天目山崩②。

目水涌安吉、临安、余杭③,民溺死者无算。

纲元以博罗懽(huān)为中书右丞。

纲元太保刘秉忠卒。

目秉忠自幼好学,至老不衰,虽位极人臣,终日澹然,不异平昔。至是卒。元主惊悼,谓左右曰:"秉忠事朕三十年,小心慎密,不避艰险,言无隐情。其阴阳术数之精,占事知来,若合符契,惟朕知之,他人不得与闻也。"赠太傅、赵国公,谥文贞。

〔元大举攻宋〕

纲元史天泽、伯颜大举入寇。天泽有疾而还。

目阿术自襄樊既下,奉命略淮东而还,与阿里海涯同请南侵,且曰:"臣久在行间,备见宋兵之弱;失今不取,时不再来。"刘整亦言:"襄阳破则临安摇矣。若以水军乘胜长驱,则大江必非宋有。"元主可其奏。史天泽、姚枢复上言:"如求大将,非安童不可。"元主遂下诏,数宋贾

---

① 中以危法:用严酷的法令陷害。
② 天目山:在今浙江杭州市临安区。
③ 安吉、临安、余杭:皆县名,在今浙江湖州市、杭州市。

似道背盟拘执信使之罪,命天泽、伯颜总诸道兵,与阿术、阿里海涯、吕文焕行中书省于荆湖,博罗懽、阿答海、刘整、塔出、董文炳行枢密院于淮西,兵凡二十万。天泽至郢,病笃,召还,诸军并听伯颜节制。

纲 九月,元吕文焕以伯颜趋郢州①,刘整以博罗懽趋淮西。

纲 冬十月,元伯颜攻郢州,张世杰力战御之。伯颜遂潜兵入汉②,屠沙洋③,陷新郢④,守将边居谊死之。

纲 十一月,以陆秀夫参议淮东制置司事。

目 李庭芝在淮南,闻秀夫名,辟置幕下,时天下称得士多者,以淮东为第一,号"小朝廷"。秀夫性沉静,不苟求人知。每僚吏至閤,宾主交欢,秀夫独敛焉无一语。或时宴集府中,矜庄终日,未尝少有希合⑤。至察其事,皆治。庭芝益器之,虽改官,不使去己。

纲 以王爚、章鉴为左、右丞相,兼枢密使。爚固辞,不许。

纲 十二月,元伯颜攻阳逻堡⑥,夏贵帅师拒之。伯颜使阿术袭青山矶⑦,遂渡江。

纲 元伯颜拔阳逻堡,夏贵弃师还,伯颜遂会阿术趋鄂州。

―――――――――――

① 以:与,带领。
② 汉:汉江。
③ 沙洋:在今湖北沙洋县。
④ 新郢:在今湖北钟祥市。
⑤ 希合:迎合,投合。
⑥ 阳逻堡:在今湖北武汉市新洲区。
⑦ 青山矶:在今湖北武汉市。

纲朱禩孙将兵救鄂，不至而还。

纲鄂州降元，伯颜使行省右丞阿里海涯戍鄂，遂引兵东下。

纲诏贾似道都督诸路军马，开府临安。似道以孙虎臣总统诸军。

目鄂既破，朝廷大惧。三学生及群臣上疏，以为非师相亲出不可。似道
　　不得已，始开都督府于临安，以黄万石等参赞军事。

纲诏天下勤王。

纲以高达为湖北制置使。

纲陈奕以黄州叛降元。

纲李庭芝遣兵入援。

黄晓巍　评注

张　帆　高纪春　审定

纲鉴易知录卷八九

　　卷首语:本卷起宋恭帝赵㬎德祐元年(1275),止宋端宗景炎元年(1276),所记共两年的史事。在元军大举进攻之下,贾似道兵败丁家洲,随后被罢相、抄家流放,于流放途中为人所杀。元军或纳降,或屠城,直趋临安,宋恭帝赵㬎降元,被掳北去,受封瀛国公,临安政权终结。宋朝臣僚拥立宋度宗长子赵昰即位,成立流亡政权,继续抗元。

南宋纪

恭宗皇帝

纲 乙亥,帝㬎德祐元年(1275)①,春正月,葬永绍陵②。

纲 以陈宜中同知枢密院事。

纲 以吕师夔参赞都督府军事。师夔不受命,以江州叛降元。

纲 元中书左丞刘整死于无为军③。

纲 知安庆府范文虎叛降元。

目 文虎遣人以酒馔如江州迎元军,伯颜使阿术以舟师先造④,文虎以城
降,通判夏倚仰药死。伯颜继至,承制授文虎两浙大都督。

〔贾似道出征抗元〕

纲 贾似道出师,次于芜湖。二月,夏贵引兵会之。

目 似道畏刘整,不敢发,及闻其死,喜曰:"吾得天助也。"乃上表出师,抽
诸路精兵十三万人以行,金帛辎重之舟,舳舻(zhú lú)相衔百有余里⑤。

————————

① 元至元十二年。
② 永绍陵:宋度宗陵墓。
③ 无为军:治今安徽无为市。
④ 造:到达。
⑤ 舳舻:船尾和船头,泛指首尾相接的船。

命宰执小事专决,大事则关白于督府①,不得擅行。又以所亲信韩震为殿帅,总禁兵。进次于芜湖,遣人通吕师夔以议和。未几,夏贵引兵来会,袖中出一编书示似道曰:"宋历三百二十年。"似道俯首而已。

纲 以汪立信为江淮招讨使,募兵御元。

目 贾似道至江上,以立信为端明殿学士、江淮招讨使,俾就建康府库募兵,以援江上诸郡。立信受诏,即日上道,以妻子托其爱将金明,执其手曰:"我不负国家,尔亦必不负我。"遂行。与似道遇于芜湖,似道拊立信背曰:"不用公言,以至于此!"因问立信何向,立信曰:"今江南无一寸干净地,某去寻一片赵家地上死,要死得分明耳。"既至建康,守兵悉溃,而四面皆北军。立信知事不可成,叹曰:"吾生为宋臣,死为宋鬼,终为国一死,但徒死无益耳!"率所部数千人至高邮,欲控引淮、汉以为后图。

〔贾似道请和于元〕

纲 贾似道复请和于元,伯颜不许。

目 似道自芜湖遣还元俘曾安抚,且以荔子、黄柑遗伯颜,复使宋京如元军,请称臣、奉岁币如开庆约②。阿术谓伯颜曰:"宋人无信,惟当进兵。"伯颜乃令囊加歹来答书曰:"未渡江时,议和入贡则可。今沿江州郡皆已内属,欲和则当来面议也。"似道不答。囊加歹归报,京

---

① 督府:贾似道受命都督诸路军马,开府临安。
② 开庆约:宋理宗开庆元年,贾似道密遣宋京诣蒙古军营,许诺称臣、割地,岁奉银绢各二十万。

亦还。

纲 以黄万石为江西制置使。

纲 元陷池州,权守赵昂(mǎo)发死之。

目 池守王起宗闻元军渡江,弃官去,通判赵昂发摄州事。昂发缮壁聚
粮,为固守计。元游骑至李王河①,都统张林屡讽之降,昂发忿气填
膺,瞠(chēng)目视林②,林不敢复言。已而林帅兵巡江阴,遣人纳款,
而阳助昂发为守,守兵皆归于林。昂发知事不济,乃置酒,会亲友与
诀,谓妻雍氏曰:"城将破,吾守臣,不当去,汝先出走。"雍曰:"君为
忠臣,我独不能为忠臣妇乎!"昂发笑曰:"此岂妇人女子所能也。"雍
曰:"吾请先君死。"昂发笑止之。明日,乃散其家资与弟侄仆婢,悉遣
之。元兵薄城,昂发晨起,书几上曰:"国不可背,城不可降。夫妇同
死,节义成双。"遂与雍氏同缢死于从容堂。林开门降,伯颜入城,问:
"太守何在?"左右以死对,深叹息之,命具棺衾合葬③,祭其墓而去。
事闻,赠华文阁待制,谥文节,雍氏赠顺义夫人。

纲 元主封其子那木罕为北平王,以安童行省院事于北鄙④。

目 元太宗长孙曰海都,居北方,自定宗以来,日寻干戈⑤。至是,诏封那
木罕为北平王,率诸王兵镇守,而安童总省院之政。

---

① 李王河:即李阳河,在今安徽池州市。
② 瞠目:张大眼睛直视。
③ 棺衾:棺材和衾被,泛指殓尸之具。
④ 行省院事:代行中书省、枢密院事。北鄙:北方边境。
⑤ 定宗:贵由。此处意谓自贵由汗以来,窝阔台子孙与拖雷子孙矛盾日益激化。

纲 元平章军国重事史天泽卒。

目 天泽至真定,病笃,附奏曰:"臣死不足惜,但愿天兵渡江,慎勿杀掠。"

语不及他。元主闻讣震悼,赠太尉,谥忠武,追封镇阳王。

〔丁家洲之战,宋军溃败〕

纲 孙虎臣、夏贵之师溃于江上,贾似道奔扬州,元尽陷江淮州军。

目 贾似道以精锐七万余人尽属孙虎臣,军于池州下流之丁家洲①,夏贵
以战舰二千五百艘横亘江中,似道自将后军军鲁港②。贵尝失利于
鄂,恐督府成功无所逃罪,又忌虎臣新进出己上,殊无斗志。会伯颜
令军中作大筏数十,采薪刍置其上③,阳言欲焚舟,诸军但昼夜严备,
而战心少懈。伯颜分步骑夹岸而进,麾战舰合势冲虎臣军。时阿术
与虎臣对阵,伯颜命举巨炮击虎臣中坚。虎臣军动,阿术以划船数千
艘乘风直进,呼声动天地。虎臣前锋将姜才方接战,虎臣遽过其妾所
乘舟,众见之,讙曰:"步帅遁矣④!"军遂乱。

夏贵不战而走,以扁舟掠似道船,呼曰:"彼众我寡,势不支矣!"似道
闻之,错愕失措,遽鸣钲收军。舳舻簸荡,乍分乍合。阿术以小旗麾
将校,帅轻锐横击深入,诸军回棹前走,伯颜以步骑左右掎之⑤,杀溺
死者不可胜计,水为之赤,军资器械尽为元所获。

─────────

① 丁家洲:在今安徽铜陵市。
② 鲁港:在今安徽芜湖市。
③ 薪刍:薪柴和牧草。
④ 步帅:孙虎臣时为侍卫亲军步军司都指挥使。
⑤ 掎:牵制。

似道夜驻珠金沙①,召贵计事。顷之,虎臣至,抚膺哭曰:"吾兵无一人用命者。"贵微笑曰:"吾尝血战当之矣。"似道曰:"计将安出?"贵曰:"诸军已胆落,吾何以战!师相惟有入扬州招溃兵,迎驾海上,吾当以死守淮西耳。"遂解舟去。似道乃与虎臣单舸奔还扬州。明日,溃兵蔽江而下,似道使人登岸,扬旗招之,皆莫应,有为恶语嫚骂之者。于是镇江、宁国、隆兴、江阴守臣皆弃城遁②,太平、和州、无为军俱相继降元。

纲 元陷饶州,知州事唐震、故相江万里死之。

目 元军略饶州,知州唐震发州民城守。时元遣使来取降款,通判万道同阴使所部敛白金、牛、酒备降礼,微讽震降,震叱之曰:"我忍偷生负国邪!"城中少年感震言,杀元使者。已而元军登陴,众皆散。震入坐府中,元军执牍使署降③,震掷笔于地,不屈,遂死之,兄椿与家人俱死。初,江万里闻襄樊破,凿池芝山后圃④,扁其亭曰"止水"⑤,人莫喻其意。至是,执门人陈伟器手曰:"大势不可为,余虽不在位,当与国为存亡。"既而元军执其弟知南剑州万顷,索金银不得,支解之⑥,万里赴止水死⑦,左右及子镐相继投沼中,积尸如叠。翌日,万里尸独浮出水上,从者敛葬之。事闻,赠震华文阁待制,谥忠介,万里太傅、益国

---

① 珠金沙:在今安徽芜湖市繁昌区。
② 隆兴:府名,治今江西南昌市。
③ 署降:签署降表。
④ 芝山:在今江西鄱阳县。
⑤ 扁:通"匾"。
⑥ 支解:肢解。
⑦ 止水:死水,不流动的水。

公,谥文忠。

纲行宫留守赵溍弃建康而遁。

〔贾似道请迁都〕

纲贾似道上书请迁都。王爚去位。

目似道至扬州,檄列郡如海上迎驾,上书请迁都。太皇太后不许,殿帅
韩震复以为请,诏下公卿杂议。王爚请坚跸①,未决,以己不能与大
计,乞罢政,不待报径去。已而宗学生上言:"陛下移跸,不于庆元则
于平江,事势危急,则航海幸闽。不思我能往,彼亦能往,徒惊扰无
益!"乃止。

纲张世杰将兵入卫,遂复饶州。

目时方危急,征诸将勤王,多不至,惟世杰来,上下叹异。陈宜中疑世杰
归自元,易其所部军。

〔文天祥起兵勤王〕

纲江西提刑文天祥起兵勤王。

目勤王诏至赣,天祥奉之涕泣②,发郡中豪杰,并结溪峒山蛮③,有众万
人,遂入卫。天祥性豪华,平生自奉甚厚,声伎满前④,至是痛自抑

———

① 坚跸:坚守临安。
② 奉:同"捧"。
③ 溪峒山蛮:山区居住的少数民族。
④ 声伎:歌姬舞女。

损,尽以家资为军费。每与宾客僚佐语及时事,辄抚几曰:"乐人之乐者忧人之忧,食人之食者死人之事。"闻者为之感动。

纲 湖南提刑李芾遣兵入援。

目 芾性刚直,忤贾似道,贬官家居者久之。至是,提刑湖南,发壮士三千人,使将将之勤王。

纲 以陈宜中知枢密院事,曾渊子同知院事,文及翁签书院事,倪普同签书院事。

纲 遣元行人郝经还,经至燕卒。

目 元主复使经弟行枢密院都事庸等来问经所在,诏遣总管段佑以礼送经归。经道病,元主敕尚医近侍迎劳,至燕卒,谥文忠。经为人尚气节,为学务有用。及被留,撰《续后汉书》及《易》《春秋外传》诸书。从者皆通于学,书佐荀宗道后亦至国子祭酒①。

〔贾似道罢相〕

纲 贾似道有罪,免。

目 陈宜中初附似道,得骤登政府②。及堂吏翁应龙自军中以都督府印还,宜中问似道所在,应龙以不知对。宜中意其已死,即上疏乞诛似道,以正误国之罪。太皇太后曰:"似道勤劳三朝,安忍以一朝之罪,失待大臣之礼!"诏授似道醴泉观使,罢平章、都督。凡似道诸不恤民

---

① 荀宗道:据《元史》卷一五七《郝经传》,当作"苟宗道"。
② 政府:宰辅机构。

之政,次第除之,以公田给还田主,令率其租户为兵,放还诸窜谪人。

纲右丞相章鉴遁。

纲端明殿学士、江淮招讨使汪立信卒于军。

目立信闻贾似道师溃,江、汉守臣望风降遁,叹曰:"吾今日犹得死于宋土也!"乃置酒召宾僚与诀,手自为表,起居三宫,与从子书,属以家事。夜分,起步庭中,慷慨悲歌,握拳抚案者三,以是失声。三日,扼吭而卒。后元军至建康,金明以其家人免。或以立信三策及死告伯颜①,请戮其孥,伯颜叹息久之,曰:"宋有是人,有是言哉! 使果用之,我安得至此。"命求其家,厚恤之。曰:"忠臣之家也。"金明以立信之丧归葬丹阳。

纲元博罗懽入涟、海州。

纲三月,陈宜中杀殿前都指挥使韩震。

目或言震谋劫帝迁都。陈宜中欲示非贾似道党,乃召震计事,伏壮士,袖铁椎击杀之。震部曲百余人大閧而出,射火箭入宫②,斫嘉会门。宜中遣兵逐之,遂奔建康。

〔元军入建康〕

纲元伯颜入建康。

目建康都统徐旺荣迎伯颜入城居之。时江东大疫,居民乏食,伯颜开仓

———————————

① 立信三策:前两策为选兵分屯沿江、选忠良宗室大臣为统制,第三策为投降。
② 火箭:绑有燃烧物的箭。

赈之,且遣医治疾,民大悦。会元主有诏:"以时方暑,不利行师,俟秋再举。"伯颜上言曰:"百年逋(bū)敌①,已扼其吭,少尔迟回②,奔播海岛,遗后悔矣!"元主从之,诏伯颜以行中书省驻建康,阿术分兵驻扬州,与博罗懽、塔出绝宋淮南之援。伯颜分兵四出,知广德军令狐概以城降元。

纲 诏谕元吕文焕、陈奕、范文虎,使通好息兵。

纲 以王爚、陈宜中为左、右丞相,并兼枢密使,都督诸路军马。

纲 削章鉴官,放归田里。

目 鉴既去,太皇太后遣使召还,罢相予祠。韩震之死,鉴明其无他,为御史王应龙所劾,削其官,放归田里。鉴居位号宽厚,与人多许可,时目为"满朝欢"。

纲 复吴潜、向士璧官,贬窜贾似道党人有差。

目 御史陈过、潘文卿请窜贾似道,并治其党与。诏刺配翁应龙于吉阳军,罢廖莹中、王庭、刘良贵、陈伯大、董朴等官。

纲 元军入常州。

目 知常州赵与鉴遁,州人王良臣等以城降元。

纲 知平江府潜说友叛降元。

纲 诏张世杰总都督府诸军。世杰分道出兵以拒元。

---

① 逋敌:逃亡的敌人。
② 少尔:稍微。迟回:迟疑,犹豫。

目 世杰遣其将阎顺、李存进军广德，谢洪永进军平江，李山进军常州。顺遂复广德军。

纲 有二星斗于中天，一星陨。

纲 趣五郡镇抚使吕文福将兵入卫，文福杀使者，叛入江州。

〔临安戒严〕

纲 临安戒严。曾渊子、文及翁、倪普等弃位而遁，诏戒禁之。

目 元兵既近，临安戒严，于是同知枢密院事曾渊子等数十人皆遁，朝中为之萧然。签书枢密院事文及翁、同签书院事倪普，讽台谏劾己，章未上，亟出关遁。太皇太后闻之，诏榜朝堂云：“我朝三百余年，待士大夫以礼。吾与嗣君遭家多难，尔小大臣未尝有出一言以救国者。内而庶僚畔官离次，外而守令委印弃城，耳目之司既不能为吾纠击，二三执政又不能倡率群工，方且表里合谋，接踵宵遁。平日读圣贤书，自诩谓何？乃于此时作此举措，生何面目对人，死亦何以见先帝！天命未改，国法尚在，其在朝文武官，负国弃予者，令御史台觉察以闻。”然不能禁也。

纲 元礼部尚书廉希贤等来至独松关①，守将张濡杀之。

目 元主遣礼部尚书廉希贤、工部侍郎严忠范奉国书来至建康。希贤请兵自卫，伯颜曰：“行人以言不以兵，兵多反致疑耳。”希贤固请，遂以兵五百送之。伯颜仍下令诸将各守营垒，勿得妄有侵掠。希贤等至独松关，

────────────
① 独松关：在今浙江杭州市余杭区。

张濡部曲杀忠范,执希贤送临安,希贤病创死。濡,俊之曾孙也。朝廷使人移书元军,言杀使之事乃边将,太后及嗣君实不知,当按诛之,愿输币请罢兵通好。伯颜曰:"彼为诈计,视我虚实耳。当择人同往,观其事体,令彼速降。"乃遣议事官张羽同使人还临安,羽至平江被杀。

纲 元阿里海涯入岳州。

纲 以陈合同签书枢密院事。

纲 夏四月,元阿里海涯寇江陵,朱禩孙、高达以城降,荆南州军皆陷。

纲 以高斯得签书枢密院事。

纲 以福王与芮为浙东安抚大使,开府绍兴。

纲 元阿术寇扬州,李庭芝遣守将苗再成、姜才帅兵御之,败绩。

纲 加李庭芝参知政事。

纲 五月,刘师勇复常州。

纲 赐婺州处士何基、王柏赠谥。

目 基少师事黄榦,榦告以必有真实心地,刻苦工夫而后可。基悚惕受命①,遂得闻渊源之懿②。赵汝腾、蔡抗、杨栋相继荐于朝,诏与州学教授,基固辞。柏年三十始知为学之源,捐去俗学,勇于求道。从基游,基授以立志居敬之旨,以质实坚苦自励,凡六经、四书,及濂、洛、关、闽之书③,皆有

---

① 悚惕:恐惧,惶恐。
② 懿:美好。
③ 濂、洛、关、闽:指周敦颐、二程、张载、朱熹。

著述。至是,诏谥基曰文定,赠柏承事郎①。

纲以张珏为四川制置副使。

纲籍吕文焕、陈奕、范文虎家。

纲诏张世杰等四道出兵以御元。

目时知庆远府仇子真、淮东兵马钤辖阮克己各将兵入卫②,诏与世杰、张彦分道出击元军。台谏请命大臣监护,事下公卿杂议,久而不决。陈文龙上言:"《书》云:'三后协心,同底于道。'北兵今日取某城,明日筑某堡,而我以文相逊,以迹相疑,譬犹拯溺救焚而为安行徐步之仪也。请诏大臣无滋虚议。"不报。

纲六月朔,日食既③,昼晦如夜。

纲成都安抚使昝(zǎn)万寿以嘉定诸城叛降元。

纲以王熵平章军国重事,陈宜中、留梦炎为左、右丞相,并兼枢密使,都督诸路军马。

纲加李庭芝知枢密院事。

〔张世杰焦山之败〕

纲秋七月,张世杰与元阿术战焦山下④,世杰败绩,奔圌(chuí)山⑤。

---

① 承事郎:文臣寄禄官。
② 庆远府:治今广西河池市宜州区。
③ 日食既:日全食。
④ 焦山:在今江苏镇江市。
⑤ 圌山:在今江苏镇江市。

目 世杰与刘师勇、孙虎臣等,大出舟师万余艘,次于焦山,令以十舟为方,碇江中流①,非有号令毋得发碇,示以必死。元阿术登石公山望之曰②:"可烧而走也。"遂遣健卒善彀(gòu)者千人③,载以巨舰,分两翼夹射,阿术居中,合势进战,继以火矢,篷樯俱焚④,烟焰蔽江。诸军死战,欲走不能前,多赴江死。张弘范、董文炳复以锐卒横冲,世杰不复能军,奔圌山,阿术、弘范追之,获白鹞子七百余艘⑤。师勇还常州,虎臣还真州。世杰请济师⑥,不报。

〔贾似道被抄家流放〕

纲 放贾似道于循州,籍其家。

目 似道既免,三学生及台谏、侍从皆上疏乞诛似道,太皇太后不许。及似道上表自劾,且言为夏贵、孙虎臣所误,乞保余生。有旨,令李庭芝津遣归越⑦,以终丧制。似道留扬不还。王爚复论:"似道既不死忠,又不成孝,乞下诏切责。"似道得诏,乃还绍兴府,绍兴守臣闭城不纳。王爚复言于太后曰:"本朝权臣稔祸⑧,未有如似道之烈者。搢绅茅草⑨,不知

① 碇:放下碇石以停船。
② 石公山:在今江苏镇江市。
③ 彀:射箭。
④ 篷樯:船帆和桅杆。
⑤ 白鹞子:战船名。
⑥ 济师:增援军队。
⑦ 越:州名,即绍兴府。
⑧ 稔祸:酿祸,惹祸。
⑨ 茅草:据《宋史》卷四七四《贾似道传》当作"草茅",指平民。

几疏①,陛下皆抑而不行,付人言于不恤,何以谢天下?"太后乃降似道三官,婺州居住。婺人闻似道至,率众为露布逐之。复诏徙于建宁府。斩翁应龙,籍其家。廖莹中、王庭除名,流之岭南,皆自杀。

于是御史孙嵘叟等又以似道罪重罚轻,乞斩之以正法。方回复上疏论似道佞、诈、贪、淫、褊(biǎn)、骄、吝、专、忍、谬十罪②,太皇太后犹不听。翁合上言:"似道以妒贤无比之林甫,辄自托于伊、周;以不学无术之霍光,敢效尤于莽、操。其总权罔上,卖国召兵,专利虐民,滔天之罪,人人能言。迫于众怒,仅谪建宁。夫建宁实朱熹讲道之阙里③,虽三尺童子亦知向方,闻似道名,咸欲呕唾,况见其面乎!乞远投荒昧,以御魑魅(chī mèi)。"遂诏责授高州团练副使,循州安置,籍其家,遣使监押之贬所。

会稽县尉郑虎臣,以其父尝为似道所配,欲报之,欣然请行。似道时寓建宁之开元寺,侍妾尚数十人,虎臣至,悉屏去。撤轿盖,暴行秋日中,令舁轿夫唱杭州歌谑之,每名斥似道④,窘辱备至。一日,入古寺,壁上有吴潜南行所题字⑤,虎臣呼似道曰:"贾团练,吴丞相何以至此?"似道惭不能对。至泉州洛阳桥,遇叶李自漳州放还⑥,见于客邸,李赋词赠之,似道俯首谢焉。

纲 复皮龙荣官。

---

① 几疏:多少次上疏。
② 褊:狭隘。
③ 阙里:孔子故里。此处借指朱熹故里,以表其地之圣。
④ 名斥似道:直呼"似道"之名而呵斥之。
⑤ 吴潜南行:宋理宗景定二年,丞相吴潜被贬窜于循州。
⑥ 叶李:宋理宗景定四年被刺面发配于漳州。

纲　陈宜中去位。诏罢王𤏱为醴泉观使,召宜中于温州。

目　初,张世杰之将出师也,王𤏱谓:"二相宜一人督师吴门[1],否则臣虽老无能为,若效死封疆,亦不敢辞。"会世杰败于焦山,𤏱复言曰:"事无重于兵。今二相并建都督,庙算指授,臣不得而知。比者六月出师,诸将无统。臣岂不知吴门去京不远,而必为此请者,盖大敌在境,非陛下自将,则大臣开督。今世杰以诸将心力不一而败,不知国家尚堪几败邪?臣既不得其职,又不得其言,乞罢平章。"太后不许。

既而京学生刘九皋等伏阙上书[2],言宜中擅权,其略以为:"赵溍、赵与鉴皆弃城遁,宜中乃借使过之说以报私恩。令狐概、潜说友皆以城降,乃受其苞苴而为之羽翼。文天祥率兵勤王,信谗而沮挠之。贾似道丧师辱国,阳请致罚而阴佑之。元兵薄国门,勤王之师,乃留之京城而不遣。宰相当出督,而畏缩犹豫,第令集议而不行。吕师夔狼子野心,而使之通好乞盟。张世杰步兵而用之于水,刘师勇水兵而用之于步,指授失宜,因以败事。臣恐误国将不止于一似道也。"

初,宜中书多专决,不关白𤏱,或谓京学之论,实𤏱嗾之。书上,宜中径去,遣使四辈召之,不至。太后乃下九皋等临安狱,而手诏曰:"给舍之奏,谓𤏱与宜中必难久处。兼𤏱近奏乞免平章,辞气不平,诚有如人言者,可罢𤏱平章军国重事,以少保观文殿大学士充醴泉观使。"是岁,卒。𤏱清修刚劲,不阿权势。及为相,属国势危亡,乃不能协谋以济大事,士论惜之。

---

[1] 二相:指陈宜中、留梦炎。吴门:今江苏苏州市。
[2] 京学:临安府学。

纲 元以伯颜为右丞相，阿术为左丞相①。

目 元主召伯颜还至上都，面陈形势，乞即进兵，遂拜右丞相。伯颜辞曰：
"阿术功多，臣宜居后。"乃进阿术左丞相，仍诏伯颜直趋临安，阿术仍
攻淮南，阿里海涯取湖南，万户宋都囊及吕师夔、李恒等取江西。

纲 以陈文龙同签书枢密院事。

纲 八月，以李芾知潭州，文天祥知平江府。

目 天祥至临安，上疏言："本朝惩五季之乱②，削藩镇，建都邑，一时虽足
以矫尾大之弊，然国以寖弱，故敌至一州则一州破，至一县则一县破，
中原陆沉③，痛悔何及！今宜分境内为四镇，建都统于其中，以广西
益湖南而建阃于长沙，以广东益江西而建阃于隆兴，以福建益江东而
建阃于番(pó)阳④，以淮西益淮东而建阃于扬州。责长沙取鄂，隆兴取
蕲、黄，番阳取江东，扬州取两淮。地大力众，乃足以抗敌。约日齐奋，
有进无退，日夜以图之，彼备多力分，疲于奔命，而吾民之豪杰者，又伺
间出于其中，如此则敌不难却也。"时议以为迂阔，不报，命知平江府。

纲 元以廉希宪行省事于江陵。

纲 九月，元兵陷泰州，孙虎臣自杀。

纲 冬十月，诏张世杰、刘师勇总出戍兵。

---

① 按，皆系军前行省丞相，非中央中书省丞相。
② 五季：五代。
③ 陆沉：国土沦陷。
④ 番阳：即饶州鄱阳郡，治今江西鄱阳县。

纲 以留梦炎、陈宜中为左、右丞相兼枢密使,都督诸路军马。

纲 元阿里海涯围潭州,李芾力战御之。

目 李芾至潭,元游骑已入湘阴、益阳诸县①。城中守卒不满三千,芾结峒
　　蛮为援,缮器械,峙刍粮,栅江修壁。及元兵至,芾慷慨登陴,与诸将
　　分地而守,民老弱皆出,结保伍助之,不令而集。芾日以忠义勉将士,
　　死伤相藉②,人犹饮血乘城殊死战,有来招降者,辄杀之以徇。

〔郑虎臣杀贾似道〕

纲 监押官郑虎臣杀贾似道于漳州。

目 似道舟次南剑州黯淡滩③,虎臣曰:"水清甚,何不死于此?"似道曰:
　　"太后许我以不死,候有诏即死。"十月,至漳州木绵庵,虎臣曰:"吾
　　为天下杀似道,虽死何憾!"遂拘其子与妾于别馆,即厕上拉其胸杀
　　之④。陈宜中至福州,捕虎臣,毙于狱。

纲 元阿术围扬州,李庭芝力战御之。

目 阿术攻扬,久而无功,乃筑长围困之,城中食尽,死者枕藉满道,而庭
　　芝之志益坚。会伯颜至湾头⑤,遂议深入。

纲 元伯颜渡江,分兵东下。

---

① 湘阴:县名,今湖南湘阴县。益阳:县名,今湖南益阳市。
② 藉:枕藉,多而杂乱。
③ 黯淡滩:在今福建南平市。
④ 拉:折。
⑤ 湾头:在今江苏扬州市。

纲 文天祥遣兵救常州，不克。

纲 十一月，以陈文龙同知枢密院事，黄镛同签书院事。

纲 元将阿剌罕陷广德军四安镇，召文天祥入卫。

目 阿剌罕破银树东坝，戍将赵淮死之，遂陷广德军四安镇。陈宜中仓皇发临安民年十五以上者，皆籍为兵，号武定军，召文天祥于平江。

纲 元将宋都䚟、李恒等陷江西州、军，都统密佑逆战于抚州，死之。

纲 元伯颜陷常州，屠其民，知州事姚訔、通判陈炤、都统王安节死之。

目 伯颜至常州，会兵围城。姚訔、陈炤、刘师勇、王安节力战固守。伯颜遣人招之，譬喻百端，终不听。伯颜怒，命降人王良臣役城外居民运土为垒，土至，并人以筑之，且杀民煎膏取油以作炮，焚其牌权，日夜攻不息。城中甚急，而訔等守志益坚。伯颜乃叱帐前诸军奋勇争先，四面并进；城遂破，訔死之。炤与安节犹巷战，或谓炤曰：“城东北门未合，可走。”炤曰：“去此一步，非死所矣！”日中，兵至，死焉。伯颜命屠其民。执安节至军前，不屈，亦死。师勇以八骑突围走平江。訔，希得之子。安节，坚之子也。

纲 以谢枋得为江西招谕使，知信州。

目 初，枋得闻淮西、江东、西州郡守将皆吕氏部曲，故争降附，自以与吕师夔善，乃应诏上书，以一族保师夔可信，乞分沿江诸屯兵，以师夔为镇抚使，使之行成①，且乞身至江州见文焕与议。朝廷乃以枋得为沿

——————————

① 行成：议和。

江察访使以往,会文焕北还,不及而返,遂改知信州。

〔元军破独松关〕

纲 元军破独松关,守将张濡遁。

目 独松既破,邻邑望风皆遁,朝廷大惧。时勤王师尚三四万人,文天祥与世杰议,以为"淮东坚壁,闽、广全城,若与敌血战,万一得捷,则令淮帅以截其后,国事犹可为也"。世杰大喜。陈宜中白太后降诏,以王师务宜持重,议遂止。濡既遁,后为廉希贤之子所杀。

纲 元董文炳入江阴军。

〔宰相留梦炎遁〕

纲 左丞相留梦炎遁。

纲 十二月,诏许贾似道归葬,返其田庐。

纲 以吴坚签书枢密院事。

纲 遣工部侍郎柳岳如元军请平①,伯颜不许。

目 陈宜中遣柳岳奉书如元军前,称:"廉尚书之死,乃盗杀之,非朝廷意,乞班师修好。"岳见伯颜于无锡,泣请曰:"嗣君幼冲,在衰绖(dié)中②,自古礼不伐丧。凡今日事至此者,皆奸臣贾似道失信误国尔。"

———————

① 请平:请和。
② 衰绖:丧服。

伯颜曰:"汝国执戮我行人,故我兴师。钱氏纳土①,李氏出降②,皆汝国之法也。汝国得天下于小儿,亦失于小儿,其道如此,尚何多言!"遂令囊加歹偕岳还。

纲以陈文龙参知政事,谢堂同知枢密院事。

纲元伯颜入平江。

纲复遣柳岳如元求封,行至高邮,民杀之。

目陈宜中因柳岳还,复奏遣宗正少卿陆秀夫及吕师孟等同囊加歹使元军,求称侄纳币,不从则称侄孙,且敕吕文焕令通好罢兵。秀夫等见伯颜于平江,伯颜不许,宜中乃白太后,奉表求封为小国,太后从之。直学士院高应松不肯草表,改命京局官刘褒(yòu)然为之。岳等至高邮嵇家庄,为嵇耸所杀。

纲以文天祥签书枢密院事。

纲黄万石叛降元,都统米立死之。

目立初从陈奕守黄州,奕降,立溃围出,万石署之帐前。元军略江西,立迎战于江坊③,兵败,被执不降,系狱。至是万石举军降元,元行省遣万石谕立曰:"吾官衔一牙牌书不尽,今亦降矣。"立曰:"侍郎国家大臣,立一小卒尔。但三世食赵氏禄,赵亡,何以生为!立乃陈上生擒

---

① 钱氏:代指五代十国之吴越。
② 李氏:代指五代十国之南唐。
③ 坊:同"防",堤防。

合死之人①,与投拜者不同。"万石再三谕之,不屈,遂遇害。

〔湖南陷落〕

纲 丙子,二年(1276)②,春正月,元阿里海涯破潭州,湖南镇抚大使、知州事李芾死之。湖南州、军皆陷。

目 阿里海涯督战益急,城中大窘,力不能支。诸将泣请曰:"事急矣,吾属为国死可也,如民何!"芾骂曰:"国家平时所以厚养汝者,为今日也。汝第死守,有复言者吾先戮汝!"除夕,元兵登城,蚁附而上。

知衡州尹谷时寓城中,知事不可为,乃为二子行冠礼。或曰:"此何时,行此迂阔事!"谷曰:"正欲令儿曹冠带见先人于地下尔③!"既毕礼,与其家人自焚。芾命酒酹(lèi)之④,因留宾佐会饮。夜传令,犹手书"尽忠"字为号,饮达旦,诸宾佐出,参议杨震赴园池死。芾坐熊湘阁,召帐下沈忠,遗之金曰:"吾力竭,分当死⑤。吾家人亦不可辱于俘,汝尽杀之,而后杀我。"忠伏地叩头,辞以不能。芾固命之,忠泣而诺。取酒,饮其家人,尽醉,乃遍刃之。芾亦引颈受刃。忠纵火焚其居,还家杀其妻子,复至火所,大恸,举身投地,乃自刭。潭民闻之,多举家自尽,城无虚井,缢林木者相望。

元旦,守将吴继明、刘孝忠以城降。由是湖南州郡皆降于元。宝庆通

①陈上:阵前。
②五月改元景炎。元至元十三年。
③儿曹:儿辈,晚辈。
④酹:泼酒于地,表示祭奠或起誓。
⑤分:职分。

判曾如骥①,亦不屈而死。事闻,赠苂端明殿大学士,谥忠节。

纲陈文龙、黄镛遁。

纲以吴坚为左丞相兼枢密使,常楙(mào)参知政事。

目日午,宣麻慈元殿②,文班止六人。

纲诸关兵皆溃。

目知嘉兴府刘汉杰以城降元。元兵围安吉州③,知州赵良淳与提刑徐道隆同守。时元兵迫行都,召道隆入卫,道绝不通,乃由太湖经武康、临安县境勤王④。范文虎致书诱良淳降,良淳焚书,斩其使。元兵至,良淳率众城守,夜就茇(bá)舍陴上⑤,不归。既而戍将吴国定开门纳元兵,良淳命车归府,兵士止之曰:"侍郎何自苦?"良淳叱去之,闭阁自经⑥。元兵追道隆,及之,一军尽没,道隆见执,守者少怠,赴水死。

〔宋朝遣使称臣于元〕

纲遣监察御史刘岊(jié)奉表称臣于元。

目陆秀夫还,言伯颜不肯从伯侄之称。太后命用臣礼,陈宜中难之。太

---

① 宝庆:府名,治今湖南邵阳市。
② 宣麻:在朝廷宣布宰执任命诏书。
③ 安吉州:治今浙江湖州市。
④ 太湖:在今江苏苏州市西。武康:县名,今浙江德清县。
⑤ 茇舍:草屋。
⑥ 自经:上吊自杀。

后涕泣曰："苟存社稷,称臣,非所较也。"遂遣岊奉表称臣,上尊号,岁贡银、绢二十五万两、匹,乞存境土以奉蒸尝①,且约伯颜会长安镇以输平②。

纲 常楙遁,以夏士林签书枢密院事,士林亦遁。

〔益王赵昰、广王赵昺出临安〕

纲 进封吉王昰为益王,判福州;信王昺为广王,判泉州。

目 初,召文天祥知临安府,天祥辞不拜,请以福王、秀王判临安系民望,身为少尹③,以死卫宗庙。又乞命吉王、信王镇闽、广以图兴复。俱不许。至是宗亲复请,太后从之。以驸马都尉杨镇及杨淑妃弟亮节、俞充容弟如珪提举二王府事。

纲 陈宜中请迁都,不果行。

〔宋朝遣使奉玺降元〕

纲 元伯颜军皋亭山④,太皇太后遣使奉玺以降。右丞相陈宜中夜遁。

目 伯颜至长安镇,陈宜中违约,不往议事。伯颜乃进次皋亭山,阿剌罕、董文炳之师皆会。文天祥、张世杰请移三宫入海,而己帅众背城一战。宜中不许,白太后,遣监察御史杨应奎上传国玺以降。伯颜受

---

① 蒸尝:祭祀祖先。
② 长安镇:在今浙江杭州市。输平:变旧怨为新好。
③ 身为少尹:自己担任临安府少尹,辅佐福王、秀王。
④ 皋亭山:在今浙江杭州市。

之,遣使召宜中出议降事,而使囊加歹奉玺表赴上都。应奎既行,是夜宜中遁归于温州之清澳。

纲 张世杰、刘师勇各以所部兵入于海。

目 世杰、师勇及苏刘义以不战而降,遂去。世杰次于定海,元石国英使都统卞彪说世杰降,世杰大怒,断彪舌,磔之于巾子山①。师勇至海上,见时事不可为,忧愤纵酒卒。

纲 吴坚、文天祥如元军,伯颜执天祥,遣坚还。

目 杨应奎还,言伯颜欲执政面议。太后乃以天祥为右丞相兼枢密使,与吴坚偕往;天祥辞不拜,遂行。因说伯颜曰:"北朝若以宋为与国,请退兵平江或嘉兴,然后议岁币与金帛犒师,北朝全兵以还,策之上也。若欲毁其宗社,则淮、浙、闽、广尚多未下,利钝未可知,兵连祸结,必自此始。"伯颜以北诏为辞,顾天祥举动不常,疑有异志,留之军中,遣坚还。天祥怒,数请归,曰:"我之此来,为两国大事,何故留我!"伯颜曰:"勿怒,君为宋大臣,责任非轻,今日之事,正当与我共之。"令忙兀台、唆都馆伴羁縻之。

纲 驸马都尉杨镇等奉益王、广王走婺州。

目 杨淑妃、秀王与檡(zhái)从行。

纲 以家铉翁签书枢密院事,贾余庆同签书院事。

纲 元吕师夔寇江东,谢枋得迎战,败绩。

————————

① 巾子山:在今浙江宁波市。

目 枋得与元战于安仁①,矢尽而败,遂奔建宁山中,妻子皆被执。

〔元伯颜入临安〕

纲 二月,日中有黑子。元伯颜遣人入临安,封府库,收图籍符印。

目 伯颜承制,以临安为两浙大都督府,命忙兀台、范文虎入城治都督府
　　事。又令程鹏飞取太皇太后手诏及三省、枢密院檄,谕州郡降附。执
　　政皆署,家铉翁独不肯,鹏飞命缚之。铉翁曰:"中书无缚执政之理,
　　归私第以待命可也。"乃止。
　　伯颜进屯湖州市,复令吕文焕及范文虎等慰谕太皇太后。文焕因入
　　内上表谢而出,有曰:"兹衔北命,来抗南师,视以犬马,报以仇雠,非
　　曰子弟攻其父母,不得已也,尚何言哉!"伯颜令张惠、阿剌罕、董文
　　炳、张弘范、唆都等封府库,收史馆、礼寺图书及百司符印告敕,罢官
　　府及侍卫军。

纲 以贾余庆为右丞相兼枢密使,刘岊同签书枢密院事,与吴坚、谢堂、家
　　铉翁并充祈谢使②,如元。谢堂逃归。

纲 元人以文天祥北去。

目 伯颜尝引天祥与吴坚等同坐。天祥面斥贾余庆卖国,且责伯颜失信。
　　吕文焕从旁谕解之,天祥并斥文焕及其侄师孟:"父子兄弟受国厚恩,
　　不能以死报国,乃合族为逆,尚何言!"文焕等惭恚,伯颜遂拘天祥,随

---

① 安仁:县名,今江西鹰潭市余江区。
② 祈谢使:据下文及《宋史》,当作"祈请使"。

祈请使北行。

纲 浙江潮三日不至。

目 时元军分驻江沙上，杭人方幸之①，潮汐三日不至。

纲 元伯颜使范文虎追益王、广王不及，执杨镇还临安。二王遂走温州。

纲 夏贵以淮西叛降元，知镇巢军洪福死之②。

〔元以宋帝赵㬎等北去〕

纲 三月，元伯颜入临安，以帝及皇太后全氏、福王与芮等北去。

目 帝与太后肩舆出宫。太皇太后以疾留内。与芮及沂王乃猷、度宗母隆国夫人黄氏并杨震、谢堂、高应松、庶僚刘褒然、三学生等皆行。太学生徐应镳（biāo）与其二男一女同赴井死。

纲 文天祥自镇江亡入真州，遂浮海如温州。

目 天祥至镇江，与其客杜浒等十二人夜亡入真州，苗再成出迎，喜且泣曰：“两淮兵足以兴复，特二阃少隙，不能合从（zòng）耳③。”天祥问：“计将安出？”再成曰：“今先约淮西兵趋建康，彼必悉力以扞吾西兵。指挥淮东诸将，以通、泰兵攻湾头，以高邮、宝应、淮安兵攻扬子桥④，

---

① 幸之：庆幸元军将被潮水淹没。
② 镇巢军：治今安徽巢湖市。
③ 合从：即“合纵”，联合。
④ 宝应：军名，治今江苏宝应县。淮安：军名，治今安徽五河县。扬子桥：在今江苏扬州市。

以扬兵攻瓜步①,吾以舟师直捣镇江,同日大举。湾头、扬子桥,皆沿江脆兵②,且日夜望我师之至,攻之即下,合攻瓜步之三面,吾自江中一面薄之,虽有智者不能为之谋矣!瓜步既举,以淮东兵入京口,淮西兵入金陵,要其归路,其大帅可坐致也。"天祥大称善,即以书遗李庭芝,遣使四出结约。

初,天祥未至真时,扬有脱归兵言:"元密遣一丞相入真州说降矣。"庭芝信之,以天祥来说降也,使再成殛杀之。再成不忍,绐天祥出相城垒③,以制司文示之,闭之门外。久之,复遣二路分觇天祥,果说降者即杀之。二路分与天祥语,见其忠义,亦不忍杀,以兵二十人道之如扬。四鼓抵城下,闻候门者曰④:"制置司下令捕文丞相甚急!"众相顾吐舌。天祥乃变姓名,由通州泛海如温州,以求二王。

纲 元以阿剌罕、董文炳行省事于临安。

目 伯颜北还,承制留阿剌罕、董文炳经略闽、浙,以忙兀台镇浙西,唆都镇浙东。会江西都元帅宋都带言宋二王在闽、广聚兵将攻江西,乃遣塔出移军,与李恒、吕师夔会阿剌罕、文炳同取未下州县,以追二王。

纲 闰月,陈宜中等奉益王为天下兵马都元帅,广王副之,开府福州,起兵兴复。

目 陆秀夫、苏刘义等闻二王走温州,继追及于道,遣人召陈宜中于清澳。

---

① 瓜步:在今江苏南京市六合区。
② 脆兵:轻兵。
③ 相:察看。
④ 候门者:守门人。

宜中来谒,复召张世杰于定海,世杰亦以所部兵来。温之江心寺,旧有高宗南奔时御座,众相率哭座下,奉益王为都元帅,广王副之。发兵除吏,以秀王与檡为福建察访使,先入闽中,抚谕士民,檄召诸路忠义,同奖王室①。会太皇太后遣二宦者以兵百人召二王还临安,宜中等沉其兵江中,遂入闽。时黄万石降元,以尝为福建漕使,欲取全闽为己功。汀、建诸州方谋从万石送款,闻二王至,复闭门以拒万石。南剑守臣林起鳌遣军逐之,万石败走,其将士多来归,兵势稍振。

纲 帝至瓜洲②,李庭芝使姜才将兵夜捣元军,不克。

目 帝北行,至瓜洲,庭芝与才涕泣誓将士出夺之,将士皆感泣。乃尽散金帛犒兵,以四万人夜捣瓜洲,战三时,众拥帝避去。才追战至浦子市③,夜,犹不退。阿术使人招之,才曰:"吾宁死,岂作降将军邪!"真州苗再成亦谋夺驾,不克。

[益王赵昰即位于福州]

纲 夏五月朔,益王即位于福州,遥上帝尊号,尊度宗淑妃杨氏为皇太妃,同听政。

目 改元景炎。遥上帝尊号为孝恭懿圣皇帝。升福州为福安府,以大都督府为垂拱殿,便厅为延和殿,王刚中知福安府。是日,有大声出府中,众皆惊仆。

———————————

① 奖:辅助。
② 瓜洲:在今江苏扬州市邗江区。
③ 浦子市:在今江苏南京市。

綱 进封广王为卫王。以陈宜中为左丞相兼枢密使、都督诸路军马,陈文龙、刘黼参知政事,张世杰为枢密副使,陆秀夫直学士院,苏刘义主管殿前司。

綱 召李庭芝为右丞相,姜才为保康军承宣使。

綱 诏江西制置使赵溍、招谕使吴浚等分道出师,兴复帝室。

目 诏以赵溍为江西制置使,进兵邵武①;谢枋得为江东制置使,进兵饶州;李世逵、方兴等进兵浙东;吴浚为江西招谕使,邹凤副之;毛统由海道至淮,约兵会合。仍诏傅卓、翟国秀等分道出兵。时枋得败走,已不能军。

綱 文天祥至自温州,以为枢密使,同都督诸路军马。

綱 元主忽必烈废德祐帝为瀛国公。

綱 元以伯颜同知枢密院事。

綱 罢直学士院陆秀夫。

綱 元将唆都陷衢州,江东西、湖南北宣抚大使留梦炎降。

綱 六月,元军入广州。

綱 秋七月,文天祥开府南剑州,经略江西。

〔李庭芝等死,淮东陷落〕

綱 李庭芝、姜才赴召,至泰州。扬州守将朱焕、泰州裨将孙贵等皆降于

_____

① 邵武:邵武军,治今福建邵武市。

元,庭芝、才死之,淮东尽陷。

目 临安既陷,阿术以太皇太后手诏谕庭芝使降。庭芝登城谓使者曰:
"奉诏守城,未闻以诏谕降也。"既而阿术复遣使者持元主诏招庭芝,
庭芝开壁纳使者,斩之,焚其诏于陴上。

会福州使至,庭芝命制置副使朱焕守扬,而自与姜才将兵七千趋泰
州,将东入海。庭芝既行,焕即以城降。阿术分道追及庭芝,杀步卒
千余人。庭芝走入泰州,阿术围之,且驱其妻子至陴下招降。会姜才
疽发背,不能战,泰州裨将孙贵、胡惟孝开北门纳元军。庭芝赴莲池
中,水浅不死,遂与姜才俱被执。至扬州,阿术责其不降,才曰:"不降
者我也!"愤骂不已。然犹爱其才勇,未忍杀之。朱焕请曰:"扬自用
兵以来,积骸满野,皆庭芝与才所为,不杀之何俟!"阿术乃皆杀之。
扬民闻者莫不泣下。

纲 八月,元军入真州,苗再成死之。

纲 元人以太皇太后谢氏北去。

纲 九月,元军分道寇闽、广。

目 阿剌罕、董文炳及忙兀台、唆都以舟师出明州,塔出及吕师夔、李恒等
以骑兵出江西。

纲 东莞民熊飞起兵,会赵溍复韶、广州。

纲 冬十月,文天祥帅师次于汀州。

目 天祥遣赵时赏等将一军趋赣以取宁都,吴浚将一军取雩都,刘洙等皆
自江西起兵来会。

纲 元吕师夔等将兵度梅岭①,遂入韶州,熊飞死之。

目 赵溍使飞及曾逢龙御元军于南雄,逢龙败死,飞走韶州。元军围之,守将刘自立以城降,飞率兵巷战,兵败,赴水死。

纲 十一月,元阿刺罕、董文炳入处州②,秀王与檡等逆战于瑞安③,败绩,死之。

纲 元军入建宁府、邵武军。

〔陈宜中奉宋端宗赵昰航海〕

纲 陈宜中、张世杰奉帝航海。

目 北兵既逼,陈宜中、张世杰备海舟,奉帝及卫王、杨太妃等登舟。时军十七万人,民兵三十万人,淮兵万人,与北舟相遇,值天雾晦冥不辨④,舟得以进。

〔蒲寿庚降元〕

纲 帝至泉州,招抚使蒲寿庚作乱,帝走潮州。十二月,寿庚以泉州叛降元。

纲 元人入兴化军,知军事陈文龙死之。

目 王刚中既降,遣使至兴化军,文龙斩之,而发民固守。使部将林华伺

① 梅岭:即大庾岭,在今江西大余县南、广东南雄市北。
② 处州:治今浙江丽水市。
③ 瑞安:府名,即温州。
④ 晦冥:昏暗,阴沉。

元兵于境上,华反导元兵至城下,通判曹澄孙开门降。执文龙,欲降之,文龙指其腹曰:"此皆节义文章也,可相逼邪!"卒不屈,乃械送杭州,文龙不食死。

纲元阿里海涯破静江①,坑其民,都统马墍死之。广西州郡皆陷。

〔宋端宗赵昰请降于元〕

纲帝次惠州,遣使奉表请降于元。

黄晓巍　评注
张　帆　高纪春　审定

————————

① 静江:府名,治今广西桂林市。

纲鉴易知录卷九〇

　　卷首语:本卷起宋端宗景炎二年(1277),止元世祖至元三十一年(1294),所记为南宋末三年与元朝前期共十八年史事。在元军追击下,南宋流亡政权一路南逃,宋端宗赵昰病亡,赵昺被拥立继位。崖山海战后南宋灭亡,元朝统一全国,结束中国三百余年南北政权分裂局面。元世祖继续对外扩张,相继攻打日本、占城、爪哇,最终均以失败告终。为满足财政需求,先后重用阿合马、桑哥、卢世荣敛财,激发官僚集团内部矛盾,元世祖推行的汉化改革渐趋停滞。

南宋纪

端宗皇帝

纲 丁丑,端宗皇帝景炎二年(1277)①,春正月,文天祥移屯漳州。汀守黄去疾及吴浚降元。

纲 元命道士张宗演领江南道教。

纲 二月,元军入广州,遂陷广东诸郡。

纲 文天祥诛吴浚。

目 浚既降元,因至漳州说天祥降,天祥责以大义,斩之。

[元军主力北还]

纲 元军引还,留潜说友为福州宣慰使,王积翁副之。

目 时北方有警,元主召诸将班师,凡诸将及淮兵在福安者②,命李雄统之。

纲 元以西僧杨琏真加总摄江南释教。

纲 三月,文天祥复梅州。

纲 元将李雄杀潜说友。

---

① 元至元十四年。
② 福安:府名,即福州。

纲陈瓒（zàn）起兵复兴化军。

纲夏四月，广东制置使张镇孙复广州。五月，张世杰复潮州。

纲文天祥引兵自梅州出江西。

目吉、赣兵皆会之，遂复会昌县①。

纲六月，文天祥败元军于雩都。秋七月，使赵时赏等分道复吉、赣诸县，遂围赣州。

纲张世杰会师讨蒲寿庚于泉州，传檄诸路，遂复邵武军。

目世杰以元军既退，自将淮兵讨蒲寿庚。时汀、漳诸路剧盗陈吊眼及许夫人所统诸峒、畲军皆会，兵势稍振。寿庚闭城自守。世杰遂传檄诸路，陈瓒起家丁、民义五百人应世杰，世杰遣将复邵武军。

〔文天祥兵败〕

纲八月，元李恒袭文天祥于兴国县。天祥兵溃，走循州，诸将巩信、赵时赏等皆死之。

目李恒遣兵援赣，而自将攻天祥于兴国。天祥不意恒猝至，遣兵战钟步②，不利。时邹洬（fèng）聚兵数万于永丰③，天祥引兵就之，会洬兵先溃，恒追天祥至方石岭④，及之。巩信以短兵接战，恒骇其以寡敌

① 会昌县：今江西会昌县。
② 钟步：在今江西兴国县。
③ 永丰：县名，今江西永丰县。
④ 方石岭：在今江西吉安县。

众,疑有伏,敛兵不进。信坐巨石,余卒侍左右,箭雨集,屹不动,恒从间道就视之①,创被体而死不仆。天祥至空坑,兵尽溃。时赵时赏坐肩舆后,元军问为谁,时赏曰:"我姓文。"众以为天祥,擒之。恒遍求俘虏人识认,有曰:"此赵督参时赏也②。"天祥由是得与杜浒、邹㵲乘骑逸去,至循州,散兵颇集。天祥妻子及幕僚、客将皆被执。时赏至隆兴,奋骂不屈。有系累至者,辄麾去,云:"小小金厅官耳③,执之何为!"得脱者甚众。临刑,刘洙颇自辨,时赏叱曰:"死耳,何必然!"于是被执者皆死。恒送天祥妻子、家属于燕,二子死于道。

纲 九月,帝迁潮州之浅湾④。

纲 元将塔出等引兵入大庾岭。

目 元主诏塔出与李恒、吕师夔等以步卒入岭,忙兀台、唆都、蒲寿庚及元帅刘深等以舟师下海,合追二王。

纲 张世杰攻泉州,不克。元复陷邵武军,遂入福州。

纲 冬十月,以陆秀夫同签书枢密院事。

目 秀夫之谪,张世杰让陈宜中曰:"此何如时,动以台谏论人!"宜中惶恐,亟召秀夫还行朝。时播越海滨⑤,庶事疏略,杨太妃垂帘与群臣语,犹自称奴。每时节朝会,独秀夫俨然正笏⑥,立如治朝,或时在行

———————

① 间道:偏僻的小路。
② 督参:都督府参议军事。
③ 金厅官:签书节度判官厅公事。
④ 浅湾:在今广东潮州市。
⑤ 播越:流亡。
⑥ 正笏:双手端正地拿着朝笏。

中凄然泣下，以朝衣收泪，衣尽湿，左右无不悲恸者。

纲元唆都破兴化军，屠其民，陈瓒死之。

目唆都至兴化，瓒闭城拒守。唆都临城谕之，矢石雨下，乃造云梯、炮
　　石，攻破其城，巷战终日。获瓒，车裂之。屠其民，血流有声。

纲十一月，元塔出会兵陷广州。

纲元将刘深袭浅湾，帝奔井澳①。

目深攻浅湾，张世杰战不利，奉帝走秀山②，遂至井澳。

纲十二月，帝有疾。

目帝至井澳，飓风坏舟，帝溺，几不救，遂得惊疾。旬余，诸兵士稍集，死
　　者过半。

〔宰相陈宜中逃占城不返〕

纲元刘深袭井澳，帝奔谢女峡③，陈宜中逃之占城④。

目帝复入海，至七里洋⑤，欲往占城。陈宜中请先往谕意，度事不可为，
　　遂不返。

纲戊寅，三年(1278)⑥，春正月，元降封福王与芮为平原郡公。

_____

① 井澳：在今广东中山市的海中。
② 秀山：在今广东东莞市西南的海中。
③ 谢女峡：在井澳之南。
④ 占城：在今越南南部。
⑤ 七里洋：据《宋史》，当作"七州洋"。
⑥ 五月改元祥兴。元至元十五年。

纲 元军入重庆,张珏死之,西川州县皆陷。

纲 二月,元唆都陷潮州,屠其民。

纲 三月,文天祥收兵,复出丽江浦①。

目 天祥以弟璧及母在惠州,乃趋之。行收兵,出海丰县,遂次于丽江浦。

纲 都统凌震复广州。

纲 帝迁碙(gāng)洲②。

纲 曾渊子至自雷州,以为参知政事、广西宣谕使。

目 渊子起兵据雷州,元军谕降不听,进兵攻之。渊子奔碙洲,遂有是命。

〔宋端宗赵昰去世,弟赵昺继位〕

纲 夏四月,帝崩,卫王即位。

目 帝崩,年十一。群臣多欲散去,陆秀夫曰:"度宗皇帝一子尚在,将焉置之! 古人有以一旅一成中兴者③,今百官有司皆具,士卒数万,天若未欲绝宋,此岂不可为国邪!"乃与众共立卫王,年八岁矣。方登坛礼毕,御辇所向,有龙挐(rú)空而上④。既入宫,云阴不见,改元祥兴。升碙洲为翔龙县。上帝庙号曰端宗。太妃仍同听政。

陈宜中入占城,行都日候其还朝,宜中竟不至。时世杰秉政,而秀夫

———————

① 丽江浦:在今广东海丰县。
② 碙洲:在今广东吴川市南的海中。
③ 一旅一成:兵士五百人为一旅,方圆十里为一成。形容地窄人少,力量单薄。
④ 挐空:凌空。

裨助之,外筹军旅,内调工役,凡有述作,尽出其手,虽匆遽流离中,犹
日书《大学章句》以劝讲。

［宋帝赵昺迁厓山］

纲六月,帝迁新会之厓山①。

目时六军所泊,居雷、化犬牙处②,而厓山在新会县南八十里巨海中③,
与奇石山相对立如两扉,潮汐之所出入也,故有镇戍,张世杰以为天
险,可扼以自固,乃奉帝移驻。遣人入山伐木,造行宫及军屋千余间。
行宫正殿曰慈元,杨太妃居之。升广州为祥兴府。时官民兵尚二十
余万,多居于舟,资粮取办于广右诸郡、海外四州。复刷人匠造舟
楫④,制器仗,至十月始罢。

纲元以张弘范为都元帅,李恒副之,将兵入闽、广。

纲秋八月,有星陨于广南。

目有星堕广州南,初陨色红,大如箕,中爆烈为五,既坠地,声如鸣鼓,一
时顷止。

纲加文天祥少保、信国公,张世杰越国公。

目天祥闻帝即位,上表自劾兵败江西之罪,乞入朝,优诏不许⑤,而加官

———————

① 新会:县名,今广东江门市新会区。
② 化:州名,治今广东化州市。
③ 巨海:大海。
④ 刷:搜括。
⑤ 优诏:褒美嘉奖的诏书。

爵。会军中大疫,士卒多死,天祥母亦病没,诏起复之。天祥长子复亡,家属皆尽。

纲九月,葬端宗皇帝于厓山。

纲冬十一月,凌震弃广州遁。

〔元张弘范袭执文天祥〕

纲元张弘范袭执文天祥于五坡岭①。

目天祥屯潮阳②,邹㲄、刘子俊皆集师会之,遂讨剧盗陈懿、刘兴于潮。兴死,懿遁,以海舟导张弘范兵济潮阳。天祥帅麾下走海丰,先锋将张弘正追之。天祥方饭五坡岭,弘正兵突至,众不及战,天祥遂被执,吞脑子不死③,邹㲄自刭(jǐng)④。刘子俊自诡为天祥,冀可免天祥,及天祥至,各争真伪,元遂烹子俊。天祥至潮阳,见弘范,左右命之拜,天祥不屈。弘范释其缚,以客礼之。天祥固请死,弘范不许,处之舟中,求族属被俘者悉还之。

〔元杨琏真加掘南宋帝陵〕

纲十二月,元西僧杨琏真加发绍兴诸陵。

目杨琏真加利宋攒宫金玉⑤,发诸陵在绍兴者及大臣冢墓,凡一百一所。

---

① 五坡岭:在今广东海丰县。
② 潮阳:县名,今广东汕头市潮阳区。
③ 脑子:中药名,性极凉,多食能死人。
④ 自刭:自杀。
⑤ 攒宫:天子的殡宫。

又欲衷诸陵骨,杂牛马枯骼为镇南浮屠①。会稽人唐珏独痛愤,乃货家具行贷②,得百金,为酒食,阴召诸恶少,泣曰:"尔辈皆宋人,吾不忍陵骨之暴露,欲以他骨易之。已造石函六,刻纪年一字为号,自思陵以下③,随号收殡。"众如珏言,夜往取遗骸,葬兰亭山后④,又移宋故宫冬青树植其上以识,闻者悲之。

帝昺

〔张世杰厓山之战〕

纲 己卯,帝昺祥兴二年(1279)⑤,春正月,元张弘范袭厓山,张世杰力战御之。

目 弘范由潮阳港乘舟入海,至甲子门⑥,获斥候将⑦,知帝所在,乃至厓山。或谓世杰曰:"北兵以舟师塞海口,则我不能进退,盍先据之?幸而胜,国之福也;不胜,犹可西走。"世杰恐久在海中,士卒离心,动则必散,乃曰:"频年航海,何时已乎,今须与决胜负。"遂焚行朝草茆⑧,结大舶千余,作一字阵,碇海中,中舻外舳⑨,贯以大索,四周起楼棚

---

① 骼:骨头。浮屠:佛塔。
② 货:出卖。
③ 思陵:宋高宗永思陵。
④ 兰亭山:在今浙江绍兴市。
⑤ 元至元十六年,是岁宋亡。
⑥ 甲子门:在今广东陆丰市。
⑦ 斥候:侦察兵。
⑧ 草茆:遮掩房屋的茅草。
⑨ 中舻外舳:船头朝里,船尾朝外。

如城堞①,奉帝居其间为死计,人皆危之。厓山北浅,舟胶不可进。弘范由山东转而南,入大洋,与世杰之师相遇,薄之,且出骑兵断官军汲路②。世杰舟坚不能动,弘范乃舟载茅茨③,沃以膏脂④,乘风纵火焚之。世杰战舰皆涂泥,缚长木以拒火,舟不爇(ruò)⑤,弘范无如之何。

〔文天祥《过零丁洋》诗〕

时世杰有甥韩在元军中,弘范三使韩招世杰,世杰不从,曰:"吾知降生且富贵,但义不可移尔!"因历数古忠臣以答之。弘范乃命文天祥为书招世杰,天祥曰:"吾不能捍父母,乃教人叛父母,可乎?"固命之,天祥遂书所过零丁洋诗与之⑥,其末有云:"人生自古谁无死,留取丹心照汗青。"弘范笑而置之。

弘范复遣人语厓山士民曰:"汝陈丞相已去⑦,文丞相已执⑧,汝复欲何为?"士民亦无叛者。弘范又以舟师据海口,世杰兵士茹干粮十余日⑨,下掬海水饮之,水咸,饮即呕泄,兵士大困。世杰帅苏刘义、方兴等旦夕大战。既而李恒自广州以师来会,弘范命恒守厓山北。

---

① 城堞:城墙。
② 汲:取水。
③ 茅茨:茅草。
④ 沃:浇灌。
⑤ 爇:焚烧,引燃。
⑥ 零丁洋:又作伶仃洋,在今广东珠江口外。
⑦ 陈丞相:陈宜中。
⑧ 文丞相:文天祥。
⑨ 茹:吃。

〔陆秀夫负宋帝赵昺赴海死,南宋彻底灭亡〕

纲 二月,张世杰与元张弘范战于厓山。世杰兵溃,陆秀夫负帝赴海死
　　之。世杰复收兵,至海陵山①,舟覆而死。宋亡。

目 都统张达夜袭元军,败还。弘范乃四分其军,自将一军,相去里许,令
　　诸将曰:"宋舟西舣(yǐ)厓山②,潮至必东遁,急攻之。闻吾乐作,乃
　　战,违令者斩。"时黑气出山西,李恒乘早潮退,攻其北,世杰以淮兵殊
　　死战。至午,潮上,元军乐作,世杰以为且憩③,不设备。弘范以舟攻
　　其南,世杰南北受敌,兵士皆疲,不能复战,俄有一舟樯旗仆④,诸舟
　　之樯旗皆仆,世杰知事去,乃抽精兵入中军,诸军大溃,翟国秀、凌震
　　等皆解甲降元。元军薄中军,会日暮,风雨昏雾四塞,咫尺不相辨,世
　　杰乃与苏刘义断维⑤,以十六舟夺港而去。陆秀夫走帝舟,帝舟大,
　　且诸舟环结,度不得出走,乃先驱其妻子入海,谓帝曰:"国事至此,陛
　　下当为国死。德祐皇帝辱已甚⑥,陛下不可再辱!"即负帝同溺,后宫
　　诸臣从死者甚众。余舟尚八百,尽为弘范所得。越七日,尸浮海上者
　　十余万人。因得帝尸及诏书之宝。

评厓山海战:
　　厓山海战标志着宋政权彻底灭亡。与北宋灭亡后南宋重建相比,同

---

① 海陵山:在今广东阳江市西南海中。
② 舣:停船靠岸。
③ 且:即将。
④ 樯:桅杆。
⑤ 维:系舟的绳索。
⑥ 指宋恭帝赵㬎降元。

样是都城陷落、宗室重建政权,同样是跨海流亡、借海阻敌,南宋抗金、抗蒙的结局并不相同。就外部因素论,金、蒙实力有显著的差距,南宋初年的金国没有统治中国全境的能力;但南宋末年的蒙古曾经横扫欧亚大陆,忽必烈又以汉法治中原,有足够的力量征服南宋,统治中国。自内而言,北宋是遭遇突然打击而灭亡,宋朝统治范围内部力量尚强,一旦获得允当的组织就有可能爆发活力;而在近半个世纪的抗蒙战争中,南宋已经耗尽了国力,临安政府投降后,流亡政权节节溃败,无力回天,以陆秀夫负帝蹈海而宣告宋亡。

〔张世杰死〕

世杰行收兵,遇杨太妃,欲奉以求赵氏后。杨太后始闻帝崩,抚膺大恸曰:"我忍死间关至此者,正为赵氏一块肉耳,今无望矣!"遂赴海死,世杰葬之海滨。世杰将趋占城,土豪强之还广东,乃回舟舣南恩之海陵山①,散溃稍集。谋入广,飓风大作,将士劝世杰登岸,世杰曰:"无以为也。"登柂(duò)楼②,露香祝曰③:"我为赵氏,亦已至矣。一君亡,复立一君,今又亡。我未死者,庶几敌兵退,别立赵氏以存祀耳。今若此,岂天意邪!"风涛愈甚,世杰堕水溺死。诸将函其骨,葬潮居里④。苏刘义出海洋,为其下所杀。

〔元囚文天祥〕

纲 冬十月,文天祥至燕,不屈,元人囚之。

---

① 南恩:州名,治今广东阳江市。
② 柂楼:船上操舵之室。
③ 露香:露天焚香。
④ 潮居里:在今广东珠海市。

目厓山之破，张弘范等置酒大会，谓天祥曰："国亡，丞相忠孝尽矣。能改心以事宋者事今，将不失为宰相也。"天祥泫然出涕曰："国亡不能救，为人臣者死有余罪，况敢逃其死而贰其心乎！"弘范义之，遣使护送天祥赴燕。道经吉州，痛恨不食，八日犹生，乃复食。十月，至燕，馆人供张甚盛①，天祥不寝处，坐达旦。遂移兵马司，设卒守之。既而丞相博罗等召见于枢密院，欲使拜，天祥长揖不屈。博罗曰："自古有以宗庙土地与人而复逃者乎？"天祥曰："奉国与人，是卖国之臣也。卖国者有所利而为之，必不去，去者必非卖国者也。予前除宰相不拜，奉使军前，寻被拘执。已而有贼臣献国，国亡当死，所以不死者，以度宗二子在浙东，老母在广故耳。"博罗曰："弃德祐嗣君而立二王，忠乎？"天祥曰："当此之时，社稷为重，君为轻。吾别立君，为宗庙、社稷计也。从怀、愍而北者非忠，从元帝为忠；从徽、钦而北者非忠，从高宗为忠。"博罗语塞，忽曰："晋元帝、宋高宗，皆有所受命，二王不以正，是篡也。"天祥曰："景炎乃度宗长子②，德祐亲兄，不可谓不正；登极于德祐去位之后，不可谓篡；陈丞相以太后命奉二王出宫，不可谓无所受命。"博罗等皆无辞，但以"无受命"为解。天祥曰："天与之，人归之，虽无传受之命，推戴拥立，亦何不可！"博罗怒曰："尔立二王，竟成何功？"天祥曰："立君以存宗社，存一日，则尽臣子一日之责，何功之有！"曰："既知其不可，何必为？"天祥曰："父母有疾，虽不可为，无不下药之理。尽吾心焉，不可救，则天命也。今日天祥至此，有死而已，何必多言。"博罗欲杀之，而元主及大臣不可。弘范病中亦表奏

———————

① 供张：供给陈设。
② 景炎：指宋端宗。

天祥忠于所事,愿释勿杀,乃囚之。

右南宋九帝,共一百五十三年。合两宋一十八帝,共三百二十年。

评南宋:

南宋是北宋王朝的延续。在政治制度上,南宋基本继承了北宋从中央到地方的行政体系;但为了应对来自金、蒙的战争压力,其行政运作方式与北宋相比又有显著不同的特征。南宋简化了中央的行政运作方式,中央、地方关系不断调整,授予前线战区以较大的自主权,因而国力虽弱,却能抗御金、蒙而立国一个半世纪。与此同时,宰相兼治军政、民政,权力增重;君主往往任用近幸群体参与政治,中期曾出现针对政敌、压制理学的"党禁"事件。

在文化思想上,南宋深化了北宋以来的学术成就,在理学、史学、文学等领域都有重要的成果,在科技方面也取得了辉煌的成就。在政治疆域背海立国的形势下,经济上开拓面海立国的可能,成为海上丝绸之路发展的重要阶段。然而,南宋后期文化思想渐趋极端而空疏,在历史上留下不少负面影响。

黄晓巍 评注

张　帆　高纪春 审定

元　纪

元朝世系表

（1）元太祖铁木真（1206-1227）

拖雷　　　　　　　　　（2）太宗窝阔台（1229-1241）

（4）宪宗蒙哥　（5）世祖忽必烈　　乃马真后（1242-1246）
（1251-1259）　（1260-1294）

真金　　　　　（3）定宗贵由（1246-1248）

甘麻剌　　　答剌麻八剌　（6）成宗铁穆耳　海迷失后（1248-1251）
　　　　　　　　　　　　　（1294-1307）

（10）泰定帝也孙铁　（7）武宗海山　　　　　　（8）仁宗爱育黎拔力
木儿（1323-1328）　（1307-1311）　　　　　　八达（1311-1320）

（11）明宗和世　（12）文宗图帖睦尔　　（9）英宗硕德八
瓎（1329）　　（1328-1332）　　　　剌（1320-1323）

（14）顺帝妥欢贴睦　（13）宁宗懿璘质
尔（1333-1368）　　班（1332）

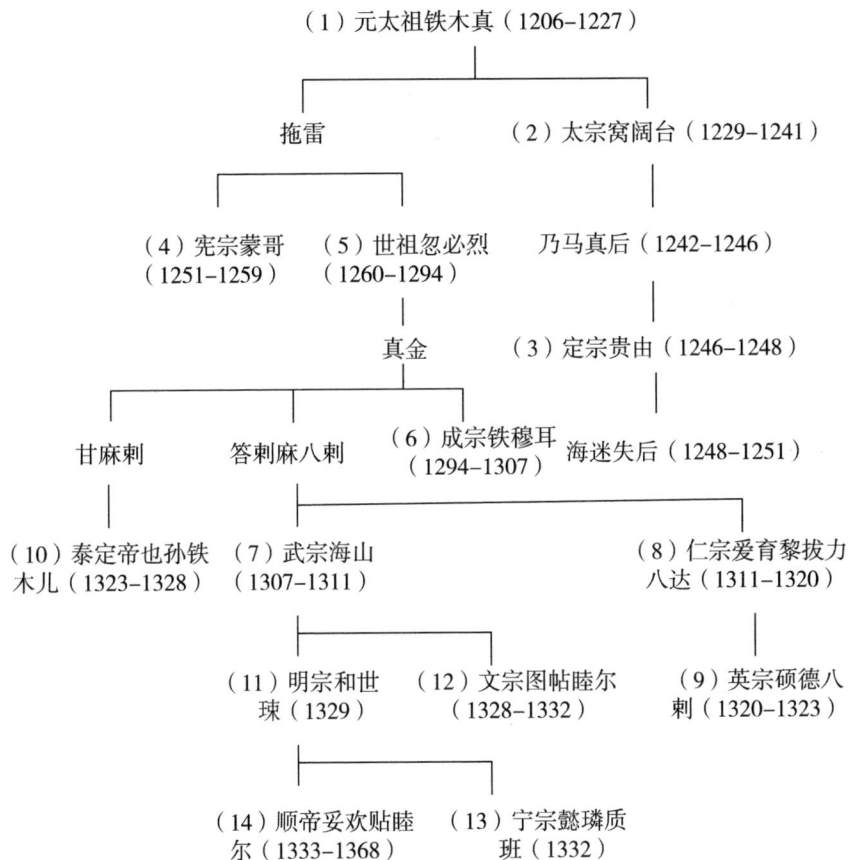

世祖文武皇帝

纲 庚辰，元世祖文武皇帝至元十七年（1280），春正月，都元帅张弘范卒。

纲三月,帝如上都。

纲遣使穷河源①。

纲秋七月,以郝祯、耿仁为左丞。

目阿合马贪横益肆,援引二人,骤升同列②,交为蒙蔽,掊(póu)敛日急③,内通货贿,外示威刑,廷中相视,无敢言者。

纲八月,集贤大学士兼国子祭酒许衡致仕④。

目衡以疾,乞致仕。皇太子请以其子师可为怀孟路总管⑤,以便侍养,且遣使谕之曰:"公毋以道不行为忧也,公安,则道行有时矣。"

纲翰林学士承旨姚枢卒。

纲九月,帝还大都⑥。

〔发动第二次征日之战,又称"弘安之役"〕

纲冬十月,以阿剌罕为右丞相⑦。复大发兵击日本。

纲十一月,行《授时历》⑧。

---

① 河源:黄河源头。
② 同列:同僚。
③ 掊敛:聚敛,搜刮。
④ 集贤大学士:元初集贤院长官,掌管提调学校、征求隐逸,并领国子监、道教及阴阳、祭祀等事。国子祭酒:国子监长官,教授国子生与蒙古贵族。致仕:官员退休。
⑤ 怀孟路:治今河南沁阳市。总管:诸路总管府长官,管理民政。
⑥ 大都:今北京市。
⑦ 右丞相:中书省宰相之首。阿剌罕实为征日本行省右丞相。
⑧ 《授时历》:元代郭守敬、王恂及许衡等人制订的历法。

纲 平章政事廉希宪卒①。

目 大德间赠太师、恒阳王②,谥文正。伯颜曰:"廉公,宰相中真宰相,男子中真男子。"世以为名言。

纲 十二月,昭文馆大学士窦默卒。

目 默为人乐易,平居未尝出一言方人物③。至论国家大计,面折廷诤,人谓可比汲黯。帝尝曰:"朕求贤三十年,得一窦汉卿及李俊民④。"又曰:"如窦汉卿之心,姚公茂之才⑤,合而为一,可谓全人矣。"累赠太师,封魏国公,谥文正。

纲 辛巳,十八年(1281),春二月,皇后弘吉剌氏崩⑥。

目 后性明敏,达于事机,国家初政,左右匡正,与有力焉。宋亡,幼主入朝⑦,后不乐。帝曰:"江南平,自此不用兵甲,人皆喜之,尔何独不乐?"后曰:"自古无千岁之国,毋使吾母子及见此则幸矣。"帝以宋府库物置殿庭,召后视之,后一视而反。帝问后何欲,后曰:"宋人贮蓄以贻子孙⑧,子孙不能守,而归于我,我又何忍取之邪!"宋太后全氏至京⑨,不

———————

① 平章政事:中书省宰相,位在右、左丞相之下。
② 大德间:据《平章政事廉文正王神道碑》应作"仁宗年间"。
③ 方:批评,指责。
④ 汉卿:窦默字。
⑤ 公茂:姚枢字。
⑥ 弘吉剌氏:元世祖昭睿顺圣皇后,名察必,出自弘吉剌部。
⑦ 幼主:指宋恭帝。
⑧ 贻:遗留。
⑨ 全氏:宋度宗皇后,宋恭帝之母。

习风土,后屡奏乞令回江南,帝不允。后退,亦厚待之①。

纲 三月,许衡卒。

目 衡病革(jí)②,家人祀先,衡曰:"吾一日未死,宁不有事于祖考。"起,奠献如仪③。既撤而卒,年七十三。衡尝语其子曰:"我平生虚名所累,竟不能辞官,死后慎勿请谥,勿立碑,但书'许某之墓'四字,使子孙识其处足矣。"后赠司徒,封魏国公,谥文正。

纲 帝如上都。

纲 秋七月,阿剌罕卒于军。八月,诸将弃师于海岛而还④。

纲 闰月,帝还大都。

纲 冬十月,焚毁道书。

目 帝方信桑门之惑⑤,诏枢密副使张易参校道书⑥。言:"惟《道德经》为老子所著,余皆后人伪撰。"诏悉焚之。

纲 十二月,以瓮吉剌带为右丞相,阿合马为左丞相⑦。

纲 壬午,十九年(1282),春二月,帝如上都。

---

① 亦:据《元史·后妃传》应作"益"。
② 革:通"亟",急。
③ 奠献:献祭品以祀死者。
④ 海岛:此处指日本鹰岛等岛屿。
⑤ 桑门:佛教僧侣。
⑥ 枢密副使:枢密院佐贰官,掌军政。
⑦ 左丞相:中书省宰相,蒙古人以右为尊,地位次于右丞相。

［阿合马遇刺］

纲 三月，益都千户王著杀阿合马于阙下①。

纲 夏四月，瓮吉剌带罢，以和礼霍孙为右丞相。

纲 诏戮阿合马尸，遂穷治其党。

目 阿合马死，帝犹不深知其奸。及询枢密副使博罗，乃尽得其罪恶，始大
　　怒曰："王著杀之，诚是也。"命发冢剖其棺，戮尸于通玄门外②，纵犬食
　　之，四民聚观称快。并诛其子忽辛等四人。寻令中书悉罢黜其党与。
　　又以郝祯、耿仁党恶尤甚，命剖祯棺，戮其尸，下耿仁于狱，诛之。

纲 以张雄飞为参知政事③。

纲 秋八月，帝还大都。

纲 九月，俱蓝国入贡④。

纲 遣使括云南金。

纲 诏诸路岁举儒、吏各一人。

目 中书省掾史有阙⑤，选枢密院、御史台、六部令史转用之⑥，令史则取

————————

① 益都：路名，治今山东青州市。
② 通玄门：金中都正北门。
③ 参知政事：中书省执政，位在右、左丞之下。
④ 俱蓝国：又称故临，位于印度南部西海岸。
⑤ 掾史：吏员令史的别称。中书省及行省所设令史，习惯上称为掾史。
⑥ 枢密院：元代最高军事机构。御史台：元代中央最高监察机构。令史：吏员名，掌文
　　书案牍，置于中书省、枢密院、御史台、行省、行台、六部、宣慰司等高级官署。

诸路岁贡之数①。仍诏:"诸路岁贡儒、吏,儒必通吏事,吏必知经史者。"

纲 冬十月,复以耶律铸为左丞相。

[确立孔氏北宗承袭衍圣公爵位]

纲 以宋衍圣公孔洙为国子祭酒,提举浙东学校。

目 孔子后,自宋南渡初,其四十八代孙端友子玠寓衢(qú)州。帝既平宋,疑所立,或言孔氏子孙寓衢者,乃其宗子②。召洙赴阙,洙逊于居曲阜者。帝曰:"宁违荣而不违亲,真圣人后也。"遂命为国子祭酒,兼提举浙东学校。

[文天祥就义]

纲 十二月,杀宋少保、枢密使、信国公文天祥。

目 时有闽僧言:"土星犯帝座③,疑有变。"未几,中山有狂人④,自称宋主,有众千人,欲取丞相。京城亦有匿名书,言某日烧蓑城苇⑤,率两翼兵为乱,丞相可无忧者。朝廷疑之,遂撤蓑城苇,迁瀛国公及宋宗室于上都⑥。疑丞相为天祥,乃召天祥入,谕之曰:"汝移所以事宋者

---

① 岁贡:即上文所说"岁举"。
② 宗子:继承人。
③ 帝座:又称五帝坐,在太微垣。土星犯帝座:太微垣在黄道附近,日月五星运行经过时,会出现凌犯现象。
④ 中山:府名,治今河北定州市。
⑤ 蓑城苇:元代用芦苇编织苇席,覆盖夯土城墙以防水。
⑥ 瀛国公:宋恭帝赵㬎降元,降封瀛国公。

事我,当以汝为相矣。"天祥曰:"天祥为宋宰相,安事二姓?愿赐之一死足矣。"帝犹未忍,遽麾之退。左右力赞从其请,遂诏杀之于都城之柴市。天祥临刑殊从容,谓吏卒曰:"吾事毕矣。"南向再拜死,年四十七。其衣带中有赞曰:"孔曰成仁,孟曰取义,惟其义尽,所以仁至。读圣贤书,所学何事,而今而后,庶几无愧。"其妻欧阳氏收其尸,面如生。

天祥为人丰下①,两目炯然。博学善论事,作文未尝起草。尤长于诗,居狱四年,忠义之气,一著于诗歌,累数十百篇。至是,兵马司籍所存上之②,观者无不流涕悲恸。有得其一履者,亦宝藏之。寻有义士张毅甫者,负其骨归葬吉州③,适家人自广东奉其母曾夫人之枢,同日至城下,人以为忠孝所感云。

初,天祥开督府置僚属,一时知名者四十余人,而遥请号令,称幕府文武士者不可悉数。然皆一念向正,至死靡悔。

评文天祥就义:

　　元朝攻灭南宋的战争,性质与大蒙古国时期的对外征伐不同,原始掠夺的色彩减少,基本已成为不同政权之间的兼并、统一战争。战争过程中,南宋官僚士大夫在元廷威胁利诱下纷纷投降或隐匿不出,也有少数人坚持民族气节,拒绝合作。对他们来说,南宋被元统一不仅是朝代更替,而且是遭受了惨痛的民族征服。文天祥事实上成为这些人的代表和象征,他宁死不屈的精神,为两宋三百余年历史画上了悲壮的句号。

---

① 丰下:下颌丰满,面呈方形,旧时视为贵相。
② 兵马司:大都路兵马都指挥使司,管理都城治安。
③ 吉州:路名,治今江西吉安市。

纲 以扎散为平章政事。

纲 征处士刘因为右赞善大夫①，寻辞归。

目 因，容城人②。天资绝人，日记千百言，过目成诵。初为经学，究训诂注释之说，叹曰："圣人精义，殆不止此。"及得周、邵、程、朱之书③，一见即曰："我固谓当有是也。"及论其学之所长，曰："邵，至大也；周，至精也；程，至正也；朱子，极其大，尽其精，而贯之以正也。"爱诸葛孔明"静以修身"之语，表所居曰"静修"。不忽木荐之，诏征之，至，擢右赞善大夫。寻以继母老辞归，俸给一无所受。

纲 诏御史台得自选其属。

目 初，御史唯用汉人，至是崔彧(yù)请参取蒙古人用之。又言："台察之选，止由中书，宁无偏党之弊。今宜令本台得自选任。"既而江淮省臣有欲专恣而忌台察之言者，上议欲以行台隶行省，诏廷臣杂议。兵部尚书董文用曰："御史台譬之卧虎，虽未噬人，人犹畏其虎也。今虚名仅存，而纲纪犹不振，更加抑之，则风采蔫(ěr)然④，无复可望矣。此不可行也。"从之。

纲 始海运。

纲 癸未，二十年(1283)，春正月，立弘吉剌氏为皇后⑤。

---

① 右赞善大夫：太子属官，职责为辅佐皇太子。
② 容城：县名，今河北容城县。
③ 周、邵、程、朱：宋代理学家周敦颐、邵雍、程颢程颐兄弟、朱熹。
④ 蔫然：萎靡不振。
⑤ 弘吉剌氏：名南必，出自弘吉剌部。

目 时帝春秋高,后颇预朝政,相臣常不得见帝,辄因后以奏事焉。

初,弘吉刺之族,从太祖起兵有功,寻立其女为后,遂与约曰:"弘吉刺氏生女世以为后,生男世尚公主。"故元世诸后,多其族焉。

纲 诏停燕南河北、山东租赋①。

纲 三月,帝如上都。

〔复击日本〕

纲 复命高丽王晫(chūn)及阿答海发兵击日本②。

纲 夏四月,罢采民间女子。

纲 六月,增给官吏俸。

纲 冬十月,帝还大都。

纲 耶律铸有罪免。

纲 甲申,二十一年(1284),春正月,群臣上尊号。

目 时议欲肆赦③,张雄飞谏曰:"古人言,无赦之国,其刑必平。故赦,不平之政也。圣明之世,岂宜数赦!"上纳之,遂止下轻刑之诏。

纲 二月,迁宋宗室及大臣之仕者。

---

① 燕南河北:今河北省中南部及河南省黄河以北地区。
② 高丽:高丽王氏政权,在今朝鲜半岛。
③ 肆赦:大赦。

纲三月,帝如上都。

〔征占城〕

纲秋七月,诏镇南王脱欢假道安南击占城①。

纲八月,帝还大都。

纲九月,京师地震。

纲冬十一月,和礼霍孙、张雄飞等罢,复以安童为右丞相,卢世荣为右丞,史枢为左丞②,撒的迷失、廉希恕并参知政事。

纲十二月,宋太皇太后谢氏卒于燕③。

纲乙酉,二十二年(1285),春正月,以阿必失合为平章政事。

纲二月,立规措所④。

纲帝如上都。

纲复以瓮吉剌带为左丞相。

纲秋八月,帝还大都。

纲冬十一月,卢世荣伏诛。

———

① 安南:越南古代政权,在今越南北部。占城:又称占婆,在安南之南,在今越南南部。
② 右丞、左丞:中书省执政,元代右丞地位高于左丞。
③ 谢氏:宋理宗皇后。
④ 规措所:规画经营钱谷,以善贾者为官,卢世荣请立。

纲十二月,太子真金卒。

目太子初从姚枢、窦默学,仁孝恭俭,尤优礼大臣,一时在师友之列者,非朝廷名德,则布衣节行之士。在中书日久,明于听断,闻四方科征、挽漕、造作、和市①,有系民之休戚者,多奏罢之,中外归心焉。江西行省以岁课羡钞四十七万贯来献②,太子怒曰:"朝廷但令汝等安百姓,百姓安,钱粮何患不足,百姓不安,钱粮虽多,能自奉乎。"尽却之。中庶子伯必以其子阿八赤入见③,谕之以"毋读蒙古书,须习汉人文字"。行台治书侍御史王恽进《承华事略》二十篇④,太子览之,至汉成帝不绝驰道⑤,唐肃宗改服绛纱为朱明服⑥,心甚喜,曰:"我若遇是礼,亦当如是。"又至邢峙止齐太子食邪蒿⑦,顾侍臣曰:"一菜之名,遽能邪人邪?"詹事丞张九思曰⑧:"正臣防微,理固当然。"太子善其说,令诸子博观其书⑨。时帝春秋高,南台御史上书请内禅⑩,太子闻之惧。台臣寝其章不敢闻,而阿合马之党答即古阿散等请收

① 科征:派收赋税。挽漕:漕运。造作:土木工程和物品制造。和市:官府向百姓议价购买货物,实际上是一种变相的赋役。
② 羡:盈余,有余。
③ 中庶子:太子属官。
④ 行台:行御史台,御史台的派出机构,设官、品级与御史台相同。治书侍御史:御史台佐贰官,掌纠察百官善恶、政治得失。
⑤ 绝:横度,跨越。驰道:天子所行道。汉成帝为太子时入宫议事,出龙楼门,不敢擅自横度天子驰道,从西边绕到直城门入宫。
⑥ 唐肃宗立为太子,其服绛纱,太子曰:"此天子礼也。"乃改绛纱衣为朱明服。
⑦ 邢峙以经教授皇太子。御厨进太子饮食,有菜名"邪蒿",邢峙命撤去,称:"此菜有不正之名,非殿下所宜食。"
⑧ 詹事丞:詹事院佐贰官。
⑨ 博:据《元史·王恽传》应作"传"。
⑩ 南台:江南诸道行御史台。御史:监察御史,掌纠察百官。

百司吏案,钩考天下钱谷①,欲因以发之。都事尚文曰②:"是欲上危太子,下陷大臣,其谋奸矣。"遂语御史大夫及丞相先入言之③,以夺其谋。帝震怒曰:"汝等无罪邪?"丞相进曰:"臣等无所逃罪,但此辈名载刑书④,而为此举,实动摇人心耳。"太子益忧惧不自安,寻卒,年四十三。

纲集僧四万,作资戒会⑤。

[访求江南人才]

纲丙戌,二十三年(1286),春三月,遣侍御史程文海访求江南人才⑥。

目先是文海为集贤直学士⑦,言:"省院诸司皆用南人⑧,惟御史台、按察司无之⑨。江南风俗,南人所谙,亦宜参用之。"至是,遂诏文海仍集贤直学士,拜侍御史、行御史台事⑩,往江南博采知名之士。帝素闻赵孟蕑、叶李名,密谕文海必致此二人。文海复荐宋宗室赵孟頫(fù)及张伯淳等二十余人,帝皆擢用之。

---

① 钩考:钩校,审核。
② 都事:首领官名,掌案牍,上奏公事和管辖吏员。设于中书省、御史台、枢密院、行省、行台、行院、宣慰司等机构。
③ 御史大夫:御史台长官。
④ 名载刑书:触犯过刑法条文。
⑤ 资戒会:佛教授戒大会。
⑥ 侍御史:御史台佐贰官。
⑦ 集贤直学士:集贤院官员。
⑧ 南人:元朝对原属南宋境内江浙、江西、湖广三省百姓的称呼。
⑨ 按察司:提刑按察司,元代地方监察机构。
⑩ 侍御史、行御史台事:即行台侍御史。

纲帝如上都。

纲秋七月,免左丞相瓮吉剌带、平章政事阿必失合。

纲冬十月,帝还大都。

纲丁亥,二十四年(1287),春二月,以麦术督丁为平章政事。

〔复置尚书省,重用桑哥理财〕

纲闰月,复置尚书省①,以桑哥、铁木儿并为平章政事,阿鲁浑萨里为右丞,叶李为左丞,马绍参知政事。初置国子监②,以耶律有尚为祭酒。

纲设江南各路儒学提举司③。

目时江南诸县,各置教谕二人④,又用廷臣议,诸道各置提举司,设提举儒学二人⑤,统诸路、府、州、县学祭祀、钱粮之事。未几,复从桑哥等言,钩考江西学田所入羡余,贮之集贤院,以给有才艺之士。

纲帝如上都。

〔发行至元宝钞〕

纲三月,行至元钞⑥。

---

① 尚书省:最初专掌财政,与中书省并立,实际上架空了中书省职权。
② 国子监:管理国子学的官署。
③ 儒学提举司:掌地方儒学,置于各处行省治所。
④ 教谕:县学学官。
⑤ 提举儒学:即儒学提举,儒学提举司长官。
⑥ 至元钞:至元通行宝钞,每贯折中统钞五贯。

纲 戊子,二十五年(1288),夏四月,征宋江西招谕使、知信州谢枋(bǐng)得①,辞不至。

目 初,枋得遁入建阳②。时程文海至江南访求人才,荐宋遗士三十人,枋得亦在列。枋得方居母丧,遗书文海曰:"某所以不死者,以九十三岁之母在耳。先姚以今年二月考终③,某自今无意人间事矣。'亡国之大夫,不可与图存',李左车犹能言之④,况稍知《诗》《书》,颇识义理者乎!某之至愚极暗,决不可以辱召命亦明矣。"既而留梦炎亦力荐之于上,枋得复遗书梦炎,言:"江南无人才,未有如今日之可耻。春秋以下之人物,本不足道,今欲求一人如瑕吕饴(yí)甥、程婴、杵臼(jiù)、厮养卒⑤,亦不可得。"辩论凡数千百言,卒不行。

纲 秋九月,帝还大都。

纲 置征理司⑥。冬十月,遣使钩考诸路钱谷。

目 初,桑哥摘委六部钩考百司仓库财谷,复以为不专其任,遂置征理司以主之。行台侍御史程文海入朝言:"天子之职,莫大于择相,宰相之职,莫大于进贤。宰相不以进贤为急,而惟以货殖为心,非为上为德,

---

① 信州:治今江西上饶市。
② 建阳:县名,今福建南平市建阳区。
③ 先姚:亡母。考终:善终。
④ 李左车为赵国名将李牧之孙。韩信破赵,生擒李左车,并向其求计,左车谢绝。
⑤ 瑕吕饴甥为春秋时晋国大夫,晋惠公被秦国俘虏,瑕吕饴甥劝秦穆公支持晋惠公。程婴、杵臼为春秋时晋国人,分别为赵盾、赵朔父子的友人与门客。赵氏被灭族,二人共同营救赵氏孤儿。厮养卒为担任炊事杂役的兵卒,秦二世元年,厮养卒说服燕将救赵王。
⑥ 征理司:专治合追钱谷,理天下逋欠赋税。

为下为民之意。今权奸用事,立尚书省钩考钱谷,以割剥生民为务,所委任者,率皆贪饕(tāo)邀利之人①,江南盗贼窃发,良以此也。臣窃以为宜清尚书之政,损行省之权,罢言利之官,行恤民之事。"桑哥大怒,留京师不遣,奏请杀之者六,帝皆不允。

纲 遣瀛国公赵㬎学佛于吐蕃。

纲 己丑,二十六年(1289),春正月,地震。

纲 三月,帝如上都。

纲 以中书右丞相伯颜知枢密院事②,将兵镇和林。

纲 以伯答儿为中书平章政事。

纲 夏四月,福建参知政事魏天祐执宋谢枋得至燕,不屈,死之。

目 初,天祐见时方求才,欲荐枋得为功。遣使诱枋得入城,与之言,坐而不对,或嫚言无礼③。天祐不能堪,乃让曰:"封疆之臣,当死封疆,安仁之败何不死④?"枋得曰:"程婴、公孙杵臼二人皆忠于赵,一存孤,一死节。王莽篡汉,龚胜饿死。司马子长云:'死有重于泰山,轻于鸿毛。'参政岂足知此?"天祐怒,逼之北行。枋得以死自誓,自离嘉兴,即不食,二十余日不死,乃复食。既渡采石⑤,惟茹少蔬果,积数月,困殆。四月朔至

---

① 贪饕:贪得无厌。

② 知枢密院事:枢密院长官。

③ 嫚言:轻侮的言辞。

④ 安仁:县名,今江西鹰潭市。安仁之败:至元十三年,谢枋得与元军战于安仁,最终失败。

⑤ 采石:采石矶在今安徽马鞍山市,为长江重要渡口。

燕①,问太后攒所及瀛国所在②,再拜恸哭。疾甚,留梦炎使医持药杂米饮进之,枋得怒,掷之于地,不食五日死。子定之护骸骨归葬信州。枋得天资严厉,雅负奇气,风岸孤峭,不能与世轩轾(zhì)③。而以天时人事,推宋必亡于二十年后。每论乐毅、申包胥、张良、诸葛亮事,常若有千古之愤者,而以植世教、立民彝为任④,贵富贱贫,一不动其中。初,枋得之北行也,贫苦已甚,衣结履穿⑤。人有尝德之者,赒(zhōu)以金帛⑥,辞不受。又为诗别其门人故友,时以为读其辞,见其心,慷慨激烈,真可以使顽夫廉,懦夫立云。

纲 五月,以忻(xīn)都为尚书左丞,何荣祖参知政事,张天祐为中书参知政事。

纲 冬闰十月,帝还大都。

纲 十二月,帝幸大圣寿万安寺⑦。

纲 庚寅,二十七年(1290),夏四月,帝如上都。

纲 河北十七郡蝗。

纲 秋八月朔,日食。

---

① 朔:初一。
② 攒所:攒宫,古代称帝、后灵柩暂殡之地。
③ 轩轾:轻重,高低。
④ 植世教:树立儒家正统思想。民彝:伦理。
⑤ 衣结履穿:衣服补缀,鞋子穿孔,形容贫穷。
⑥ 赒:周济,救济。
⑦ 大圣寿万安寺:元代皇家佛寺,今北京妙应寺。

纲 地大震。九月,赦天下。

纲 帝还大都。

纲 冬十一月,安童罢。

纲 大水。

纲 辛卯,二十八年(1291),春正月,桑哥及阿鲁浑萨里、叶李以罪免。

纲 二月,罢征理司。

纲 以完泽为尚书右丞相,不忽木平章政事。

纲 帝如上都。

纲 夏五月,逮西僧杨琏真加下狱,寻释之。

目 杨琏真加发宋诸陵及其大臣冢墓,攘取金宝珠玉无算,私庇平民之不输赋者二万三千户,田土称是。及受美女、宝物之献,藏匿未露者尤多。至是,坐侵盗官物,遣使逮问追治之,籍其妻孥①、田亩。台省诸臣皆言:"宜诛之以谢天下。"帝不听,命释之,给还其所籍。

纲 复征刘因为集贤学士,辞不至。

目 因以疾固辞。帝闻之曰:"古有所谓不召之臣②,其斯人之徒欤!"遂不强致之。

纲 下桑哥狱,逮其党要束木诛之。

① 籍:籍没。
② 不召之臣:不接受君王征召的高人隐士。

〔罢尚书省，杀桑哥〕

纲 罢尚书省，命右丞相完泽等并入中书。

纲 秋七月，桑哥伏诛。

纲 九月，以咱喜鲁丁为平章政事。冬十月，以雪雪的斤为平章政事。

纲 壬辰，二十九年（1292），春正月朔，日食。

〔击爪哇〕

纲 二月，以亦黑迷失、史弼、高兴并为福建行省平章政事，将兵击爪哇①。

纲 三月，麦术督丁罢，以铁哥、剌真并为平章政事。

纲 帝如上都。秋八月，帝还大都。

纲 冬十二月，改封梁王甘麻剌为晋王②，镇北边③。

纲 癸巳，三十年（1293），春正月，右丞相安童卒。

纲 二月，以杨琏真加子谙普为江浙行省左丞④。

纲 帝如上都。

————————

① 爪哇：今印度尼西亚爪哇岛。
② 甘麻剌：太子真金长子。
③ 北边：漠北。
④ 江浙行省：今浙江、江苏安徽南部、江西东部一带。

纲夏四月,刘因卒。

纲秋七月,以月赤察儿知枢密院事。

纲九月,帝还大都。

纲冬十月,彗出紫微垣①。

目帝忧之,夜召不忽木入禁中,问所以销天变之道。不忽木曰:"风雨自天而至,人则栋宇以待之;江河为地之限,人则舟楫以通之。天地有所不能者,人则为之,此人所以与天地参也②。且父母怒,人子不敢疾怨,起敬起孝,故《易》曰'君子以恐惧修省',《诗》曰'敬天之怒'。三代圣王,克谨天戒,鲜有不终。汉文之世,同日山崩者二十有九,日食、地震频岁有之,善用此道,天亦悔祸,海内乂(yì)安③。此前代之龟鉴也④,愿陛下法之。"因诵文帝《日食求言诏》⑤。帝悚然曰:"此言深合朕意,可复诵之。"遂论说至四鼓乃罢⑥。

纲以伯颜为平章政事⑦。

纲甲午,三十一年(1294),春正月,帝崩。

————————

① 出:据《元史·世祖纪》应作"人"。
② 参:并列为三。
③ 乂:太平,安定。
④ 龟鉴:引以为戒的教训。
⑤ 汉文帝继位之初,遇日食,下诏罪己,对天降灾异进行反省。
⑥ 四鼓:即四更,凌晨一点到三点。
⑦ 伯颜:非平宋统帅伯颜,而是回回名臣赛典赤赡思丁之孙赛典赤伯颜。

纲 葬起辇谷①。

纲 夏四月，皇孙铁木耳即位于上都，大赦。追尊皇考曰裕宗皇帝，尊母弘吉剌氏曰皇太后②。

纲 五月，以玉昔帖木耳为太师，伯颜为太傅，月赤察儿为太保。六月，复以帖木儿为平章政事。

纲 赐宋使臣家铉(xuàn)翁号处士，遣还乡。

目 初，世祖欲官铉翁，不受，遂安置河间，以《春秋》教授弟子，数为诸生谈及宋兴亡之故，辄流涕太息。至是，年逾八十，诏赐号处士，放还乡里。锡予金币，皆不受。寻卒。

纲 秋七月，诏中外崇奉孔子。

纲 冬十月，帝至自上都。

目 帝巡狩三不剌之地③，董文用言：“先帝新弃天下，陛下巡游不以时，无以慰安元元④。且人君犹北辰⑤，居其所而众星拱之，不在勤远略也。宜趣还京师。”帝悟，遂还。

纲 十一月，以何玮为参知政事，伯颜察儿参议省事⑥。

————————

① 起辇谷：山谷名，从成吉思汗开始，大蒙古国和元朝历代皇帝的埋葬之地，在今蒙古国肯特省曾克尔满达勒一带。

② 弘吉剌氏：裕宗徽仁裕圣皇后伯蓝也怯赤，一名阔阔真，出自弘吉剌部。

③ 三不剌：又作甘不剌、三部落，在上都西北七百里外。

④ 元元：百姓。

⑤ 北辰：北极星。

⑥ 参议省事：参议中书省事，为中书省参佐官首领。

〔伯颜卒〕

纲 十二月,太傅、知枢密院事伯颜卒。

目 伯颜深沉有谋略,善断,将二十万众伐宋,如将一人,诸将仰之若神
明。还朝,未尝言功。卒赠太师,追封淮安王,谥忠武。

于　月 评注

张　帆 审定

纲鉴易知录卷九一

  卷首语:本卷起元成宗元贞元年(1295),止元明宗天历二年(1329),所记为元朝中期三十五年史事。元朝中期皇位频繁更迭,成宗、武宗、仁宗、英宗、泰定帝、明宗、文宗相继即位,在短短三十五年内更换了七位皇帝。这一时期爆发武仁授受之变、关陕之变、南坡之变、天历之变、明宗暴卒等突发事件。内政方面,武宗在位时设立尚书省,实行财政、吏治改革。仁宗皇庆年间恢复科举取士制度,确立了程朱理学的思想统治地位。

元　纪

成宗皇帝

纲 乙未,成宗皇帝元贞元年(1295),春二月,帝如上都。

纲 翰林学士承旨留梦炎致仕。

目 上以其在先朝言无所隐,厚赐遣之。初,世祖尝问梦炎、叶李优劣于赵孟𫖯,对曰:"梦炎,臣之父执①,其人重厚,笃于自信,好谋能断,有大臣器。叶李所读之书,臣皆读之,所知所能,臣皆知之能之。"世祖曰:"汝以梦炎优于李邪?梦炎为宋状元,至宰相,当贾似道误国,依阿取容②。李以布衣,乃伏阙上书③,是贤于梦炎也。"

纲 三月,安南入贡。地震。

纲 夏闰四月,兰州河清。

目 上下三百余里,凡三日。

纲 六月,陕西旱,饥。

纲 秋九月,帝还大都。

---

① 父执:父亲的朋友。
② 依阿:曲从顺附。
③ 伏阙:拜伏于宫殿下。

纲 冬十二月，立皇后伯岳吾氏①。

纲 丙申，二年（1296），春二月，以不忽木为昭文馆大学士，平章军国事，段贞为平章政事。

纲 三月，帝如上都。秋八月，帝还大都。

纲 丁酉，大德元年（1297），春正月②，以也先帖木儿为平章政事。帝如上都。

纲 太后幸五台山。

目 初为太后建寺于五台山，至是成。太后将临幸之，监察御史李元礼上疏言："五台山创建寺宇，工役俱兴，供亿烦重，民不聊生。伏闻太后临幸五台，尤不可者有五：盛夏禾稼方茂，民食所仰，骑从经过，不无蹂躏，一也。亲劳圣体，经冒风日，往复数千里，山川之险，万一调养失宜，悔将何及，二也。天子举动，必书简册，以贻万世，书而不法，将焉用之，三也。财不天降，皆出于民，今日支持调度，百倍曩（nǎng）时③，而又劳民伤财，以奉土木，四也。佛以慈悲为教，虽穷天下珍玩供养，不为喜；虽无一物为献，亦不怒。今太后欲为兆民祈福，而先劳圣体，使天子旷定省之礼④，五也。伏望回辕中道，端处深宫，上以循先皇后之懿范⑤，次以尽圣天子之孝诚，下以慰元元之望。如此，则

① 伯岳吾氏：卜鲁罕皇后，出自伯岳吾部。
② 正月：据《元史·成宗纪》应作"三月"。
③ 曩时：昔时。
④ 定省：子女早晚向亲长问安，也泛指探望问候父母或亲长。
⑤ 懿范：美好的风范。多用以赞美妇女的好品德。

不祈福而福自至矣。"台臣不敢以闻。其后侍御史万僧与中丞崔或有隙,取元礼章封入奏之曰:"崔中丞私比汉人李御史①,为大言谤佛,谓不宜建寺。"帝大怒,敕完泽、不忽木鞫之②。完泽曰:"往吾亦尝以此谏,太后曰:'我非喜建此寺,盖先帝尝许为之,非汝所知也。'"不忽木曰:"他御史惧不敢言,言者惟一元礼,可赏也。"完泽等入言之。帝沉思良久曰:"御史言是也。"乃罢万僧,复元礼职。

纲 秋七月,袄(yāo)星出奎③。

纲 九月,帝还大都。

纲 冬十月,以吴元珪为吏部尚书。

目 时选曹铨注④,多有私其乡人者,元珪曰:"此风不可长。"自视事,请谒悉皆谢绝⑤。

纲 禁诸王驸马夺民田。

纲 戊戌,二年(1298),春二月,以张九思、梁德珪并为平章政事。

目 初,太子真金卒,朝议欲罢詹事院⑥,九思时为詹事丞,抗言曰:"皇孙,宗社人心所属;詹事,正所以辅成道德者⑦,奈何罢之!"寻进拜中

① 比:勾结。
② 鞫:审讯,查问。
③ 袄星:旧谓凶星,多指彗星。奎:奎宿,二十八宿之一。
④ 选曹:主铨选官吏的机构,吏部的别称。
⑤ 请谒:告求,对人有所干求。
⑥ 詹事院:东宫机构,掌辅翼皇太子之事。
⑦ 詹事:詹事院长官。

书左丞。

德珪一名梁谙都剌,世祖时参知政事,治事有敏才。京师地震,世祖怪州郡报囚之数过多,德珪曰:"当国者急于征索,蔓延收系①,以致此尔。"帝悟,为赦中外逋负②,寻拜右丞。

纲帝如上都。

纲夏五月,以何荣祖为平章政事。秋九月,帝还大都。

纲冬十二月,定岁课三十取一。命廉访司岁举廉干者各二人。

纲彗星见。

目出子孙星下。

纲己亥,三年(1299),春正月,遣使问民疾苦。

纲以哈剌哈孙为左丞相。

纲二月,帝如上都。

纲命何荣祖等更定律令。

目帝谕荣祖曰:"律令良法也,宜早定之。"既而书成,上之,且言:"臣所择者三百八十条,一条有该三四事者。"帝曰:"古今异宜,不必相沿。"诏元老大臣聚听之,未及颁行而荣祖卒。

纲秋九月,帝还大都。

————————

① 收系:拘禁。
② 逋负:拖欠的赋税。

纲 冬十二月,以阿鲁浑萨里为平章政事。

纲 命兄子海山镇漠北。

目 海山,帝兄答剌麻八剌之长子。帝以宁远王阔阔出总兵北边,怠于备
御,命海山即军中代之。

纲 庚子,四年(1300),春二月,皇太后弘吉剌氏崩。

目 后有贤德,事昭睿顺圣皇后,执妇道甚谨。及尊为太后,后之弟欲因
后求官,后拒之曰:"勿以累我也。"崩,谥徽仁裕圣皇后。

纲 三月,帝如上都。

纲 夏四月,以不兰奚为平章政事。

纲 五月,昭文馆大学士、平章军国事不忽木卒。

纲 秋闰八月,帝还大都。

纲 辛丑,五年(1301),秋八月,彗出井,入紫微垣。

纲 九月,禁酒。

纲 壬寅,六年(1302),春正月,诏收富民护持玺书①。

目 帝诏台臣曰:"闻江南富民侵占民田,致贫者流徙,卿等亦闻之否?"对
曰:"富民多乞护持玺书,依倚以欺贫民,官府不能诘治,宜悉追收为
便。"命即行之,毋越三日。

---

① 护持玺书:以皇帝名义发布的起保护作用的圣旨。

纲二月,帝有疾。

纲夏四月,帝如上都。

纲五月,太庙寝殿灾。

纲冬十月,帝还大都。

纲癸卯,七年(1303),春二月,以阿老瓦丁、木八剌沙并为平章政事。

纲汰诸司冗员。

目定中书省自左右丞相而下,平章政事二员,左右丞各一员,参知政事
　二员,定为八府。

纲三月,遣使巡行天下。

纲复以铁哥为平章政事。

纲帝如上都。

纲兰溪处士金履祥卒。

目履祥少从学同郡王柏及何基之门,二人盖得朱熹之传者。宋将亡,遂
　绝意进取,屏居金华山中①。尝以刘恕《外纪》记司马氏《通鉴》以前
　事②,不本于经,舛谬(chuǎn miù)不可信③。乃断自《尚书》,旁采子史
　损益之,作《通鉴前编》。他如《论》《孟》《大学》、诸经传及礼乐书,

① 金华山:在今浙江金华市北。
② 刘恕:北宋人,协助司马光编纂《资治通鉴》,著有《通鉴外纪》。
③ 舛谬:差错,谬误。

各有注疏,授其门人许谦以传。当时以为基之清介纯实似尹和靖①,柏之高明刚正似谢上蔡②,履祥则亲得之二氏,而并克于己者也。居仁山之下,学者因称仁山先生。至正中,赐谥文安。

纲 夏闰五月,右丞相完泽卒。

纲 秋七月,以哈剌哈孙为右丞相,阿忽台为左丞相。

纲 八月,地震。

目 平阳、太原尤甚③,村堡移徙,地裂成渠,坏庐舍万八百区,人民压死不可胜计。诏问致灾之由,齐履谦言:"地为阴而主静,妻道、臣道、子道也,三者失其道,则地为之不宁。弭之之道④,大臣当反躬责己,去专制之威,以答天变,不可徒为祈禳(ráng)也⑤。"时帝寝疾,宰臣及中宫专政,故履谦言及之。而集贤大学士陈天祥亦上书,极陈阴阳不和,天地不位,为时政之弊。言尤切直,执政者恶之,抑不以闻。天祥自被召起,且一岁,每以不得一见帝言,郁郁不自释,寻复谢病归。

纲 九月,帝还大都。

纲 复以木八剌沙为平章政事。

纲 十二月,彗出紫微垣。

---

① 清介:清高耿直。尹和靖:尹焞,程颐弟子,宋钦宗时赐号和靖处士。
② 谢上蔡:谢良佐,上蔡人,程颐弟子。
③ 平阳:路名,治今山西临汾市。太原:路名,治今山西太原市。
④ 弭:停止。
⑤ 祈禳:祈求福祥,祛除灾变。

纲甲辰,八年(1304),春正月,地震。

纲二月,帝如上都。秋九月,帝还大都。

纲冬十月,立海山为怀宁王。

纲乙巳,九年(1305),春三月,帝如上都。陨霜杀桑。

纲夏四月,大同地震。

目有声如雷,坏官民庐舍五千余间,压死二千余人。

纲六月,立子德寿为皇太子。

纲秋七月,命兄子爱育黎拔力八达居怀州①。

目答剌麻八剌次子,海山母弟也。

纲以段贞、八都马辛并为平章政事。

纲八月,给曲阜林庙洒扫户。

纲贾胡献宝珠。

目西域贾人有献珍宝求售者,议以六十万锭酬其直②。省臣有谓左丞尚
　文者曰:"此所谓押忽大珠也③,六十万酬之不为过矣。"文问:"何所用
　之?"答曰:"含之可不渴,熨面可使目有光。"文曰:"一人含之,千万人
　不渴,则诚宝也。若一宝止济一人,则用已微矣。吾之所谓宝者,米粟

————————

① 怀州:治今河南沁阳市。
② 直:价值。
③ 押忽:红宝石。

是也。有之则百姓安,无则天下乱。以功用较之,岂不愈于彼乎!"

纲九月,帝还大都。

纲冬十二月,太子德寿卒。

纲丙午,十年(1306),春闰正月,以彻里、阿散并为平章政事。

纲二月,帝如上都。冬十一月,帝还大都。十二月,有疾。

纲丁未,十一年(1307),春正月,安西王阿难答及诸王明里帖木儿入朝。

纲帝崩。

〔元成宗死后无子,围绕皇位继承问题引发宫廷政变〕

纲左丞相阿忽台等谋奉皇后临朝,以安西王摄政。右丞相哈剌哈孙遣
　　使迎怀宁王海山于漠北,及其弟爱育黎拔力八达于怀州。

目后以己尝谋出爱育黎拔力八达及其母居怀州,至是恐其兄怀宁王立,
　　必报前怨,乃命召安西王入京师,欲立之。而左丞相阿忽台、平章赛
　　典赤八都马辛、伯颜及诸王明里帖木儿阴左右之①,谋断海山归路,
　　奉皇后垂帘听政,立安西王辅之。时右丞相哈剌哈孙收百司符印,封
　　府库,称疾,守宿掖门②,内旨日数至,皆不听。众欲害之,未敢发。
　　怀宁王适遣康里脱脱计事京师,哈剌哈孙令急还报,复遣使南迎爱育
　　黎拔力八达于怀州。

――――――

① 平章赛典赤八都马辛、伯颜:据《元史·武宗纪》应作"平章八都马辛、赛典赤伯颜"。
　左右:帮助,辅助。
② 掖门:宫殿的旁门。

纲二月，爱育黎拔力八达至自怀州，诛阿忽台等，执阿难答归于上都。

纲夏五月，怀宁王海山至上都，废皇后伯岳吾氏居东安①，杀之。诛安西王阿难答及诸王明里帖木儿。遂即位，大赦。

纲追尊考曰顺宗皇帝，尊母弘吉剌氏为皇太后。加哈剌哈孙、朵儿朵海并太傅，阿沙不花太尉。以塔剌海为左丞相，床兀儿、乞台普济、明里不花并平章政事。

〔武宗立弟为皇太子，史称"武仁授受之变"〕

纲六月，立弟爱育黎拔力八达为皇太子。以床兀儿、不兰奚并为平章政事。

纲秋七月，封秃剌为越王，左迁右丞相哈剌哈孙为和林左丞相②，以月赤察儿为和林右丞相，进爵淇阳王。

纲以塔剌海为右丞相，塔思不花为左丞相，塔失海牙、教化、法忽鲁丁、别不花并平章政事。

纲制加孔子号曰大成。

目制曰："先孔子而圣者，非孔子无以明；后孔子而圣者，非孔子无以法。所谓祖述尧舜，宪章文武，仪范百王，师表万世者也。可加大成至圣文宣王。遣使阙里③，祀以太牢④。於戏（wū hū）！父子之亲，君臣之

① 东安：州名，治今河北廊坊市安次区。
② 左迁：降职。和林：此处指和林行省，后更名岭北行省，辖区为蒙古高原一带。
③ 阙里：孔子故里，在今山东曲阜市。
④ 太牢：祭祀时并用牛、羊、猪三牲。

义,永为圣教之遵;天地之大,日月之明,奚罄名言之妙①。尚资神化,
祚我皇元②。"

纲 八月,赐诸王《孝经》。

目 中书右丞字罗帖木儿以国字译《孝经》进③,诏曰:"此孔子微言,王公
庶民,皆当由是而行。"命刻板摹印,诸王以下咸赐之。

纲 以塔海为平章政事。

纲 九月,帝至自上都。

纲 冬十二月,征处士萧斠(jū)为太子右谕德④。

目 斠,陕西奉元人⑤,初,出为府史,语当道不合⑥,即引退。力学三十
年,不求进。乡人有暮行遇盗,诡曰:"我萧先生也。"盗惊愕释去。世
祖时,辟为陕西儒学提举⑦,不赴。后累授集贤直学士、国子司业⑧,
改集贤侍读学士⑨,皆不赴。至是,征拜太子右谕德,扶病至京师,入
觐东宫,书《酒诰》为献,以朝廷时尚酒也。寻以病请解职,或问之,则
曰:"礼,东宫东面,师傅西面,此礼今可行乎?"俄擢集贤学士⑩、国子

---

① 罄:尽。
② 祚:赐福。
③ 右丞:据《元史·武宗纪》应作"左丞"。国字:八思巴字蒙古文。
④ 太子右谕德:詹事院属官,职责为辅佐太子。
⑤ 奉元:路名,治今陕西西安市。
⑥ 当道:掌权者。
⑦ 辟:征召。
⑧ 国子司业:国子监副长官,掌国子学之教令。
⑨ 集贤侍读学士:集贤院官员。
⑩ 集贤学士:集贤院官员,位在集贤大学士之下。

祭酒,依前右谕德。疾作,固辞而归。卒,谥贞敏。

武宗皇帝

纲 戊申,武宗皇帝至大元年(1308),春正月,以阿沙不花为右丞相、行御史大夫事。

目 初,阿沙不花见帝容色日悴,乘间进曰:"陛下八珍之味不知御①,万金之身不知爱。而惟曲蘖(niè)是耽②,妃嫔是好,是犹两斧伐孤树,未有不颠仆者③。陛下纵不自爱,独不思祖宗付托之重,天下仰望之切乎?"帝大悦,曰:"非卿孰为朕言。"因命进酒。阿沙不花顿首谢曰:"臣方欲陛下节饮而反劝之,是臣之言不信于陛下也。臣不敢奉诏。"左右皆贺帝得直臣。遂授右丞相、行御史大夫事。寻以太子请,复入中书,既又赐爵康国公。

纲 三月,帝如上都。

纲 以脱脱木儿为平章政事。

纲 夏六月,陇西、云南地大震。

纲 加宦者李邦宁大司徒兼左丞相。

目 邦宁在宋,为小黄门④,初从瀛国公入见世祖,留给事内庭。至是,帝欲以为浙江平章,辞曰:"臣以阉腐余命,前朝赦而用之。今陛下复欲

---

① 八珍:古代八种珍贵美味,后泛指珍贵的食品。
② 曲蘖:酒曲,代指酒。耽:沉溺。
③ 颠仆:失去平衡而跌倒。
④ 黄门:指宦官。

置臣宰辅,臣闻宰辅者,佐天子共治天下者也,奈何辱以寺人①。陛下纵不臣惜,如天下后世何？诚不敢奉诏。"帝大悦,加大司徒,遥授左丞相②,仍领太医院事。

纲 秋七月,以答思不花为右丞相,乞台普济为左丞相。

纲 八月,诸路水、旱、蝗。

目 江淮民采草根树皮为食,而河南、山东有父食其子者。诏凡遣使赈贷之处,差税并蠲(juān)除之③。既而省臣言④:"夏秋之间,巩昌地震⑤,归德暴风⑥,济宁、泰安、真定大水⑦,民居荡析。江浙饥荒之余,疫疠大作,死者相枕藉⑧。父鬻其子,夫离其妻,哭声震野,所不忍闻。是皆臣等不才,猥当大任⑨,以致政事乖违,阴阳失序,愿退位以避贤路。"帝曰:"灾害事有由来,非尔等所致也,但当慎所行尔。"

纲 九月,帝还大都。

纲 冬十月,以西僧教瓦斑为翰林学士承旨。

纲 十一月,以乞台普济为右丞相,脱脱左丞相。

---

① 寺人:宦官。
② 遥授:系虚衔,不领实职。
③ 蠲除:免除。
④ 省臣:此处指中书省官员。
⑤ 巩昌:府名,治今甘肃陇西县。
⑥ 归德:府名,治今河南商丘市。
⑦ 济宁:路名,治今山东巨野县。真定:路名,治今河北正定县。
⑧ 枕藉:纵横相枕而卧。
⑨ 猥:谦辞,辱。

纲闰月,太傅哈剌哈孙卒。

纲诏有司赎饥民所鬻子女。

纲以赤因帖木儿为平章政事。

〔武宗复置尚书省,施行政治经济改革〕

纲己酉,二年(1309),春正月,帝如上都。

纲秋八月,复置尚书省,以乞台普济为右丞相,脱虎脱为左丞相,三宝奴、
　乐实为平章政事,保八为右丞,忙哥铁木儿为左丞,王罴(pí)参知政事。

纲置太子右卫率府①。

目命右丞相脱虎脱、御史大夫不里牙敦领府事,取河南蒙古军万人隶
　之。王约曰:"左卫率府②,旧制有之,今置右府何为③? 诸公深思之,
　不可以累储宫也④。"太子又命取安西兵器,给宿卫士。约谓詹事完
　泽曰:"詹事移文千里取兵器,人必惊疑。主上闻之,奈何?"完泽愧
　曰:"实虑不及此。"家令薛居言陕西分地五事⑤,命往理之,约不为署
　行,语之曰:"太子,潜龙也。当勿用之时,为飞龙之事可乎⑥?"遂止。
　太子喜,谕群下曰:"事未经王彦博议者,勿启。"

———————

① 右卫率府:东宫卫军。
② 左卫率府:东宫卫军,至大元年设立。
③ 右府:即右卫率府。
④ 储宫:皇太子。
⑤ 家令:家令司长官,掌太子饮膳供帐仓库。分地:元代蒙古宗王分封之地。
⑥ 飞龙:喻指帝王。

纲 九月,帝还大都。

纲 冬十一月,以阿散为尚书左丞相,行中书平章政事。

纲 庚戌,三年(1310),春正月,征李孟入见,以为平章政事、同知枢密院事①。

目 初,孟既逃去,有谮于帝者曰:"内难初定时,孟尝劝皇太子自取。"帝弗之信。一日,太子侍内宴,忽戚然改容。帝曰:"吾弟何不乐?"太子从容起谢曰:"赖天地祖宗神灵,神器有归②。然成今日母子兄弟之欢者,李道复之功居多。适思之,不自知其变于色也。"帝即命搜访之,得于许昌陉(xíng)山③。召见,谓宰臣曰:"此皇祖妣命为朕宾师者④,宜速任之。"至是乃授中书平章事⑤、集贤大学士、同知枢密院事。

纲 立皇后弘吉剌氏⑥。

纲 二月,宁王阔阔出谋反,流于高丽。以乐实为尚书左丞相。

纲 三月,帝如上都。

纲 夏五月⑦,荆、襄大水⑧,山崩。

---

① 同知枢密院事:据《元史·武宗纪》应作"同知徽政院事"。同知徽政院事,徽政院副长官,掌侍奉皇太后。
② 神器:指帝位。
③ 许昌:即许州,治今河南许昌市。陉山:在今河南新郑市西南。
④ 皇祖妣:尊称已逝世的祖母。宾师:受君王尊重礼遇之人。
⑤ 中书平章事:据《元史·武宗纪》应作"中书平章政事"。
⑥ 弘吉剌氏:武宗宣慈惠圣皇后,名真哥,出自弘吉剌部。
⑦ 五月:据《元史·武宗纪》应作"六月"。
⑧ 荆:荆门州,治今湖北荆门市。襄:襄阳路,治今湖北襄阳市。

綱秋九月,帝还大都。

綱辛亥,四年(1311),春正月,帝崩。

綱皇太子罢尚书省,诛脱虎脱、三宝奴、乐实、保八、王罴,流忙哥铁木儿于海南。

目皇太子以脱虎脱等变乱旧章,流毒百姓,凡误国者,欲悉按诛之。延庆使杨朵儿只谏曰①:“为政而首尚杀,非帝王治也。”太子感其言,特诛其尤者。既而御史言:“脱虎脱等既正典刑②,而党附之徒布在百司,若孛罗铁木儿、阔里吉思、乌马儿等奸贪害政。今中书方欲用为各省平章、参政等官,宜加罢黜。”从之。

綱以铁木迭儿为右丞相,完泽、李孟并平章政事。

綱召先朝旧臣程鹏飞等十五人。

目召先朝谙知政务老臣程鹏飞、董士选、李谦、张驴、陈天祥、尚文、刘正、郝天挺、董士珍、萧斛、刘敏中、王思廉、韩从益、赵君信、程文海十五人诣阙③,同议庶政。天祥等五人不至。谦至首陈九事,正陈八事,皆欲朝廷守成宪④,开贤路,重名爵,节财用,兴学校,定律令,举切时弊。

綱二月,罢康里脱脱为江浙行省左丞相。

---

① 延庆使:延庆司长官,掌修建佛事。
② 典刑:死刑。
③ 诣阙:赴皇帝的殿庭。
④ 成宪:成规、旧法。

纲 三月,皇太子即位,大赦。

纲 宁夏地裂。

纲 遣宦者李邦宁释奠于孔子①。

目 邦宁既受命行礼,方就位,忽大风起,殿上及两庑(wǔ)烛尽灭②,烛台底铁鐏(zūn)入地尺许③,无不拔者。邦宁悚息伏地④,诸执事者皆伏。良久风息,乃成礼,邦宁因惭悔累日。

初,帝在东宫,邦宁知三宝奴等畏帝英明,乘间言于武宗曰:"陛下富于春秋⑤,皇子渐长⑥,父作子述,古之道也,未闻有子而立弟者。"武宗不悦曰:"朕志已定,汝自往东宫言之。"邦宁惭惧而退。及帝即位,左右咸请诛之,帝曰:"帝王历数⑦,自有天命,其言何足介怀。"加邦宁开府仪同三司,为集贤院大学士。寻卒。

纲 秋闰七月,赐李孟爵秦国公。

目 孟感帝知遇,颇以国事为己任。见当时赐予太广,名爵太滥,风俗太侈,僭拟无章⑧,每劝帝言:"人君之柄在刑与赏,刑不足惩,赏不足劝,何以为治?"帝在怀州,深见吏弊,既即位,欲痛划(chǎn)除之⑨。孟曰:

① 释奠:古代在学校设置酒食以奠祭先圣先师的一种典礼。
② 庑:堂下周围的走廊、廊屋。
③ 鐏:戈柄下端的圆锥形金属套。
④ 悚息:惶恐屏息。
⑤ 富于春秋:年轻。
⑥ 皇子:即和世㻋。
⑦ 历数:帝王继承的次序。
⑧ 僭拟:超越本分。
⑨ 划:同"铲"。

“吏亦当有贤者,在激厉之而已。”帝曰:“卿儒者,宜与此曹气类不
合,而曲为保护如此,真长者之言也。”尝谓之曰:“朕在位,必卿在中
书。”赐爵秦国公,图其像,命词臣赞之。每入见,称曰“道复”而
不名。

纲 增国子生为三百人。

目 初,帝命李孟领国子学①,谕之曰:“国学,人材所自出,卿宜数课诸
生,勉其德业。”至是,又谕省臣曰:“昔世祖注意国学,如不忽木等皆
蒙古人,而教以成材。朕今亲定国子生为三百人,仍增陪堂生二十
人,通一经者以次补伴读,著为式。”既而孟等言:“方今进用儒者,而
老成日以凋谢,四方儒士有成材者,请擢任国学、翰林、秘书②、太常或
儒学提举等职③,俾学者有所激劝。”帝从之,诏:“自今勿限资给,果
材而贤,虽白身亦任用之④。”

纲 冬十一月,复以阿散为平章政事。

仁宗皇帝

纲 壬子,仁宗皇帝皇庆元年(1312),春正月,制进翰林国史院秩⑤。

目 帝谕省臣曰:“翰林、集贤儒臣,须朕自选用,毋辄拟奏。人言御史台
任重,朕谓国史院尤重。盖御史台是一时公论,国史院是万世公论。”

---

① 国子学:元代的中央官办儒学。
② 秘书:秘书监,掌历代图籍并阴阳禁书。
③ 太常:太常寺,掌大礼乐、祭享宗庙社稷、封赠谥号等事。
④ 白身:无功名无官职的士人。
⑤ 翰林国史院:掌拟写诏令、纂修国史及备咨询。秩:品级。

于是升翰林国史院秩从一品,寻敕博选中外才学之士居之。

纲 夏四月,帝如上都。

纲 五月,以阿散为左丞相,张驴为平章政事。

纲 六月,敕左右勿侥幸乞加官。

目 时朝廷封拜繁多,群臣无功而受王公之爵者,前后相继。于是诫左右勤职业①,勿妄侥幸加官。御史中丞郝天挺言:"自先帝即位之时,大事初定,故于左右三五有功之人,爵之太高,遂使近幸之臣,因而相袭,王公师保,接迹于朝。比者虽令追印裁罢,曾未经岁,又复纷然。《春秋》云:'服之不衷,身之灾也。'是以朝廷名器重②,则斗升之禄足以鼓舞豪杰;名器滥,则虽日拜卿相而人不劝矣。"又言:"国初设官,在内须三十月,在外须三周岁,考其殿最③,以为黜陟(chù zhì)④。比者省院台部之臣,久者一二岁,少者三五月,甚有旬日之间而屡迁数易者,奔走往来之不暇,何暇宣风布化,参理机务哉?乞自今惟大臣可急阙选授⑤,其余内外大小官属,必候任满方许超迁,庶免朝除夕改,启幸长奸之弊。"

纲 秋七月,帝还大都。

纲 冬十二月,李孟罢,以张珪为平章政事。

---

① 职业:职分内应做的事。
② 名器:职官,爵位。
③ 殿最:古代考核政绩或军功时,以下等为殿,上等为最。
④ 黜陟:进退官员,降官为黜,升官为陟。
⑤ 急阙:急需填补的职位。

目帝欲以伶人曹咬住为礼部尚书①,珪曰:"伶人为宗伯②,何以示后世!"力谏止之。

纲癸丑,二年(1313),春二月,铁木迭儿罢,以秃忽鲁为右丞相。立皇后弘吉剌氏③。

纲彗出东井④。

目丞相秃忽鲁言:"频年亢旱,民黎艰食,而又陨霜雨沙,天象示警,皆由臣等燮(xiè)理不职所致⑤,乞罢黜以答天谴。"帝曰:"事岂关汝?其勿复言。"

纲夏四月,帝如上都。

纲五月,以乌伯都剌为平章政事。

纲六月,京师地再震。

纲诏以周敦颐、程颢、程颐、张载、邵雍、司马光、朱熹、张栻、吕祖谦、许衡并从祀孔子庙庭。

纲秋八月,帝还大都。

〔仁宗实行科举取士制度〕

纲冬十一月,初诏行科举。

————————

① 伶人:古代乐人及演员。
② 宗伯:周礼六卿之一,后世代称礼部尚书。
③ 弘吉剌氏:仁宗庄懿慈圣皇后,名阿纳失失里,出自弘吉剌部。
④ 东井:即井宿,二十八宿之一。
⑤ 燮理:指宰相治理国家。不职:不胜任,不称职。

目初,世祖时,议科举新制,未及行。至是,中书省臣复以为言,乃命定
其条制。诏天下三岁一开科,蒙古、色目人与汉人、南人各命题。蒙
古、色目人,愿试汉人、南人科目,中选者加一等注授①。

评元代恢复科举:

　　元朝建立后,长期不开科举。仁宗时,终于在汉族士人反复呼吁之
下恢复科举取士制度。当时取士人数很少,进士的地位和仕途难望唐宋
项背,又渗透了不同族群差别对待的原则,对元朝重吏轻儒的用人格局
并无明显触动。不过,它毕竟部分满足了汉族士人开辟读书做官途径的
要求,也促进了汉文化在蒙古、色目人中的进一步推广。另外,元朝科举
考经义不考词赋,经义考试首重《四书》,又以程朱理学对儒家经书的解
释为答题标准,理学正式获得官方学术的地位。

纲京师大旱疫。

目帝问弭灾之道,翰林学士程钜夫举汤祷桑林事以对②,帝叹曰:"此实
朕之责也,赤子何罪。"

纲甲寅,延祐元年(1314),春正月,诏求遗逸。

纲二月,秃忽鲁罢,以阿散为右丞相,赵世延参知政事。

纲三月,帝如上都。

纲夏六月,敕自今宦者勿得授文阶③。

---

① 注授:授官。
② 汤祷桑林事:商汤逢大旱,自以身为牺牲,祷于桑山之林以祈雨,表示其仁德爱民。
③ 文阶:文散官。

纲秋八月,帝还大都。地震。

纲九月,复以铁木迭儿为右丞相,阿散为左丞相。

纲冬,诏吏坐赃罪者黥(qíng)其面①。

纲十二月,复以李孟为平章政事。

纲复以齐履谦为国子司业。

目初,履谦与吴澄俱在国学,既罢去,学制稍废。至是,复以履谦为司业。乃酌旧制,议立升斋、积分之法:每季考其学行,以次第升②,既升上斋,逾再岁,始与私试。辞理俱优者一分,辞平理优者为半分,岁终积至八分者为高等,礼部、集贤岁选六人以贡。帝从其议。

纲乙卯,二年(1315),春正月,遣使巡行天下。

纲三月,初赐进士护都沓(tà)儿、张起岩等五十六人及第、出身有差。

纲张驴罢。夏四月,帝如上都。

纲五月,成纪县山移③。

目是夜,疾风电雹,北山南移至西河川④,次日再移。平地突出土阜,高者二三丈,陷没民居。监察御史马祖常言:“山不动之物,今而动焉,由在野有当用不用之贤,在官有当言不言之佞,故致然耳。”

———————————

① 黥:刺面。
② 第:据《元史·齐履谦传》应作“递”。
③ 成纪县:今甘肃天水市。山移:泥石流。
④ 西河川:据《元史·仁宗纪》应作“夕河川”。

纲加宦官续元晖昭文馆大学士。

纲秋八月,帝还大都,以赵世延为御史中丞。冬十月,以郭贯为参知
政事。

纲十一月,彗见紫微垣,赦。

[仁宗立和世㻋为周王,实为剥夺其皇位继承权]

纲立武宗子和世㻋(là)为周王,出镇云南。

目初,武宗既立帝为太子,后丞相三宝奴复劝立和世㻋。召康里脱脱言
之,脱脱曰:"太弟曩定宗社,居东宫已久,兄弟叔侄世世相承,孰敢紊
其序乎!"三宝奴曰:"今日兄已授弟,异日能保叔授其侄乎?"脱脱
曰:"在我不可渝,彼失其信,天实鉴之。"至是议立太子,丞相铁木迭
儿欲徼(yāo)宠①,请立皇子硕德八剌,又与太后幸臣失烈门谮王于两
宫,遂封为周王,遣出镇云南。

纲诏免江浙等三省自实田租二年。

纲丙辰,三年(1316),春三月,帝如上都。平章政事张珪谢病归。

纲太史令郭守敬卒②。

目守敬之学,长于天文、水利。太史令王恂(xún)以学自负,每见守敬制
度精巧,深叹服之。

---

① 徼:同"邀"。
② 太史令:太史院长官,掌天文历数。

纲 夏五月，以伯铁木儿、萧拜住并为平章政事。

纲 秋八月，帝还大都。

纲 冬十月，以赵孟頫为翰林学士承旨。

目 帝在东宫，素知其名，及即位，召除集贤侍讲学士①。至是，拜翰林学士承旨。有间之者，言国史不宜令孟頫与，帝曰："子昂，世祖所简拔，朕置之馆阁，使典述作，传之后世，此属呶呶(náo)何也②！"复厚赐之。

〔和世㻋叛乱，失败出逃漠北〕

纲 十一月，周王和世㻋逃居漠北③。

纲 立子硕德八剌为皇太子。

纲 丁巳，四年(1317)，春三月，帝如上都。

纲 夏四月，不雨。

目 帝尝夜坐，谓侍臣曰："雨旸(yáng)不时④，奈何？"萧拜住曰："宰相之过也。"帝曰："卿不在中书邪？"拜住惶愧。顷之，帝露香祷于天。既而大雨，左右以雨衣进，帝曰："朕为民祈雨，何避焉！"

---

① 集贤侍讲学士：集贤院官员。
② 呶呶：多言，唠叨。
③ 周王因不满元仁宗背弃"兄终弟及，叔侄相承"誓言，发动叛乱，试图争夺皇位，史称"关陕之变"。兵变失败后，逃居察合台汗国。
④ 旸：晴。

綱 五月，以赤因铁木儿、阿卜海牙并为平章政事。六月，铁木迭儿罢，以阿散为右丞相。以乌伯都刺复为平章政事。秋七月，李孟罢，以王毅为平章政事。

綱 赐卫士钱帛。

目 帝出见卫士有敝衣者，驻马问之，对曰："戍守边镇逾十五年，以故贫耳。"帝曰："此辈久劳于外，留守臣未尝以闻，非朕亲见，何由知之！自今有类此者，必言于朕。"因命赐之钱帛。

綱 八月，帝还大都。

目 帝在御已久，犹居东宫，而饮酒无度。监察御史马祖常上书言："天子承天继统，当极保爱。玉食之御，犹审五味之宜。酒醴（lǐ）之供①，可不思百拜之义。大内正衙，朝贺之地，虽陛下不忘东宫之旧，窃虑起民间观听之疑。且国家百年，朝仪尚阙，诚使群臣奏对之际，御史执简，史官执笔，则虽有怀奸利乞官赏者，不敢出诸其口。乞令中书集议，或三日、二日，常出视朝，则治道昭明，生民之福也。"

綱 九月，以伯答沙为右丞相，阿散复为左丞相。

目 初，阿散奏事毕，帝问曰："卿等日所行者何事？"对曰："奉行诏旨而已。"帝曰："卿等何尝奉行朕旨，虽祖宗遗训，朝廷法令，皆不遵守。夫法者，所以辨上下，定民志，自古未有法不立而天下治者。使人君制法，宰相能守法，则民知畏避，免于刑戮。若法弛民慢，怨言并兴，

---

① 醴：甜酒。

求治难矣。"阿散因言："故事①,丞相必用蒙古勋臣。阿散西域人,不厌人望②。"因恳辞。遂以宣徽使伯答沙为右丞相③,阿散仍左丞相。

纲　岭北地震三日④。

纲　戊午,五年(1318),春二月,写金字佛经。

纲　夏四月,以千奴、史弼并为平章政事。

纲　帝如上都。秋八月,帝还大都。

纲　九月,以亦列赤为平章政事。

纲　己未,六年(1319),夏四月,帝如上都。

纲　以铁木迭儿为太子太师。

目　铁木迭儿家居未逾年,复夤(yín)缘起为太子太师⑤。中外闻之,莫不惊骇。时御史中丞赵世延论其不法数十事,并内外台劾其不可辅导东宫者又四十余人⑥,然以太后之故,皆不听。

纲　扬州火。

纲　六月,山东、淮南诸路大水。

————————

① 故事:先例,旧日的典章制度。
② 厌:合,符合。
③ 宣徽使:宣徽院长官,掌供玉食。
④ 岭北:即和林行省。
⑤ 夤缘:攀附,凭借关系,进行钻营。
⑥ 内外台:御史台与行御史台。

纲 秋八月,帝还大都。

纲 冬十二月,诏太子参决朝政。

纲 庚申,七年(1320),春正月朔,日食。帝崩。

纲 伯答沙罢。

纲 太后以铁木迭儿为右丞相。

目 帝崩方四日,铁木迭儿遂以太后命,复入中书。后数日,参议省事乞
　　失监有罪应杖,太后又欲笞之,太子曰:"不可。法者天下之公,徇私
　　而轻重之,非所以正天下也。"徽政院使失烈门①,复以太后命,请迁
　　转朝官,太子曰:"此岂除官时邪? 且先帝旧臣,岂宜轻动。俟予即位
　　之后,议于宗亲、元老,贤者任之,邪者黜之,可也。"

纲 二月,太子以黑驴、赵世荣并为平章政事。

纲 铁木迭儿杀前中书平章政事萧拜住、御史中丞杨朵儿只。

纲 三月,太子即位,大赦。尊皇太后为太皇太后,皇后为皇太后。加铁
　　木迭儿太师。

纲 夺李孟封爵,左迁为集贤侍讲学士。

目 铁木迭儿以孟初不附己,谮构于上,尽夺其前后封拜制命,仆其先墓
　　碑,左迁为集贤侍讲学士。欲因其不就,中害之。孟拜命欣然。帝谓
　　铁木迭儿子八尔吉思曰:"尔辈谓孟不肯为是官,今何如?"由是无敢

---

① 徽政院使:徽政院长官,掌侍奉皇太后。

言者。

纲以拜住为平章政事。

纲夏四月,帝如上都。

纲近臣献七宝带,却之。

目有献七宝带者,因近臣以进,帝曰:"朕登大位,不闻卿等进贤而为人献带,是以带诱朕也。其还之。"

纲阿散罢,以拜住为左丞相,乃剌忽、塔失海牙并平章政事。

纲平章政事黑驴、御史大夫秃秃哈等谋逆,伏诛。

纲以铁木儿脱为平章政事。六月,以康里脱脱为御史大夫。秋七月,乃剌忽罢,以廉恂为平章政事。

纲八月,下四川平章政事赵世延狱。

目初,世延既解中丞,出为四川平章,铁木迭儿犹怨之不已。仁宗崩,即属其党诬告之,逮世延置对。既遇赦,犹锻炼成狱①,请置极典②。诏以经赦,置不问。铁木迭儿更以他事罔上,系之于狱,逼令自裁,世延终无屈。

纲冬十月,帝还大都。

----

① 锻炼:罗织罪名。
② 极典:死刑。

纲 十一月,始服衮冕①,享太庙。

目 帝将以四时躬享太庙②,命礼官与中书、翰林集议其礼。制曰:"此追
远报本之道也,毋以朕劳于对越而有所损焉③。"至是,以恭谢太庙,
乃备法驾④,服衮冕以行礼。至仁宗室,辄歔欷(xū xī)流涕⑤,左右莫
不感恸。自是始以明年正月,四时亲享,岁以为常。礼毕还宫,鼓吹
交作,万姓耸观,百年废典一旦复见,至有感泣者。

纲 河南饥。

目 帝问其故,群臣皆莫对,帝曰:"良由朕治道未洽,卿等又不尽职,致阴
阳不和,灾害荐至。自今宜各务勤恪,以应天心,毋使吾民重困。"

纲 诏上书言事者得专达。

英宗皇帝

纲 辛酉,英宗皇帝至治元年(1321),春正月,罢元夕张灯于禁中⑥。

目 帝欲以元夕张灯禁中为鳌山⑦。时张养浩以礼部尚书,参议中书省
事,遂具疏因拜住以谏曰:"世祖临御三十余年,每值元夕,间阎之

---

① 衮冕:衮衣和冠冕,皇帝的礼服和礼冠。
② 享:供祭品奉祀祖先。
③ 对越:答谢颂扬。
④ 法驾:皇帝的车驾,也称法车。
⑤ 歔欷:哀叹抽泣声。
⑥ 元夕:元宵节。
⑦ 鳌山:宋元时俗,元宵节夜堆叠彩灯为鳌形,称为鳌山。

间①,灯火亦禁。况阙庭宫掖之严邃,尤当戒慎。今灯山之构,所玩者小,所系者大;所乐者浅,所患者深。"帝大怒,既而喜曰:"非张希孟不敢言。"即罢之,赐养浩尚服金织币,以旌其直。

纲 二月,杀监察御史观音保等。

目 时敕建西山佛寺甚亟②,御史观音保、锁咬儿哈的迷失、成珪、李谦亨以岁饥,且东作方兴③,上章极谏。帝怒,杀观音保、锁咬儿哈的迷失,杖珪、谦亨,流奴儿干地④。

纲 三月,帝如上都。以铁失为御史大夫,领侍卫亲军都指挥使。

纲 夏四月,迁武宗子图帖睦尔于琼州⑤。

纲 六月,以只儿哈郎为平章政事。

纲 秋九月,帝还大都。

纲 冬十二月,立皇后亦启烈氏⑥。

纲 壬戌,二年(1322),春正月,敕有司恤孔氏子孙贫乏者。

纲 二月,以钦察、买闾并为平章政事。

---

① 间阎:代指市井里巷或民间。
② 西山:今北京市海淀区香山。佛寺:今北京市卧佛寺。
③ 东作:春耕生产,泛指农事。
④ 奴儿干:今黑龙江口一带。
⑤ 琼州:治今海南海口市琼山区。
⑥ 亦启烈氏:英宗庄静懿圣皇后,名速哥八剌,出自亦启烈部。

纲 夏四月,帝如上都。

纲 秋八月,铁木迭儿卒。

纲 太皇太后弘吉剌氏崩。

纲 九月,京师地震。

纲 冬十月,以拜住为右丞相。

纲 复以张珪为平章政事。

纲 癸亥,三年(1323),春正月,起王约、吴元珪、韩从益商议中书省事①。吴澄为翰林直学士②。

目 时约等以年老致仕。丞相拜住一新政务,尊礼老臣,传诏复起约等,俾以其禄家居,每日一至中书省议事,至治之政,多所参酌。澄,延祐初诏起为集贤直学士,以疾不果行。至是以拜住荐,起为翰林直学士。

纲 出赵世延于狱。

纲 二月,敕写金字《藏经》。

目 时方书金字《藏经》。帝在上都,使左丞速速诏学士吴澄为序,澄曰:"主上写经,为民祈福,甚盛举也。若用以追荐,臣所未谕。盖福田利益,虽人所乐闻,而轮回之说,不过谓为善者,死则上通高明,其极品

---

① 商议中书省事:一种特殊头衔,可去中书省参加日常议事,但不负责所议事务的监督执行。

② 翰林直学士:据《元史·英宗纪》应作"翰林学士",下同。翰林国史院官员。

与日月齐光;为恶者,死则下沦污秽,其极下与沙虫同类。其徒遂创为荐拔之论①,以惑世人。今列圣之神,上同日月,何庸荐拔!且自国初以来,凡写经追荐,不知其几。若未效,是无佛法矣;若已效,是诬其祖矣。撰为文辞,不可以示后世。"

纲 三月,帝如上都。

纲 夏六月,大风拔木。

纲 奉元行宫正殿灾。

目 帝语群臣曰:"世皇建此宫室,至朕而毁,实朕不能图治之故也。"尝御大安阁②,见太祖、世祖遗衣皆缣(jiān)素木棉③,重加补缀,嗟叹良久,谓侍臣曰:"祖宗创业艰难,服用节俭乃如此,朕焉敢顷刻忘之!"

〔南坡之变,英宗被杀〕

纲 秋八月,癸亥,御史大夫铁失弑帝于南坡及右丞相拜住④。

目 初,铁木迭儿既夺爵籍产,铁失等以奸党不安。帝在上都,以夜寐不宁,命作佛事。拜住以国用不足谏止之。既而惧诛者复阴诱群僧言:"国当有厄,非作佛事大赦无以禳之。"拜住叱曰:"尔辈不过图得金帛而已,又欲庇有罪邪?"奸党闻之益惧,乃生异谋。至是,帝自上都

---

① 荐拔之论:为去世的人做功德,使其超脱苦海,往生善道。
② 大安阁:元上都正殿。
③ 缣素:白绢。
④ 南坡:在上都西南三十里。

南还,驻跸南坡①。是夕,铁失与知枢密院事也先铁木儿、诸王按梯不花等谋逆,铁失先与前平章政事赤斤铁木儿杀右丞相拜住,而铁失直犯禁幄②,手弑帝于卧所,时年二十一。

纲 诸王按梯不花等奉玺绶,迎晋王也孙铁木儿于北边③。九月,晋王即位于龙居河④,赦。

纲 以也先铁木儿为右丞相,倒剌沙为平章政事,铁失知枢密院事。

纲 冬十月,铁失、也先铁木儿等伏诛。以乌伯都剌为平章政事。

纲 十一月,帝至大都。

纲 追尊考晋王为皇帝,母弘吉剌氏为皇后⑤。

泰定皇帝

纲 甲子,泰定皇帝泰定元年(1324),春正月,以乃蛮台为平章政事。召图帖睦尔于琼州。

纲 二月,开经筵⑥。

目 江浙行省左丞赵简请开经筵及择师傅,令太子及诸王大臣子孙受学。

---

① 驻跸:帝王出行,中途暂住。
② 禁幄:皇帝的帐篷。
③ 玺绶:借指印玺。也孙铁木儿:皇太子真金之孙,晋王甘麻剌长子,袭封晋王,镇守漠北。
④ 龙居河:今克鲁伦河,发源于蒙古国肯特山,注入呼伦湖。
⑤ 弘吉剌氏:显宗宣懿淑圣皇后,名普颜怯里迷失,出自弘吉剌部。
⑥ 经筵:古代帝王为研读经史而特设的御前讲席。

章上,遂命平章政事张珪、翰林学士承旨忽都鲁都儿迷失、学士吴澄、集贤直学士邓文原、王结等以《帝范》《资治通鉴》《大学衍义》《贞观政要》等书进讲。

纲 立皇后八不罕氏①。立子阿速吉八为皇太子。

纲 夏四月,帝如上都。大风地震。

纲 秋八月,帝还大都。封图帖睦尔为怀王,徙云南王王禅为梁王。

纲 乙丑,二年(1325),春正月,命怀王图帖睦尔出居建康②。

纲 三月,帝如上都。

纲 夏四月,革大臣兼领军务。

目 参知政事左塔不花言③:"大臣兼领军务,前古所无。铁失以御史大夫,也先帖木儿以知枢密院事,皆领卫兵,如虎而翼,故成逆谋。乞军卫之职勿以大臣领之,庶勋旧之家得以保全。"从之,仍赐币帛以旌其直。

纲 秋九月,帝还大都。冬十二月,以塔失铁木儿为右丞相。

纲 丙寅,三年(1326),春二月,以察乃为平章政事。帝如上都。

纲 秋七月,帝还大都。

―――――――――

① 八不罕氏:泰定帝八不罕皇后,出自弘吉剌部。
② 建康:路名,治今江苏南京市。
③ 左塔不花:据《元史·泰定帝纪》应作"左塔不台"。

纲丁卯,四年(1327),春正月,帝如上都。

纲夏四月,旱、蝗。民饥。

纲秋八月,山崩,地震。

纲闰九月,帝还大都。

纲戊辰,致和元年(1328),春二月,帝如上都。命签枢密院事燕帖木儿等居守①。

纲徙怀王图帖睦尔于江陵②。

纲秋七月,帝崩于上都。

纲八月,签枢密院事燕帖木儿谋逆,执中书省、御史台臣乌伯都剌等下之狱,遂遣使迎怀王图帖睦尔于江陵。

〔泰定帝皇太子阿速吉八即位于上都〕

纲皇太子阿速吉八即位于上都,遣梁王王禅、右丞相塔失帖木儿将兵分道讨燕帖木儿。

纲怀王图帖睦尔入京师。

目以明里董阿、阔阔台、速速并为平章政事,曹立为右丞,伯颜为御史大夫,赵世延为御史中丞,高昌王铁木儿补化知枢密院事。

---

① 签枢密院事:枢密院佐贰官。

② 江陵:路名,治今湖北荆州市。

纲 九月,图帖睦尔杀平章政事乌伯都剌,流左丞朵朵等于远州。

〔文宗即位于大都,史称"天历之变"〕

纲 图帖睦尔袭帝位。

目 图帖睦尔既至,燕帖木儿以为扰攘之际,不正大位,不足以系天下之
志。图帖睦尔以其兄周王和世㻋在漠北,欲虚位俟之。燕帖木儿曰:
"人心向背之机,间不容发,一或失之,噬脐无及①。"图帖睦尔曰:"必
不得已,当明吾志播告中外。"遂即帝位,改元天历,诏天下曰:"谨俟
大兄之至,以遂固让之心。"大赦。封燕帖木儿为太平王、右丞相、知
枢密院,加伯颜太尉。

纲 冬十月,图帖睦尔兵陷上都,梁王王禅遁走,辽王脱脱死之。

纲 十一月,图帖睦尔迁泰定皇后弘吉剌氏于东安州②。遣使迎周王和世
㻋于漠北。

明宗皇帝

纲 己巳(1329,天历二年),春正月,周王和世㻋称帝于和宁之北③。

纲 二月,图帖睦尔立其妃弘吉剌氏为皇后④。

---

① 噬脐无及:自咬腹脐够不着,比喻后悔已晚。
② 弘吉剌氏:泰定帝八不罕皇后,出自弘吉剌部。
③ 和宁:即和林。
④ 弘吉剌氏:文宗卜答失里皇后,出自弘吉剌部。

纲 追尊周王母亦乞烈氏、母唐兀氏并为皇后①。

纲 三月,图帖睦尔遣燕帖木儿奉皇帝宝赴漠北。夏四月,周王以燕帖木儿为太师。

纲 周王遣使立图帖睦尔为太子。以彻里帖木儿为平章政事。

纲 秋七月,太白经天②。

〔明宗和世㻋暴卒〕

纲 八月丙戌,周王次旺忽察都③,图帖睦尔入见。庚寅,王暴卒④。

纲 图帖睦尔以伯颜为左丞相,钦察台、阿儿思兰海牙、赵世延并为平章政事。

纲 图帖睦尔复袭位于上都,大赦。

纲 冬十二月,以西僧辇真吃剌思为帝师⑤。

目 帝师至,上命朝臣一品以下咸郊迎。大臣俯伏进觞(shāng)⑥,帝师不为动,惟国子祭酒孛术鲁翀(chōng)举觞立进曰:"帝师,释迦之徒,天下僧人师也。予,孔子之徒,天下儒人师也。请各不为礼。"帝师笑而

① 亦乞烈氏:武宗仁献章圣皇后,出自亦乞烈部,明宗生母。唐兀氏:武宗文献昭圣皇后,出自唐兀部,文宗生母。
② 太白:金星。
③ 旺忽察都:元中都,遗址在今河北张北县北。
④ 周王和世㻋被毒死,庙号明宗。
⑤ 帝师:元朝受皇帝供奉的最高神职,是全国佛教的最高领袖,由吐蕃佛教萨斯迦派的高级喇嘛充任。
⑥ 觞:酒杯。

起,举觞卒饮,众为之栗然①。

评元朝中期皇位更迭:

　　元朝中期历史的一个明显特征,就是皇位更迭频繁,政局较为动荡。世祖之后的元朝皇帝连续短命而亡,接下来的皇位传承经常出现或大或小的混乱,包括纠纷、政变、凶杀乃至内战。究其原因,主要是元朝始终没有确立皇位继承制度,而是延续草原传统,需要召开宗亲贵族大会讨论确认继承人。这实际上为近系宗室争夺皇位以及朝廷高官进行政治投机提供了可能性。激烈的皇位争夺大大消耗了政治、经济资源,加速了元朝的衰亡进程。

于　月 评注

张　帆 审定

---

① 栗然:颤栗,紧张。

纲鉴易知录卷九二

　　卷首语:本卷起元文宗至顺元年(1330),止元顺帝至正二十八年(1368),所记为元朝后期三十九年史事。至顺三年(1332)文宗去世后,宁宗即位,在位一月即夭折。元顺帝于次年即位,在位长达三十六年,元中期激烈的皇位争夺至此落幕。顺帝在位前期,权臣燕帖木儿、伯颜相继专权。政治腐败、财政危机、社会动乱日益严峻,最终酿成元末农民起义。在元末大动乱中,朱元璋脱颖而出,扫除群雄,在至正二十八年派军攻克大都,顺帝北逃,元朝灭亡。

元　纪

文宗皇帝

纲 庚午,文宗皇帝至顺元年(1330),春二月,立明宗子懿璘质班为鄜(fū)王。

纲 以阿卜海牙为平章政事。以伯颜知枢密院事。罢置左丞相。

纲 夏五月,帝如上都。

纲 以亦列赤为平章政事。秋闰七月,赵世延罢。

纲 诏加孔子父母及颜回、曾参、孔伋①、孟轲、程颢、程颐封爵。

目 孔子父叔梁纥为启圣王,母颜氏启圣王夫人,颜子兖国复圣公,曾子郕(chéng)国宗圣公,子思沂国述圣公,孟子邹国亚圣公,程颢豫国公,颐洛国公。

纲 八月,帝还大都。

纲 冬十二月,诏以汉董仲舒从祀孔子庙。

纲 辛未,二年(1331),春二月,以伯撒里为平章政事。

纲 夏五月,帝如上都。

---

① 孔伋:即子思。

纲六月，翰林学士吴澄卒。

目澄，泰定间谢病归临川①，四方从学者，恒数百人。著书至将终不辍，有《易》《春秋》《礼记纂言》及校定《皇极经世书》《大戴礼》等书。卒赠临川郡公，谥文正。

纲秋八月，帝还大都。

纲诏皇子古剌答纳出居燕帖木儿家②。

纲冬十一月，诏养燕帖木儿之子塔剌海为子。

纲壬申，三年（1332），夏五月，帝如上都。

纲秋八月，京师、陇西地震。

纲帝崩于上都。

纲冬十月，鄜王懿璘质班即位。

目王，明宗第二子，留居京师。帝崩，燕帖木儿请皇后立皇子燕帖古思，后不从，命立王，时年甫七岁。百司庶务，咸启皇后取进止。

纲以撒迪为平章政事。十一月，尊皇后为皇太后。

纲鄜王薨。

纲太后遣右丞阔里吉思迎妥欢帖睦尔于静江③。

① 临川：县名，今江西抚州市。
② 古剌答纳：后更名燕帖古思。
③ 静江：路名，治今广西桂林市。

目明宗子妥欢帖睦尔居广西之静江。郿王薨,燕帖木儿复请立燕帖古思,皇太后曰:"吾子尚幼,妥欢帖睦尔在广西,今年十三矣,且明宗长子,于理当立。"乃遣阔里吉思往迎之。

顺帝

纲癸酉,四年(1333)①,春三月,燕帖木儿死。

纲夏五月,京师地震。

纲六月,妥欢帖睦尔即位于上都。

目初,妥欢帖睦尔至自静江,百官具卤簿迎于良乡②。燕帖木儿既见,并马徐行,具陈迎立之意,妥欢帖睦尔幼且畏之,一无所答。燕帖木儿疑其意不可测。故至京,久不得立。适太史亦言其立则天下乱,用是议未能决,迁延者数月。至是,燕帖木儿死,皇太后乃与大臣定议立之,且约后当传于燕帖古思,若武宗、仁宗故事。

〔伯颜为右丞相,撒敦为左丞相〕

纲以伯颜为太师、右丞相,撒敦为太傅、左丞相。

目时有阿鲁辉帖木儿者,明宗亲臣也,言于帝曰:"天下事重,宜委宰相决之,庶可责其成功;若躬自听断,必负恶名。"帝然之。由是深居宫中,每事决于宰相而已,无所专焉。

---

① 十月改元元统。
② 卤簿:古代帝王驾出时扈从的仪仗队。良乡:县名,今北京市房山区东部。

纲 秋八月,立皇后伯牙吾氏①。

纲 奎章阁侍书学士虞集谢病归②。

纲 冬十月,封撒敦荣王③,唐其势袭封太平王④。

纲 十一月,封伯颜为秦王。是日,秦州山崩地裂⑤。

纲 甲戌,顺帝元统二年(1334),春正月,汴梁雨血⑥。

纲 阿卜海牙罢⑦,以脱别台为平章政事。

纲 三月,天雨毛。

目 彰德路天雨毛⑧,如线而绿。民谣云:"天雨线,民起怨,中原地,事必变。"

纲 水、旱、疫、民饥。

纲 夏四月,帝如上都。

纲 秋八月,赦。是日,京师地震。鸡鸣山崩⑨。

———————

① 伯牙吾氏:名答纳失里,燕帖木儿之女,出自钦察部。
② 奎章阁侍书学士:奎章阁学士院副长官,以儒臣文士备顾问,讲究艺文治道。
③ 撒敦:燕帖木儿之弟。
④ 唐其势:燕帖木儿之子。
⑤ 秦州:治今甘肃天水市。
⑥ 汴梁:路名,治今河南开封市。
⑦ 阿卜海牙:据《元史·顺帝纪》应作"阿里海牙"。
⑧ 彰德路:治今河南安阳市。
⑨ 鸡鸣山:在今河北张家口市东部。

目 以湖广、河南自三月不雨至于是月,及诸路旱、蝗、民饥,太白屡昼见经天,大赦天下。是日,京师地震。鸡鸣山崩,陷为池,方百里,人死者众。

纲 帝还大都。

纲 乙亥,至元元年(1335),春二月,帝畋(tián)柳林①,不果行。

目 帝将畋于柳林,御史台臣谏曰:"陛下春秋鼎盛②,宜思文皇付托之重③,致天下于隆平。今赤县之民,供给繁劳,农务方兴,而驰骋冰雪之地,倘有衔橛(jué)之变④,奈宗庙社稷何!"遂止。

纲 夏五月,帝如上都。

〔唐其势谋反,伯颜诛杀皇后、唐其势家族〕

纲 六月,唐其势反,伏诛。秋七月,伯颜弑皇后伯牙吾氏。

目 时撒敦已死,伯颜独秉政。唐其势忿曰:"天下本我家天下,伯颜何人而位吾上。"遂与其叔父句容郡王答邻答里潜蓄异心,谋立诸王晃火帖木儿。郯(tán)王彻彻秃发其谋。六月晦⑤,唐其势伏兵东郊,率勇士突入宫。伯颜及完者帖木儿等掩捕,获唐其势及其弟塔剌海,诛之。答里走晃火帖木儿所⑥,阿鲁浑察执送上都戮之。晃火帖木儿

① 畋:打猎。柳林:在今北京市通州区南。
② 春秋鼎盛:比喻人正当壮年。
③ 文皇:即元文宗。
④ 衔橛之变:指车马倾覆的危险,喻指意外发生的事故。
⑤ 晦:农历每月的最后一天。
⑥ 走:跑,逃跑。

自杀。

初,唐其势事败被擒,攀折殿槛不肯出。塔剌海走匿皇后坐下,后蔽之以衣,左右曳出斩之,血溅后衣。伯颜奏并执后,后呼帝曰:"陛下救我!"帝曰:"汝兄弟为逆,岂能相救!"乃迁出宫,伯颜寻杀之于开平民舍。

纲 九月,帝还大都。

纲 冬十一月,以阿吉剌为平章政事。

〔伯颜罢科举,切断汉人儒士的重要入仕途径〕

纲 诏罢科举。

目 初,彻里帖木儿为江浙平章,会科举,驿请试官①,供张甚盛②,心颇不平,及复入中书,首议罢科举。及论学校庄田租可给宿卫士衣粮,动当国者,以发其机,又欲损太庙四祭为一③。于是御史吕思诚等列其罪状劾之,不报,皆辞职去,而思诚出为广西金事④。时罢科举诏已书而未用玺,参政许有壬力争之。伯颜怒曰:"汝讽台臣言彻里帖木儿邪?"有壬曰:"太师擢彻里帖木儿在中书。御史三十人不畏太师而听有壬,岂有壬权重于太师邪?"伯颜意稍解。有壬乃曰:"科举若罢,天下才人觖(jué)望⑤。"伯颜曰:"举子多以赃败。"有壬曰:"科举未行

---

① 驿:驿站,元代驿站为往来使者提供住宿、饮食和马匹等交通工具。
② 供张:张,通"帐"。陈设宴会用的帷帐、用具、饮食等。
③ 损:减少。太庙四祭:太庙四时之祭,春夏秋冬四季各祭一次。
④ 金事:肃政廉访司佐贰官。
⑤ 觖望:怨望。

时,台中赃罚无算,岂尽出于举子?"伯颜曰:"举子中可任用者惟参政尔。"有壬曰:"若张梦臣、马伯庸辈皆可任大事。如欧阳玄之文章,亦岂易及?"伯颜曰:"科举虽罢,士之欲求美衣食者,自能向学。"有壬曰:"为士者初不事衣食。"伯颜曰:"科举取人,实妨选法①。"有壬曰:"今通事、知印等天下凡二千三百余名②。今岁自四月至九月,白身补官受宣者亦且七十三人③,而科举一岁仅三十余人。科举于选法果相妨乎不也?"伯颜心然其言,而议已定不可中辍,乃温言慰解之。翌日,宣诏,特令有壬为班首以折辱之。有壬惧祸,不敢辞。治书侍御史薄化诮(qiào)有壬曰④:"参政可谓过桥拆桥者矣。"有壬以为大耻,移疾不出⑤。

纲 十二月,尊皇太后为太皇太后。

纲 丙子,二年(1336),春二月,追尊生母迈来的为皇后⑥。

纲 夏四月,以帖木儿不花为平章政事。帝如上都。秋九月,帝还大都。

纲 丁丑,三年(1337),春三月,立皇后弘吉刺氏⑦。

纲 夏四月,帝如上都。

---

① 选法:官僚铨选制度。
② 通事:口头翻译吏员。知印:掌管衙门印章、印信的吏员。
③ 受宣:元代指一品至五品官。七十三:据《元史·彻里帖木儿传》应作"七十二"。
④ 诮:讥刺,讥讽。
⑤ 移疾:即移病,古代官员上书称病,多为居官者求退的婉辞。
⑥ 迈来的:顺帝生母,《元史》作"迈来迪"。
⑦ 弘吉刺氏:名伯颜忽都,出自弘吉刺部。

纲五月,民讹言采童男女。

纲彗星见。

目凡六十有三日,自昴(mǎo)、房,历一十五宿而灭①。

纲秋八月,京师地屡震。

纲冬十月,金华处士许谦卒。

目谦受业金履祥之门。履祥曰:"士之为学,若五味之在和,醯(xī)盐既加②,则酸咸顿变。子来见我三日矣,而犹夫人也,岂吾之学无以感发于子邪!"谦闻之,惕然。居数年,尽得其所传之妙。履祥既没,谦益肆充阐,多所自得。自谓:"吾非有大过人者,惟为学之功无间断尔。"平生制行甚严,而所以应世者,不胶于古,不流于俗。屏迹入华山③,四方之士不远百里而来受业。其教人至诚谆悉④,内外殚尽,独不教人以科举之文,曰:"此义、利之所由分也。"不出里闾垂四十年,中外名臣列其行义,章凡数十上。郡以遗逸应诏,有司请主文衡,皆莫能致。世称为白云先生,卒谥文懿。

先是何基、王柏、金履祥殁,其学犹未大显,至谦而其道益著。同时休宁陈栎(lì)、婺源胡一桂,皆以讲明道学见重于时云。

纲戊寅,四年(1338),夏四月,帝如上都。

---

① 昴:昴宿,二十八星宿之一。房:房宿,二十八星宿之一。
② 醯:醋。
③ 华山:即金华山,在今浙江金华市北。
④ 谆悉:恳切而详细。

目 次八里塘,雨雹,大如拳,其状有小儿、环玦(jué)、狮、豹等物之形①。

纲 秋八月,京师地震。帝还大都。

纲 己卯,五年(1339),夏四月,帝如上都。秋八月,帝还大都。

〔伯颜为大丞相,元代相权恶性膨胀已达顶峰〕

纲 冬十一月,诏以伯颜为大丞相。

纲 伯颜矫诏杀郯王彻彻笃。

目 伯颜构陷郯王,奏赐死,帝未允,辄传旨杀之。又奏贬宣让王帖木儿
　不花、威顺王宽彻普化,不俟命即遣之。帝为之不平。

〔顺帝罢黜伯颜〕

纲 庚辰,六年(1340),春二月,伯颜有罪,黜为河南行省左丞相,寻窜南
　恩州②,道死。

目 伯颜既诛唐其势,独秉国钧③,遂专权自恣,渐有异谋。帝患之。伯颜
　欲以所养弟之子脱脱宿卫,侦帝起居,惧涉物议,乃以知枢密院汪家
　奴、翰林学士承旨沙剌班同侍禁近,实属意脱脱。故脱脱政令日修,
　卫士拱听约束。伯颜自领诸卫精兵,以燕者不花为屏蔽,导从之盛,
　填溢街衢④。而帝仪卫反落落如晨星。势焰薰灼,天下之人知有伯颜

---

① 环玦:玉环和玉玦,均为佩玉。
② 南恩州:治今广东阳江市。
③ 国钧:国家的权柄。
④ 衢:四通八达的道路。

而已。

脱脱深忧之，私请于父马札儿台曰："伯父骄纵已甚，万一天子震怒，则吾族赤矣。曷若于未败图之。"其父亦以为然。脱脱复质于师吴直方，直方曰："《传》有之，'大义灭亲'。大夫但知忠于国尔，余复何顾焉。"一日，见帝，乘间自陈忘家徇国之意，帝犹未之信。时帝前后左右皆伯颜之党，独世杰班、阿鲁为帝腹心，乃遣二人与脱脱游，日以忠义之言相与往复辨论，益悉其心靡他，遂闻于帝，帝始信之无疑。

及伯颜擅贬宣让、威顺二王，帝不胜其忿，决意逐之。一日，泣语脱脱，脱脱亦泣下。遂与世杰班等谋，欲候伯颜入朝擒之。戒卫士严宫门出入，螭坳(chī ào)皆为置兵①。伯颜见之大惊，召脱脱责之。对曰："天子所居，防御不得不尔。"然遂疑脱脱，亦增兵自卫。

至是，伯颜以所领兵卫，请帝出田。脱脱劝帝称疾不往。伯颜固请，乃命太子燕帖古思出次柳林。脱脱遂与阿鲁等合谋，悉拘京城门钥，命所亲信列布城门下。是夜，奉帝居玉德殿，遣怯薛月可察儿率三十骑抵营中②，取太子入城。又召杨瑀、范汇入草诏，数伯颜罪状，出为河南行省左丞相。伯颜奏乞陛辞，不许。既而帝以伯颜罪重罚轻，复降诏安置南恩州阳春县，行次江西隆兴驿，病死。

纲 以马札儿台为太师、右丞相，塔失海牙为太傅，知枢密院事探马赤为太保，御史大夫汪家奴为平章政事，脱脱知枢密院。

---

① 螭坳：宫殿螭首前坳处。
② 怯薛：蒙古语，元朝禁卫军。分四番入值，护卫皇帝，同时从事宫廷服役。

纲 彗星见。

纲 夏五月,帝如上都。

[顺帝下诏撤文宗庙主,为帝位争夺之余绪]

纲 六月,诏废文宗庙主①,迁太皇太后弘吉剌氏于东安州,寻崩。放燕帖
　　古思于高丽,杀诸途。

目 诏曰:"昔武宗升遐②,太后惑于憸慝(xiān tè)③,俾皇考出封云南。英
　　宗遇害,我皇考以武宗之嫡,逃居沙漠,宗王大臣同心翊戴,于时以地
　　近,先迎文宗,暂总机务。继知天理人伦所在,假让位之名,以宝玺来
　　上,皇考推诚不疑,即立为皇太子。而乃当躬迓(yà)之际④,与其臣月
　　鲁不花、也里牙、明里董阿等谋为不轨,使我皇考饮恨上宾⑤。归而再
　　御宸极⑥,又私图传子,嫁祸于八不沙皇后,谓朕非明宗之子,出居遐
　　陬(xiá zōu)⑦。上天不佑,随降殒罚。叔婶不答失里,怙其势焰⑧,舍长
　　嫡而立次幼,奄复不年,诸王大臣以贤以长,扶朕践阼。赖天之灵,权
　　奸屏黜,永惟鞠育罔极之恩⑨,忍忘不共戴天之义。其命太常撤去图
　　帖睦尔在庙之主。不答失里削太皇太后之号,徙东安州安置。燕帖

---

① 庙主:宗庙中的牌位。
② 升遐:称帝王去世,也指后妃等死亡。
③ 憸慝:奸邪,邪恶。
④ 迓:迎接。
⑤ 上宾:古时指帝王去世。
⑥ 宸极:北极星,比喻帝位。
⑦ 遐陬:边远一隅。
⑧ 怙:依靠,倚仗。
⑨ 罔极:无穷尽。

古思放诸高丽。当时贼臣月鲁不花等已死,其以明里董阿明正
典刑。"

时监察御史崔敬言:"文宗既撤庙主,婶母亦削鸿名。尽孝正名,斯亦
足矣。惟念皇弟燕帖古思,年幼播迁①,天理人情,有所不忍。方先皇
上宾,皇弟尚在襁褓,未有知识②,义当矜闵③。伏望陛下迎归太后母
子,以尽骨肉之义。"书奏,不报。未几,太后崩于东安州,燕帖古思遇
害于中道。

纲秋八月,帝还大都。

纲冬十月,马札儿台罢,以脱脱为右丞相,铁木儿不花为左丞相。

〔脱脱恢复科举〕

纲十二月,诏复行科举。

目时科举既辍,翰林学士承旨巙巙(náo)从容言曰:"古昔取人材以济世
用,必由科举,何可废也?"帝采其论,诏复行之。

纲辛巳,至正元年(1341),夏四月,帝如上都。

纲以铁木儿塔识为平章政事。

纲秋八月,帝还大都。

纲壬午,二年(1342),夏四月,帝如上都。秋九月,帝还大都。

① 播迁:流离迁徙。
② 知识:了解,认识。
③ 矜闵:哀怜,怜悯。

纲 冬十二月,京师地震。

〔修辽金宋三史,各为正统,各系年号〕

纲 癸未,三年(1343),春三月,诏修辽、金、宋三史。

目 初,世祖立国史院,首命王鹗修辽、金二史。宋亡,又命史臣通修三
　史。延祐、天历之间,屡诏修之,以义例未定①,竟不能成。至是,命
　脱脱为都总裁,铁木儿塔识、张起岩、欧阳玄、吕思诚、揭奚斯为总裁
　官,修之。或欲如《晋书》例,以宋为《世纪》,而辽、金为《载记》②。
　或又谓辽立国先于宋五十年,宋南渡后尝称臣于金,以为不可。待制
　王理者③,祖修端之说④,著《三史正统论》,欲以辽、金为《北史》,太
　祖至靖康为《宋史》⑤,建炎以后为《南宋史》⑥。一时士论,非不知宋
　为正统,然终以元承金,金承辽之故疑之,各持论不决。诏辽、金、宋
　各为史。凡再阅岁书成,上之,发凡举例论赞表奏,多玄属笔焉。

纲 夏四月,帝如上都。秋八月,帝还大都。

纲 冬十月,亲祀太庙。

目 帝行礼至宁宗室,问曰:"朕,宁宗兄也,理当拜否?"太常博士刘闻对
　曰:"宁宗虽弟,其为帝时,陛下为臣。春秋时鲁僖公,闵公兄也,闵公

---

① 义例:著书的主旨和体例。
② 载记:史书体裁之一,记载不属于正统王朝的割据政权的历史。
③ 待制:翰林国史院官员。
④ 修端:金末人,曾著《辩辽宋金正统》,提出南、北史说。
⑤ 靖康:宋钦宗年号。
⑥ 建炎:宋高宗第一个年号。

先为君,宗庙之祭,未闻僖公不拜。陛下当拜。"乃拜之。

纲十二月,以别儿怯不花为左丞相,铁木儿不花罢。

纲征清江处士杜本①,不至。

目本在武宗时尝被召至京师,即归隐武夷山中。文宗闻其名,征之,不起。至是脱脱荐之,召为翰林待制,兼国史院编修官②。使者趣,至杭州,称疾固辞。

既又征处士完者图、执礼哈郎、董立、李孝光、张枢,枢辞不至。诏以完者图、执礼哈郎为翰林待制,立修撰③,孝光著作郎④。或疑其太优,右丞相铁木儿塔识曰:"隐士无求于朝廷,朝廷有求于隐士,区区名爵,何足吝惜。"识者诵之。

纲甲申,四年(1344),春正月,以贺惟一为平章政事。

纲三月,以纳麟为平章政事。

纲夏四月,帝如上都。

纲五月,脱脱罢,以阿鲁图为右丞相。

纲秋七月,温州地震、海溢。

纲八月,帝还大都。

_____

① 清江:县名,今江西樟树市。
② 国史院编修官:翰林国史院属官。
③ 修撰:翰林国史院属官。
④ 著作郎:秘书监属官。

纲乙酉,五年(1345),夏四月,帝如上都。

纲五月,翰林学士承旨嵘嵘卒。

目初,嵘嵘知经筵,日劝帝就学。帝欲宠以师礼,固辞不可。帝尝欲观画,嵘嵘取《比干图》以进。一日帝览宋徽宗画称善,嵘嵘进曰:"徽宗多能,惟一事不能。"帝问一事谓何。对曰:"独不能为君尔。身辱国破,皆由不能为君所致。凡为人主贵能为君,他非所尚也。"其随事规谏,皆类此。尝谓人曰:"天下事宰相当言,宰相不得言则台谏言之,台谏不敢言则经筵言之。备位经筵,得言人所不敢言于天子之前,志愿足矣。"故于时政得失有当匡救者,未尝缄默。至是卒。

纲秋七月,以巩卜班为平章政事。

纲八月,帝还大都。

纲九月,遣使巡行天下。

目时诸道奉使者皆与台谏交相掩蔽①,惟巡京畿道西台中丞定定②、集贤侍讲学士苏天爵纠举无所避,凡兴革者七百八十三事,纠劾凡百四十三人。都人称天爵为"包拯",天爵亦竟以忤时相罢去。

纲丙戌,六年(1346),夏四月,帝如上都。

纲五月,盗窃太庙神主③。

---

① 台谏:元代不设谏院,泛指御史台监察官员。
② 西台:陕西诸道行御史台,统汉中、陇北、四川、云南四道。
③ 神主:古代宗庙内所设已亡国君的牌位,以木或石制成。元代神主以金制成。

纲秋八月,帝还大都。

纲冬十二月,阿鲁图罢。

纲丁亥,七年(1347),春正月朔,日食。

目是日,大寒而风,朝官仆者六人。

纲二月,山东地震。

目坏城郭,有声如雷。三月,东平又震,河水动摇。

纲夏四月,帝如上都。

纲六月,复以太平为平章政事。

纲秋九月,帝还大都。

纲铁木儿塔识卒,以朵儿只为左丞相。

纲冬十月,沿江兵起。

纲十一月,诏选台阁名臣出为守令。

纲戊子,八年(1348),春三月,帝临国子学。

目赐衍圣公银印①,升秩从二品。定弟子员出身及省亲②、奔丧等制。

纲帝如上都。

纲夏五月,霖雨,山崩,江溢。

————————————

① 衍圣公:孔子后裔世袭的封号。
② 省亲:探望父母或其他尊亲。

纲 秋八月,帝还大都。

纲 奎章阁侍书学士致仕虞集卒。

目 谥文靖。集性孝友,学博洽,而究极本源,研精探微,心解神契。其经纶之妙,一寓诸文,颇有宋庆历、乾淳风烈①。

〔方国珍兵起为元末动乱之始〕

纲 冬十一月,台州方国珍兵起②。

纲 以太不花、忽都不花并为平章政事。

纲 己丑,九年(1349),夏四月,以钦察台为平章政事。帝如上都。

纲 枣阳童子暴长。

目 枣阳民张氏妇生男,甫及周岁,暴长四尺许,容貌异常,皤(pó)腹拥肿③,见人嬉笑,如世俗所画布袋和尚云。

〔脱脱复为中书右丞相〕

纲 秋七月,朵儿只、太平俱罢,以脱脱为右丞相。

纲 八月,以伯颜为平章政事。

纲 庚寅,十年(1350),春正月,以搠(shuò)思监为平章政事。

---

① 庆历:宋仁宗年号。乾淳:即乾道、淳熙,宋孝宗年号。
② 台州:路名,治今浙江临海市。
③ 皤腹:大肚子。

纲夏四月,帝如上都。

纲六月,有星入于北斗。

目大如月,震声如雷。

纲秋八月,帝还大都。

纲冬十月,方国珍攻温州。

〔元廷征发民工治理黄河,成为元末大动乱的导火索〕

纲辛卯,十一年(1351),夏四月,诏修河防。左迁工部尚书成遵为河间
　　盐运使①,以贾鲁为总治河防使②。

目初,黄河决,脱脱集群臣廷议,言人人殊,惟漕运使贾鲁以为③:"必塞
　　北河,疏南河,使复故道。役不大兴,害不能已。"于是,遣工部尚书成
　　遵与大司农秃鲁行视河④。议其疏塞之方以闻。遵等自济、濮、汴梁、
　　大名⑤,行数千里,掘井以量地之高下,测岸以究水之浅深,博采舆论,
　　以谓河之故道,断不可复。且曰:"山东连歉,民不聊生,若聚二十万
　　众于此地,恐他日之忧,又有重于河患者。"时脱脱先入鲁言,及闻遵
　　等议,怒曰:"汝谓民将反邪!"自辰至酉⑥,论辨终莫能入。明日,执

① 河间盐运使:大都河间等路都转运盐使司长官,负责盐的生产、销售、专卖以及税收。
② 总治河防使:负责治理黄河河道的临时使职。
③ 漕运使:都漕运使司长官,掌漕运。
④ 大司农:大司农司长官,掌农桑、水利、学校、饥荒等事。行视:巡行视察。
⑤ 济:指济宁路,治今山东巨野县。濮:州名,治今山东鄄城县。
⑥ 辰:上午七点至九点为辰时。酉:下午五点至七点为酉时。

政谓遵曰①:"修河之役,丞相意已定,且有人任其责,公勿多言,幸为两可之议。"遵曰:"腕可断,议不可易。"遂出遵河间盐运使。诏开黄河故道,命鲁以工部尚书充河防使,发河南北兵民十七万,自黄陵冈南达白茅②,放于黄冈、哈只等口,又自黄陵西至阳青村,凡二百八十里有奇。兴功凡五阅月,诸埽(sào)堤成③,河复故道。超授鲁集贤大学士,赐脱脱世袭"答剌罕"之号④,其余迁赉(lài)有差⑤。

先是,河南北童谣云:"石人一只眼,挑动黄河天下反。"及鲁治河,果于黄陵冈得石人一眼,而汝、颍之兵起⑥。

纲帝如上都。

[刘福通、李二、徐寿辉等起义]

纲五月,颍州刘福通、萧县李二、罗田徐寿辉等兵起。

[白莲教为元末农民起义的宗教组织]

目先是四方盗贼蜂起,有司不能制,及发丁夫开河,民心益愁怨思乱。

有韩山童者,栾城人⑦,自其祖父以白莲会烧香惑众⑧,谪徙永平⑨。

---

① 执政:元代中书省右丞、左丞、参知政事统称执政。
② 黄陵冈:在今山东曹县西南废黄河道北岸。
③ 埽:用秫秸等修成的堤坝或护堤。
④ 答剌罕:元朝皇帝赐给于己有大功者,此号可世袭,享有特权。
⑤ 赉:赐予。
⑥ 汝:州名。颍:州名,治今安徽阜阳市。
⑦ 栾城:县名,今河北石家庄市栾城区。
⑧ 白莲会:佛教净土宗的一个流派,又称白莲教。
⑨ 永平:据《元史·顺帝纪》应作"永年"。永年,县名,今河北邯郸市永年区。

至是,山童倡言天下大乱,弥勒佛下生,河南及江淮愚民翕然信之①。颍州刘福通与杜遵道、罗文素、盛文郁、王显忠、韩咬儿复诡言:“山童实宋徽宗八世孙,当为中国主。”遂同起兵,以红巾为号。县官捕之急,山童就擒,其妻杨氏及其子韩林儿逃之武安②。惟福通党盛不可制,朝廷乃命同知枢密院秃赤以兵击之。

福通既破颍州,遂据朱皋③,攻罗山、上蔡、真阳④、确山诸县,寻犯舞阳、叶县,陷汝宁府及光、息二州⑤,众至十万。

萧县李二,号芝麻李,亦以烧香聚众,与其党赵均用、彭早住攻陷徐州,据之。罗田徐寿辉与倪文俊、邹普胜等,聚众举兵,亦以红巾为号。攻陷蕲(qí)水县及黄州路⑥。

纲 秋八月,帝还大都。

纲 冬十月,饶、信等雨黍⑦。

目 信州及邵武雨黍,饶州、建宁雨黑子⑧,大如黍菽(shū)⑨,衢州雨黍,民多取而食之。

————————

① 翕然:一致。
② 武安:州名,治今江苏徐州市。
③ 朱皋:镇名,在今河南固始县。
④ 真阳:县名,今河南正阳县。
⑤ 汝宁府:治今河南汝南县。光:州名,治今河南潢川县。息:州名,治今河南息县。
⑥ 蕲水县:今湖北浠水县。黄州路:治今湖北黄冈市。
⑦ 饶:饶州路,治今江西鄱阳县。信:信州路,治今江西上饶市。
⑧ 建宁:路名,治今福建建瓯市。
⑨ 菽:豆类的总称。

[徐寿辉称帝]

纲徐寿辉称帝于蕲水①。

纲十一月,有星孛(bèi)于西方②。

纲壬辰,十二年(1352),春正月,徐寿辉兵破汉阳诸郡③,威顺王宽彻普
　化等弃城走。二月,破江州④,总管李黼(fǔ)死之。

纲以月鲁不花为平章政事。

[郭子兴兵起破濠州]

纲定远郭子兴等兵起,破濠州⑤。

目子兴见汝、颍兵起,列郡骚动,遂与其党孙德崖等举兵,自称元帅,攻
　拔濠州,据之。彻里不花率兵欲复濠城,惮不敢进,惟日掠良民为盗
　以徼赏。由是民益恟恟不安,其豪杰咸投入城以自保。

纲三月,徐寿辉破袁⑥、瑞⑦、饶、信、徽等州⑧。

---

① 国号天完,自称皇帝,改元治平。
② 孛:彗星出现时光芒四射的现象。
③ 汉阳:府名,治今湖北武汉市汉阳区。
④ 江州:路名,治今江西九江市。
⑤ 濠州:治今安徽凤阳县。
⑥ 袁州:路名,治今江西宜春市。
⑦ 瑞州:路名,治今江西高安市。
⑧ 徽州:路名,治今安徽歙县。

纲诏省台官兼用南人。

目自世祖以后,台省之职,南人斥不用。至是,始复旧制,诏:"南人有才学者,并许用之。"

纲台州路达鲁花赤泰不华①,与方国珍战于澄江②,死之。

目先是国珍入海,烧掠沿海州郡。朝廷遣大司农达识帖木迩招降之。至是,朝廷方征徐州,命江浙募舟师,北守大江,国珍怀疑,复劫其党入海。泰不华遣义士王大用往谕,国珍拘留不遣,其戚党陈仲达往来议降。泰不华具舟,张受降旗,乘潮下澄江,触沙不行。垂与国珍遇,呼仲达申前议,仲达目动气索,泰不华觉其心异,手斩之。即前薄贼船,奋击之。贼群至,欲抱持入其船,泰不华瞋(chēn)目叱之,夺刀杀贼。贼攒槊(shuò)刺之③,中颈死,犹植立不仆,投其尸海中。事闻,追赠江浙平章,封魏国公,谥忠介。

纲陇西地震。

目凡百余日,城郭颓圮(pǐ)④,陵谷变迁,定西、会州尤甚⑤,会州公宇墙崩,获弩五百余,长者丈余,短者九尺,人莫能挽。因改定西为安定州,会州为会宁州。

纲夏四月,帝如上都。

---

① 达鲁花赤:蒙古语,意为"镇守者"。大蒙古国和元朝的官名,为所在地方、军队和官衙的最高监治长官。

② 澄江:即今浙江台州市灵江,亦称椒江。

③ 槊:长矛。

④ 圮:毁坏,坍塌。

⑤ 会州:治今甘肃会宁县。

纲 五月,徙瀛国公子赵完普等于沙州①。

目 御史彻彻帖木儿等言:"诸处群盗,辄引亡宋故号以为口实。宜徙和
尚完普及亲属于沙州安置,禁人交通。"从之。

纲 秋七月,徐寿辉兵袭杭州,江浙参知政事樊执敬战死,董抟(tuán)霄率
兵复之,遂复徽州。

纲 八月,方国珍攻台州,浙东元帅也忒迷失击走之。

纲 右丞相脱脱将诸军击李二于徐州,大破之,屠其城。

纲 帝还大都。

纲 冬十月,霍山崩②。

目 前三日山如雷鸣,禽兽惊散,殒石数里。

纲 十一月,江西行省平章政事星吉击赵普胜③,战于湖口,兵败死之。

纲 赵均用入濠州,据之。

纲 癸巳,十三年(1353),春正月,以哈麻为右丞。

纲 夏四月,帝如上都。

〔张士诚起兵高邮〕

纲 五月,泰州张士诚兵起于高邮,自称诚王,知府李齐死之。

―――――――――

① 沙州:路名,治今甘肃敦煌市。
② 霍山:在今山西洪洞县东部。
③ 江西行省:今江西、广东一带。

目 士诚,白驹场亭民,及其弟士德、士信举兵,陷泰州。遂据高邮,称诚王,国号大周,建元天祐。已而有诏赦之,使至不得入。贼绐言:"请李知府来乃受命。"淮南行省强齐往①,至则下齐于狱。齐虽辩说百端,而士诚本无降意。士诚呼齐使跪,齐叱曰:"吾膝如铁,岂为贼屈。"士诚怒,使曳倒,槌碎其膝而剐之。时论大科三魁②,若李黼、泰不华及齐,皆不负所学云。

纲 六月,立子爱猷识理达腊为皇太子,赦。

纲 秋九月,帝还大都。

纲 冬十二月,江浙平章政事卜颜帖木儿等会兵击徐寿辉于蕲水,破之。

纲 哈麻进西番僧于帝。

目 僧教帝行房中运气之术,号演揲(dié)儿法③。又进僧伽璘真,善秘密法,帝皆习之。诏以西番僧为司徒,伽璘真为大元国师④。各取良家女,三四人奉之,谓之供养。尝谓帝曰:"陛下尊居万乘,富有四海,不过保有见世而已。人生能几何,当受此秘密大喜乐禅定。"于是帝日从事于其法,广取女子,惟淫戏是乐。帝诸弟八郎者,与哈麻妹婿秃鲁帖木儿及老的沙等十人,号倚纳,皆有宠在帝前,相与亵狎⑤,甚至男女裸处,号所处室曰皆即兀该,犹华言事事无碍也。君臣宣淫,而

---

① 淮南行省:即淮南江北等处行中书省,至正十二年置,今江苏、安徽中部、湖北东部一带。

② 三魁:状元、榜眼、探花。

③ 演揲儿:源自梵语,为藏传佛教中的一种瑜伽修法,即幻轮瑜伽。

④ 国师:元朝佛教僧侣官衔,多授予吐蕃高僧,地位低于帝师。

⑤ 亵狎:亲近宠幸。

群僧出入禁中,无所禁止,丑秽外闻。皇太子既长,深疾二僧等所为,
欲去之,未能也。

纲 郭子兴引兵入滁州。

目 时子兴患赵均用之专,乃领所部万人,入据滁州城,称王。

纲 甲午,十四年(1354),春正月,汴河冰五色。

目 冰皆成五色花草如绘画,三日方解。

纲 夏四月,帝如上都。秋八月,帝还大都。

纲 九月,命右丞相脱脱督诸军击张士诚。

纲 冬十二月,以定住为左丞相,琐南班、哈麻并为平章政事。

〔削脱脱官爵〕

纲 诏削脱脱官爵,安置淮安①,以太不花等代总其军。

纲 帝制龙舟于内苑。

目 帝自制船式,长一百二十尺,广二十尺,用水手二十四人,皆衣金紫。
自后宫至前宫山下海子内②,往来游戏,行时,龙首眼口爪尾皆动。
又自制宫漏,高六七尺,广半之,造木为匮,藏壶其中,运水上下。匮
上设三圣殿,匮腰立玉女捧时刻筹,时至,辄浮水而上。左右二金甲

———————

① 淮安:路名,治今江苏淮安市。
② 海子:又名积水潭,今北京市什刹海。

神,一县(xuán)钟①,一县钲(zhēng)②,夜则神人自能按更而击,无分毫差。鸣钟钲时,狮凤在侧者皆自翔舞。匮之东西有日月宫,飞仙六人立宫前,遇子午时,自能耦进,度仙桥,达三圣殿,复退立如前。其精巧绝出人意,皆前所未有。

帝既怠于政治,惟事游宴,以宫女十六人按舞,名十六天魔。又十一人奏龙笛、头管、小鼓、筝、籙(qín)③、琵琶、笙、胡琴、响板、拍板。每宫中赞佛,则按舞奏乐。宦官非受秘密戒者不得与。

〔韩林儿称宋帝,又称龙凤政权〕

纲 乙未,十五年(1355)④,春二月,刘福通以韩林儿称宋帝⑤。

纲 三月,窜脱脱于云南。

纲 蓟州雨血⑥。

纲 帝如上都。

纲 夏四月,以定住为右丞相,哈麻为左丞相,桑哥失里为平章政事,雪雪为御史大夫⑦。

---

① 县:同"悬"。
② 钲:乐器。
③ 籙:一种乐器,似筝,有七弦。
④ 宋主韩林儿龙凤元年。
⑤ 国号宋,改元龙凤。
⑥ 蓟州:治今天津市蓟州区。
⑦ 雪雪:哈麻之弟。

〔朱元璋起兵濠州〕

纲 六月,明太祖皇帝起兵,自和阳渡江取太平路①。

目 时四方割据称雄者众,战争无虚日,兵乱岁饥,民不聊生。壬辰
　　(1352)春,明太祖皇帝避兵濠城,有安天下救生民之志。乃收纳英贤
　　置之左右,遂起兵攻滁州,下之。明年,又下和阳,恩威日著,豪杰归
　　心。至是,谋渡江取金陵,患无舟楫,而巢湖水寨军帅俞通海等率众
　　万余、船千艘来降。太祖顾谓诸将曰:“方谋渡江,而巢湖水军来附,
　　吾事济矣!”遂率徐达、冯国用、邵荣、汤和、李善长、常遇春、邓愈、耿
　　君用、毛广、廖永安引舟东下,首克牛渚矶②,遂进攻太平,拔之。耆
　　儒陶安、李习率父老出迎,安因献言曰:“方今四海鼎沸,豪杰并争,攻
　　城屠邑,互相长雄,然其志皆在子女玉帛,取快一时,非有拨乱救民、
　　安天下之心。明公率众渡江,神武不杀,人心悦服,以此顺天应人而
　　行吊伐,天下不足平也。”

纲 冬十一月,答失八都鲁击宋刘福通军,破之。十二月,遂围亳③,福通
　　以其主韩林儿走安丰④。

纲 元哈麻矫诏杀右丞相脱脱。

纲 丙申,十六年(1356),春正月,元哈麻、雪雪有罪,伏诛。

————————————

① 和阳:即和州,治今安徽和县。太平路:治今安徽当涂县。
② 牛渚矶:在今安徽马鞍山市西南。
③ 亳:州名。
④ 安丰:路名,治今安徽寿县。

纲天完主徐寿辉据汉阳。

纲二月,张士诚入平江①,据之。

〔朱元璋攻克金陵,以金陵为根据地〕

纲三月,明太祖帅师克金陵,改集庆路为应天府。

目诸军水陆并进,至江宁镇,攻陈兆先营,破之。进围集庆,南台御史大夫福寿督兵出战,力不能支,死于兵。太祖入城,召官吏耆老,谕曰:"吾率众至此,为民除乱耳。尔宜各安职业,毋恐。"于是民大悦,更相庆慰。遂改集庆路为应天府。分遣诸将取镇江、广德,皆下之。

纲方国珍降于元。

纲是月,有两日相荡。

纲夏六月,彰德李实如黄瓜。

目先是童谣云:"李生黄瓜,民皆无家。"

纲秋八月,彗星见。

目彗出张宿②,色青白,指西南,长尺余,至十二月朔始灭。

纲冬十月,星陨大名,化为石。

目从东南流,芒尾如曳彗,堕地有声,火焰蓬勃,久之乃息,化为石,青黑色,形如狗头,其断处若新割者。

---

① 平江:路名,治今江苏苏州市。
② 张宿:二十八宿之一。

纲 丁酉,十七年(1357),春正月朔,日食。

纲 三月,明太祖兵克常州。

目 先是,徐达攻常州,进薄城下,张士诚遣其弟士德以数万众来援,达伏
　　兵擒之。由是士诚气沮,乃奉书请和,愿输粮犒军。太祖复书,数其
　　开衅召兵之罪,且许其归我使臣将校,即当班师。士诚得书,不报,达
　　请益兵围之,遂下其城。

纲 夏五月,元以搠思监为右丞相,太平为左丞相。

纲 明太祖取宁国等路①。

目 徐达、常遇春率兵取宁国,攻之久不下。太祖乃亲往督师,既至,守将
　　杨仲英开门请降,百户张文贵杀其妻妾,自刎而死。寻遣诸将取江
　　阴、徽州、池州,皆下之。

纲 六月,有龙斗于乐清江。

纲 秋七月,元大都昼雾。

纲 八月,张士诚降于元,元以为太尉。明太祖取扬州。

〔天完将陈友谅杀倪文俊扩张势力〕

纲 九月,天完将陈友谅袭杀倪文俊。

目 友谅,沔阳渔人子②,尝为县吏,不乐。会寿辉、文俊兵起,慨然往从

---

① 宁国路:治今安徽宣城市。
② 沔阳:府名,治今湖北仙桃市。

之。遂为文俊簿书掾①，寻亦领兵为元帅。及文俊专恣，心不能平。至是，文俊谋杀寿辉，不果，奔黄州。友谅因乘衅袭杀之，遂并其军，自称平章。

纲 冬十一月，汾州桃杏有花②。

[明玉珍据成都]

纲 十二月，天完将明玉珍据成都。

目 玉珍，随州人。初闻徐寿辉兵起，乃集乡兵屯于青山，结栅自固。未几，降于寿辉。及倪文俊陷川蜀，令玉珍守之。至是，文俊死，玉珍遂自据成都，蜀中郡县皆附之。

纲 元翰林学士承旨欧阳玄卒。

纲 戊戌，十八年(1358)，春正月，天完将陈友谅破安庆③，元淮南行省左丞余阙死之。

目 先是阙固守安庆，友谅引军薄城下，阙遣兵扼之。俄而饶寇攻西门，友谅兵乘东门，既登城，阙简死士奋击败之。至是，池州赵普胜军东门，友谅军西门，饶兵军南门，四面蚁集。阙徒步提戈，为士卒先。分遣部将督三门之兵，自以孤军血战，斩首无算，而阙亦被十余创。日中城陷，火起。阙知不可为，乃引刀自刭(jǐng)④，堕清水塘中死。妻

① 掾：吏员。
② 汾州：治今山西汾阳市。
③ 安庆：路名，治今安徽怀宁县。
④ 自刭：自杀。

蒋氏及妾耶卜、耶律氏,子德臣,女安安,甥福童,亦皆赴井死。同时死者,守臣韩建一家被害,居民誓不从贼,焚死者以千计。

纲 三月,宋毛贵破济南路,元河南行省右丞董抟霄与战,死之。

目 济南城陷,贵入据之。时抟霄方驻于南皮之魏家庄①,诏遣使拜为河南右丞。甫拜命,值贵兵猝至,而营垒犹未完,诸将曰:"贼至当如何?"抟霄曰:"当以死报国!"因拔剑督战。贼突前捽抟霄,刺杀之,无血,惟见白气冲天。是日,其弟昂霄亦死。

纲 大同路夜闻空中有声。

目 初,黑气蔽西方,有声如雷。顷之,东北方有云如火,交射中天,遍地俱见火光,空中如有兵戈之声。

纲 夏四月,天完将陈友谅破隆兴②。

纲 五月,宋刘福通破汴梁,奉其主韩林儿居之。

纲 山东地裂。

纲 六月,宋将关先生兵破辽州③,遂大掠塞外诸郡。

纲 冬十一月,元左丞相搠思监有罪免④,以纽的该为左丞相。

纲 十二月,明太祖取婺州⑤。

---

① 南皮:县名,今河北南皮县。
② 隆兴:即龙兴路,治今江西南昌市。
③ 辽州:治今山西左权县。
④ 左丞相:据《元史·顺帝纪》应作"右丞相"。
⑤ 婺州:路名,治今浙江金华市。

目 胡大海兵攻婺州，久不克。太祖乃自将精兵十万往征，拔之。改婺州路为宁越府。命知府王宗显开郡学，延儒士叶仪、宋濂为五经师，戴良为学正①，吴沉、徐原等为训导②。时丧乱之余，学校久废，至是始闻弦诵之声，无不忻悦。

太祖既抚定宁越，欲遂取浙东未下诸郡。集诸将谕之曰："克城虽以武，而安民必以仁。吾师北入建康，秋毫无犯，故一举而遂定。今新克婺城，民始获苏，政当抚恤，使民乐于归附，则彼未下郡县亦必闻风而归。吾每闻诸将下一城，得一郡，不妄杀人，辄喜不自胜。盖师旅之行，势如烈火，火烈则人必避之。为将者能以不杀为心，非惟国家所利，在己亦蒙其福。尔等从吾言，则事不难就，大功可成矣。"

纲 宋关先生兵破上都，焚宫阙。

纲 太白经天。

〔方国珍附朱元璋〕

纲 己亥，十九年（1359），春三月，元方国珍遣使以温、台、庆元三郡附于明太祖。

目 先是太祖遣使往庆元招谕方国珍③，国珍与其下谋曰："方今元运将终，豪杰并起，惟江左号令严明，所向莫敌。今又东下婺州，恐不能与抗。况与我为敌者，西有张士诚，南有陈友定，莫若姑示顺从，藉为声

①学正：学官名。
②训导：学官名。
③庆元：路名，治今浙江宁波市。

援,以观其变。"遂遣使奉书币,以温、台、庆元三郡来献,且以次子关为质。太祖曰:"古者虑人不从,则为盟誓。盟誓变而为交质,皆由未能相信故也。今既诚信来归,便当推诚相与,如青天白日,何自怀疑而以质子为哉?"乃厚赐关而遣之。国珍既又以金玉饰马、鞍辔(pèi)来献①。太祖曰:"吾方有事四方,所需者文武材能,所用者谷粟布帛,其他宝玩非所好也。"悉却之。

纲 夏四月,赵均用杀宋毛贵,其党续继祖执均用杀之。

纲 六月,天完将陈友谅攻信州,元江东廉访使伯颜不花的斤往救②,死之。

纲 秋八月,元察罕帖木儿克汴梁,宋刘福通以其主韩林儿复走安丰。

纲 九月,明太祖兵取衢、处州③。

目 初,太祖克婺州,置分中书省,召儒士许元、叶瓒(zàn)玉、胡翰、汪仲山、李公常、金信、徐孳(zī)、童冀、吴履、张启敬、孙履,皆会食省中,日令二人进讲经史,敷陈治道。至是克处州,又有荐青田刘基、龙泉章溢、丽水叶琛及宋濂者,即遣使以书币征之,至建康。比入见,甚喜,赐坐,从容与论经史,及咨以时事,深见尊宠。既而命有司即所居之西,创礼贤馆处之。时朱文忠守金华,复荐王祎、王天锡,至皆用之。

纲 冬十二月,天完将陈友谅徙其主徐寿辉都江州,自称汉王。

---

① 辔:驾驭牲口的嚼子和缰绳。
② 江东廉访使:据《元史·顺帝纪》应作"江东廉访副使",江东建康道肃政廉访司副长官。
③ 处州:路名,治今浙江丽水市。

綱庚子,二十年(1360)①,春三月,彗见东方。

〔陈友谅杀徐寿辉称帝〕

綱夏五月,汉主陈友谅弑其主徐寿辉,遂自称帝②。

〔朱元璋伐陈友谅〕

綱辛丑,二十一年(1361),秋八月,明太祖帅师伐汉,拔江州,汉主友谅
　　走武昌。

目先是友谅引兵犯金陵,败溃,奔还。寻遣其将张定边陷安庆府,太祖
　　乃下令诸将曰:"陈友谅贼杀其主,僭称大号,侵我太平,犯我建康,今
　　又以兵陷我安庆,观其所为,不灭不已。尔等其厉士卒以从。"徐达进
　　曰:"师直为壮,今我直而彼曲,焉有不克!"刘基曰:"取威制敌,以成
　　王业,在此时也。"遂督诸帅,率舟师,乘风溯流而上。遂克安庆,长驱
　　向江州,分舟师为两翼,夹击友谅,大破之。友谅挈妻子夜奔武昌。
　　既而友谅伪相胡廷瑞见江州已破,遣使诣军中请降,太祖遂至隆兴。
　　建昌王溥、饶州吴宏、袁州欧普祥各率众来见③,宁州陈龙及吉安孙
　　本立、曾万中皆来降④,乃改隆兴路为洪都府。

綱冬十一月,黄河清。

① 汉主陈友谅大义元年。
② 建国号汉,改元大义。
③ 建昌:路名,治今江西南城县。
④ 宁州:治今江西修水县。

目 自平陆三门碛(qì)下至孟津①,五百里皆清,凡七日。

纲 大饥。

纲 壬寅,二十二年(1362),春二月,彗星见。

目 未几,长星复见于虚、危之间②,其形如练,长数十丈。

纲 三月,明玉珍破云南,夏五月,自称陇蜀王。

纲 六月,彗出紫微垣。

〔明玉珍称帝〕

纲 癸卯,二十三年(1363)③,春正月,明玉珍称帝于成都④。

纲 二月,张士诚将吕珍入安丰,杀宋刘福通等,据其城。明太祖率兵击走之。

纲 三月,彗见东方。

〔朱元璋鄱阳湖之捷,确立在南方的霸主地位〕

纲 秋七月,汉主友谅围洪都,明太祖帅诸将讨之,大战于鄱阳湖。友谅败死,子理立。

————————

① 三门碛:即三门峡,在今河南三门峡市北部。
② 虚:虚宿,二十八星宿之一。危:危宿,二十八星宿之一。
③ 夏王明玉珍天统元年,吴王张士诚元年。
④ 建国号夏,改元天统。

目初,友谅忿其疆场日蹙(cù),乃作大舰,来攻洪都。自为必胜之计,载其家属、百官,空国而来,以兵围城,其气甚盛。兵戴竹盾御矢石,攻城,城且坏,守将朱文正、赵德胜、邓愈督诸将死战,且战且筑,城坏复完。已而德胜中流矢死,内外阻绝,音问不通,文正乃遣使赴建康告急。太祖亲帅诸将,发舟师二十万,进次湖口。

友谅闻援兵至,即解围东出,与明师遇鄱阳湖之康郎山①。戊子(二十一日),徐达、常遇春等诸将击败其前军,军威大振。明日,诸军接战,至晡②,东北风起,燔其水寨舟数百艘,友谅弟友仁、友贵及其平章陈普略皆焚死。

辛卯(二十四日),复联舟大战,自辰至午③,敌兵大败,友谅夺气。其将张定边欲挟之退保鞋山④,为我师所扼,不得出,敛舟自守,不敢战。是夕,明舟渡浅,泊于左蠡⑤,与友谅相持者三日。

〔陈友谅战死〕

八月壬戌(二十六日),友谅计穷,冒死突出,将奔还武昌。太祖麾诸将邀击之,友谅中流矢,贯睛及颅而死。擒其太子善儿,其平章陈荣以下悉以楼船军马来降。

定边乘夜以小舟载其尸及其子理径趋武昌,复立理为帝,改元德寿。既而明太祖复进兵围之。

---

① 康郎山:在今江西余干县康山乡。
② 晡:申时,下午三时至五时。
③ 午:上午十一时至下午一时。
④ 鞋山:在今江西湖口县,鄱阳湖口南侧。
⑤ 左蠡:今江西都昌县西北左里镇。

〔张士诚称吴王〕

纲 张士诚自称吴王。元遣使征粮,不与。

纲 冬十月,山东赤气千里。

〔朱元璋建国号吴〕

纲 甲辰,二十四年(1364),春正月,明太祖建国号曰吴。二月,自将伐汉,汉主陈理降,湖广、江西悉平。

目 时李善长、徐达等以太祖功德日隆,屡表劝进,不允,乃于是月朔即吴王位。建百司官属,以李善长为右相国①,徐达为左相国②,常遇春、俞通海为平章政事,汪广洋为右司郎中,张昶为左司都事。谕达等曰:“卿等为生民计,推戴予,然建国之初,当先正纪纲。元氏昏乱,纪纲不立,主荒臣专,威福下移,由是法度不行,人心涣散,遂致天下骚乱。今将相大臣当鉴其失,宜协心为治,以成功业,毋苟且因循,取充位而已。”

〔朱元璋伐汉〕

二月,以武昌围久不下,乃亲往视师,督诸将击之,擒其元帅张必先。既而遣其降将罗复仁入城,谕陈理使降,理遂率其太尉张定边等,诣军门请降。凡府库储蓄,悉令理自取。城中民多饥困,命给粟赈之。

---

① 右相国:明初官制,中书省宰相,以右为尊。
② 左相国:明初官制,中书省宰相。

于是湖广、江西诸郡县相继皆降。

江西行省以陈友谅镂金床进,太祖观之,谓侍臣曰:"此与孟昶七宝溺器何异①? 以一床工巧若此,其余可知。陈氏父子穷奢极靡,焉得不亡!"侍臣曰:"未富而骄,未贵而侈,此所以取败。"太祖曰:"既富,岂可骄;既贵,岂可侈。有骄侈之心,虽富贵,岂能保乎?"即命毁之。

纲 三月,明太祖定官制。

纲 乙巳,二十五年(1365),春二月,日旁有一月一星。

纲 夏五月,大都雨牦(máo)②。

目 长尺许,或曰:"龙须也。"命拾而祀之。

纲 秋七月,元皇后弘吉剌氏崩。

纲 九月,元以方国珍为淮南左丞相。

纲 冬十二月,元立奇氏为皇后③。

纲 丙午,二十六年(1366),春三月,夏主明玉珍卒,子昇立。

纲 夏四月,明太祖兵取淮安诸路。

纲 五月,明太祖求遗书。

目 太祖尝命有司访求古今书籍,藏之秘府,以资览阅。因谓侍臣詹同等

---

① 五代后蜀末代皇帝孟昶生活奢侈淫靡,用黄金打造夜壶,镶嵌七种宝石。
② 牦:硬而卷曲的毛。
③ 奇氏:名完者忽都,高丽人。

曰："三皇五帝之书，不尽传于世，故后世鲜知其行事。汉武帝购求遗书，而六经始出①，唐虞三代之治，始可得而见。武帝雄才大略，后世罕及。至表章六经，开阐圣贤之学，又有功于后世。吾每于宫中无事，辄取孔子之言观之，如'节用而爱人，使民以时'，真治国之良规。孔子之言，诚万世之师也。"

纲 秋八月，元以陈有定为福建行省平章政事②。

纲 九月，元以方国珍为江浙行省左丞相。

纲 明太祖取湖州诸路。

纲 冬十二月，明太祖立宗庙、社稷。

目 时群臣皆言："新城既建，宫阙制度亦宜早定。"太祖以国之所重，莫先宗庙、社稷，遂定议以明年为吴元年，命有司立庙社，建宫室。典营缮者以宫室图进，见其有雕琢奇丽者，即去之。谓中书省臣曰："昔尧之时，茅茨土阶③，采椽不斫④，可谓极陋，然千古之上，称盛德者，必以尧为首。后世竞为奢侈，极宫室苑囿之娱，穷舆马珠玉之玩。欲心一纵，乱由是起。吾常谓珠玉非宝，节俭是宝。宫室但取完固而已，何必极雕巧以殚天下之力也。"既而新殿成，制皆朴素。命博士熊鼎编类古人行事可为鉴戒者，书于殿壁。又命侍臣书《大学衍义》于两庑壁间，曰："前代宫室多施绘画，予书此以备朝夕观览，岂不愈于丹青

① 六经：《诗》《书》《礼》《易》《乐》《春秋》的合称。
② 陈有定：元末明初割据福建八郡，但始终效忠于元朝，坚决抵抗红巾军。
③ 茨：用茅草、芦苇盖屋，也指所盖的屋顶。
④ 椽：放在檩上架着屋顶的木条。斫：劈，用刀斧砍。

乎?"寻命协律郎冷谦考正宗庙雅乐音律及钟磬等器①,既又定乐舞之制,文武生各六十四人。

纲 丁未,二十七年(1367),春正月,绛州夜闻天鼓鸣②,将旦复鸣,其声如空中战斗者。

纲 三月,明太祖定文武科取士之法。

目 先是,令有司每岁举贤才及武勇谋略、通晓天文之士,其有兼通书律廉吏,亦得荐举。得贤者赏,滥举及蔽贤者罚。至是,复下令曰:"上世帝王,创业之际,用武以安天下;守成之时,讲武以威天下。至于经纶抚治,则在文臣,二者不可偏用也。古者,人生八岁学礼、乐、射、御、书、数之文,十五学修身、齐家、治国、平天下之道。是以《周官》选举之制,曰六德、六行、六艺③,文武兼用,贤能并举,此三代治化所以盛隆也。兹欲上稽古制,设文武二科,以广求天下之贤。其应文举者,察之言行以观其德,考之经术以观其业,试之书算以观其能,策之经史时务以观其政事。应武举者,先之以谋略,次之以武艺,俱求实效,不尚虚文。然此二者,必三年有成。有司预为劝谕民间秀士及智勇之人,以时勉学。俟开举之岁,充贡京师。其科目等第,各出身有差。"

〔朱元璋执张士诚〕

纲 秋九月,明太祖兵克平江,执吴王张士诚以归。

---

① 协律郎:掌管音律的官员。
② 绛州:治今山西新绛县。
③ 六德:知、仁、圣、义、忠、和。六行:孝、友、睦、姻、任、恤。六艺:礼、乐、射、御、书、数。

〔朱元璋北定中原〕

纲 冬十月,明太祖命大将军徐达等帅师北定中原。

目 太祖既扫除群雄,抚有江南,乃遣大将军徐达、副将军常遇春,率甲士
二十五万,北伐以定中原,驰檄谕齐、鲁、河、洛、燕、蓟、秦、晋之人。

纲 明太祖定律令。十一月,颁戊申历。

〔方国珍降吴〕

纲 明太祖兵讨方国珍,降之。

纲 明太祖兵徇山东郡县,皆下之。

目 时徐达、常遇春引兵由淮入河,鼓行而东,首克沂州①,进取峄州及益
都②,于是莱州诸郡悉奉图籍来降。

〔元顺帝弃大都北奔,元朝灭亡〕

山东既定,明年,达与遇春会诸将于临清③,率马步舟师进克元都。
元主集三宫后妃、皇太子,同议避兵北行。诏淮王帖木儿不花监国,
庆童为左丞相,同守京城。夜半,开健德门北奔④。遇春等追至北
河,擒皇孙买的里八剌而还,元亡。

———————

① 沂州:治今山东临沂市。
② 峄州:治今山东枣庄市。
③ 临清:县名,今山东临清市。
④ 健德门:元大都北门。

元主驻应昌①，二年殂，寿五十一，在位三十六年。太尉完者等奉梓宫北葬，谥曰惠宗。太祖以帝知顺天命，退避而去，特加号曰顺帝，而封其孙买的里八剌为崇礼侯。

右元十帝共八十九年。

评元朝：

　　元朝是中国历史上唯一由北方草原游牧民族建立的统一王朝，以疆域辽阔著称。元朝统一的历史影响，不仅表现为版图辽阔，更重要的是表现为边疆统治的有效性和稳定性，后一方面大大超越了汉、唐等前代统一王朝。元朝存在民族矛盾，但随着时间推移有所淡化，不同民族的交往和交融不断加强。在汉族吸收了大量新鲜血液的同时，蒙古族和回族也在这一时期成为中华民族共同体的重要成员。元朝国祚不长，但毕竟维持了近百年的和平与安定，经济、文化从战争中逐渐恢复并有一定的发展，中外人员往来和经济、文化交流比前代更加活跃。由于统治集团与被统治地区的文化差异一直未能充分弥合，元朝的统治明显呈现出简陋、粗疏、混乱的特点。在没有外患的背景下，内部统治危机过早爆发，终至覆亡。而蒙古族在元亡之后能够长久保持自己的传统，为中华民族共同体的发展作出了贡献。

于　月　评注

张　帆　审定

---

① 应昌：路名，治今内蒙古赤峰市克什克腾旗西部。

明鉴易知录卷一

　　卷首语:本卷起元顺帝至正十二年(1352),止明太祖洪武三年(1370),所记为元明鼎革十九年史事。朱元璋出身贫苦农民,后投入郭子兴部成为红巾军将领,在元末群雄逐鹿的乱局中脱颖而出,先后扫清南方残余元军,以及陈友谅、张士诚、方国珍等起义军势力。奠定南方大局之后,朱元璋发动北伐灭亡元朝,建立明朝。明初,明军继续讨伐北元,重建统一王朝版图。明太祖创立卫所制度,置六部官,注重培养人才,制定学校、科举、礼仪等制度。

明　纪

明代世系表

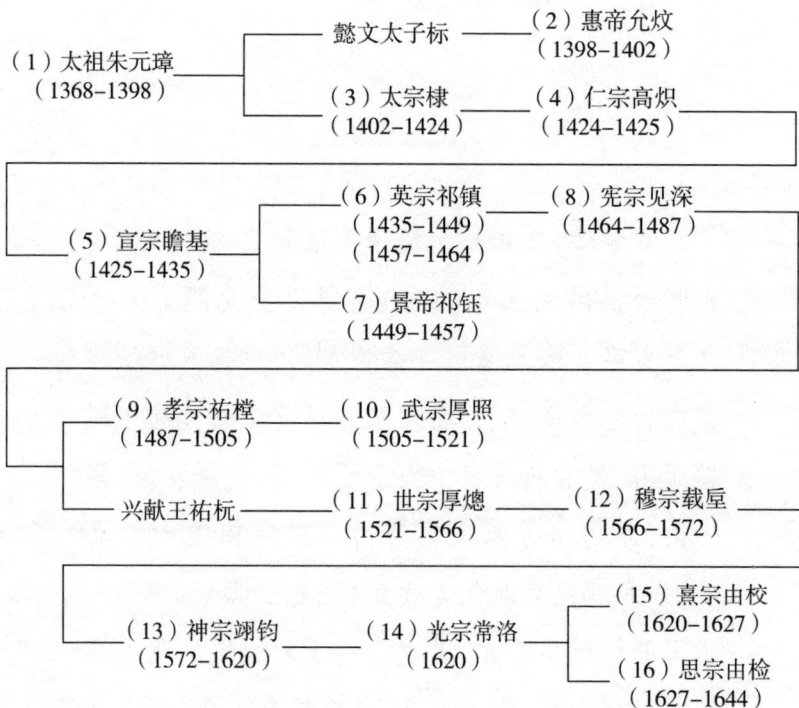

太祖高皇帝

〔朱元璋称帝,建立明朝〕

编 戊申,明太祖高皇帝洪武元年(1368),春正月,吴王即皇帝位①,定有

————————————

① 元至正二十四年(1364),朱元璋称吴王。

天下之号曰明,建元洪武,追尊四代祖考妣皆为帝后。

纪 元顺帝至正十二年(1352),闰三月,明太祖朱元璋起兵濠州①。

太祖之先,故沛人②,徙江东句容为朱家巷③。宋季,大父再徙淮,家泗州④。父世珍又徙钟离太平乡⑤。母陈,生四子,太祖其季也。太祖生于元天历戊辰(1328)之九月丁丑(十八日),其夕赤光烛天,里中人竞呼:"朱家火!"及至,无有。三日,洗儿,父出汲,有红罗浮至,遂取衣之,故所居名红罗障。少时常苦病,父欲度为僧。岁甲申(1344),泗大疫⑥,父母、兄及幼弟俱死,贫不能殓,藁(gǎo)葬之⑦。仲与太祖舁(yú)至山麓⑧,绠(gěng)绝⑨,仲还取绠,留太祖守之。忽雷雨大作,太祖避村寺中。比晓往视,土坟起,成高垄。地故属乡人刘继祖,继祖异之,归焉。

寻仲又死,太祖年十七,九月入皇觉寺为僧。逾月,僧乏食,太祖乃游江、淮,崎岖三载,仍还皇觉寺。

〔朱元璋投入濠州红巾军郭子兴部〕

时汝、颍兵起⑩,骚动濠州。定远人郭子兴据濠州⑪,元将彻里不花惮

---

① 濠州:治今安徽凤阳县。
② 沛:县名,今江苏沛县。
③ 句容:县名,今江苏句容市。
④ 泗州:治今江苏盱眙县西北。
⑤ 钟离:县名,今安徽凤阳县东北。
⑥ 泗:疑应作"濠"。
⑦ 藁葬:草草埋葬。
⑧ 舁:抬,扛。
⑨ 绠:绳索。
⑩ 颍:州名,治今安徽阜阳市。
⑪ 定远:县名,今安徽定远县。

不敢进,日掠良民邀赏。太祖诣伽(qié)蓝卜问①:避乱,不吉。即守故,又不吉。因祝曰:"岂欲予倡义耶?"大吉,意遂决。以闰三月朔②,入濠州见子兴,子兴奇其状貌,与语,大悦之,取为亲兵,凡有攻伐,命之往,辄胜。子兴故抚宿州马公女为己女,遂妻焉,即高后也。

九月,元丞相脱脱破徐州,芝麻李遁去,赵均用、彭早住帅余党奔濠,子兴屈己下彭、赵,遂为所制。彭、赵据濠称王。

太祖虽在甥馆③,每有大志。十三年(1353)春,乃归乡里募兵,得七百人,濠人徐达、汤和等皆往归焉。

十四年(1354),秋七月,徇定远,下滁阳④。时彭、赵御下无道,太祖乃以七百人属他将,而独与徐达、汤和、吴良、吴祯、花云、陈德、顾时、费聚、耿再成、耿炳文、唐胜宗、陆仲亨、华云龙、郑遇春、郭兴、郭英、胡海、张龙、陈桓、谢成、李新材、张赫、周铨⑤、周德兴等二十四人,南略定远。定远张家堡有民兵号驴牌寨者,太祖诱执其帅,于是营兵焚旧垒悉降,得壮士三千人,又招降秦把头,得八百余人。

定远缪(miào)大亨以义兵二万屯横涧山⑥,太祖命花云夜袭破之,亨举众降,军声大振。定远人冯国用与弟国胜率众归附,太祖奇之,因问大计,国用对曰:"金陵龙蟠虎踞,帝王之都,愿先拔金陵定鼎⑦,然后命将四出,救生灵于水火,倡仁义于远迩,勿贪子女玉帛,天下不难

---

① 伽蓝:指佛教寺院。
② 朔:初一。
③ 甥馆:女婿的居处,引申为女婿。
④ 滁阳:即滁州。
⑤ 周铨:据《明史》应作"张铨"。
⑥ 横涧山:在今安徽定远县西北。
⑦ 定鼎:定都。

定也。"太祖大悦,俾兄弟皆居帷幄,预机密焉。

定远人李善长来谒,留幕下,掌书记,画馈饷,甚见亲信。

秋七月,太祖将兵进攻滁阳,克之,因驻师焉。朱文正、李文忠来归。文正,太祖孟兄南昌王子,先同其母避乱,与太祖相失。李文忠,太祖姊曹国长公主子。公主卒,其父携文忠走乱军中,几不能存。至是闻太祖驻兵滁阳,皆来归。太祖喜甚。文忠年十二,与沐英皆赐姓朱。英,定远人,父母俱亡,太祖见而怜之,令高后育之为子。何世隆来降。

未逾月,彭早住、赵均用挟子兴往泗州,既而早住中流矢死,均用益自专,衔子兴,欲杀之。太祖赂其左右,子兴乃得帅所部归滁,称滁阳王。时太祖部兵数万人,悉归之,奉其号令。太祖威名日著,子兴二子阴置毒酒中欲害之,谋泄。及期,太祖即与俱往,中途遽跃马起,仰天若有所见,因骂二子曰:"吾何负尔?适空中神人谓尔欲以酒毒我!"二子骇,汗浃背,自此不敢萌害意。虹县胡大海来归①,太祖一见语合,用为前锋。

十五年(1355),春正月,滁师乏粮,诸将谋所向,太祖曰:"困守孤城,诚非计,今惟和阳可图②。"子兴使张天祐等将兵前行,与元兵遇,急击败之,追至小西门,汤和夺其桥而登,将士从之,遂据和阳。子兴属太祖总和阳兵,入抚定城中。诸将破和阳,暴横多杀掠,城中夫妇不相保。太祖恻然,召诸将谓曰:"诸军自滁来,多掠人妻女,军中无纪律,何以安众?"凡所得妇女悉还之,于是皆相携而去,人民大悦。三

① 虹县:今安徽泗县。
② 和阳:即和州,治今安徽和县。

月,郭子兴卒,太祖并统其军。虹县人邓愈来归。

怀远人常遇春①,刚毅多智勇,膂(lǚ)力绝人②,年二十三,为群雄刘聚所得,遇春察其多钞掠,无远图,弃之来归。未至,假寐田间,梦神人呼之曰:"起,起,主君来!"适太祖骑从至,即乞归附,请为先锋。

太祖驻和阳久,谋渡江无舟楫,而巢湖水寨军帅俞通海、廖永安等,率众万余、船千艘来降,太祖大喜曰:"此天意也,吾事济矣!"六月,太祖率诸将渡江,乘风举帆,顷刻达牛渚③。太祖先抵采石矶④,时元兵阵于矶上,舟距岸三丈许,未能卒登,常遇春飞舸至⑤,太祖麾之,应声挺戈跃而上,守者披靡,诸军从之,遂拔采石。乘胜径攻太平⑥,拔之。耆儒李习、陶安等率父老出迎,安见太祖,谓李习曰:"龙姿凤质,非常人也,我辈今有主矣。"太祖召安谓曰:"吾欲取金陵如何?"安对曰:"金陵帝王之都,龙蟠虎踞,限以长江之险。若据其形胜,出兵以临四方,则何向不克,此天所以资明公也!"太祖大悦,礼安甚厚,由是凡机密辄与议焉。

方山寨民兵元帅陈埜(yě)先⑦,与其将康茂才水陆分道寇太平城下,太祖亲督兵御之,命徐达等以奇兵出其后,设伏擒埜先。太祖释不杀,埜先诈曰:"生我何为?"太祖曰:"天下大乱,豪杰并起,胜则人附,败则附人。尔既以豪杰自负,岂不知生尔之故?"埜先曰:"然则欲

————————

① 怀远:县名,今安徽怀远县。
② 膂力:体力。
③ 牛渚:在今安徽马鞍山市西南。
④ 采石矶:在今安徽马鞍山市西南。
⑤ 舸:大船。
⑥ 太平:路名,治今安徽当涂县。
⑦ 方山:在今江苏南京市东南。

吾军降乎？此易耳。"乃为书招其军，明日皆降。八月，诸军进克溧
(h)水①，将攻集庆路②。埜先之为书也，意其众未必从，阳为招词，阴
实激之，不意其众遽降，自悔失计。及闻欲攻集庆，私谓部曲曰③：
"汝等攻集庆，毋力战，俟我得脱还，当与元兵合。"太祖闻其谋，召语
之曰："人各有心，从元从我，不相强也。"纵之还。诸军进攻集庆，埜
先遂与元福寿合，拒战于秦淮④。诸军失利，埜先来追袭，经葛仙乡，
乡民兵百户卢德茂遣壮士五十人，衣青出迎，埜先不虞其图己，青衣
兵自后攒槊(shuò)杀之⑤。埜先既死，其子兆先复集兵屯方山。

十六年(1356)，春三月，太祖率诸将取集庆路，攻破陈兆先营，释兆先
而用之，择其降兵骁勇五百人置麾下。五百人者，多疑惧不自安。太
祖觉其意，是夕令入宿卫，环上而寝，悉屏旧人于外，独留冯国用一人
侍卧榻傍。太祖解甲，安寝达旦，疑惧者始安。

进攻集庆，国用率五百人先登陷阵，败元兵于蒋山⑥，直抵城下，诸军
拔栅竞进。元南台御史大夫福寿督兵力战⑦，死之，遂克集庆路。太
祖入城，召官吏父老谕之曰："元失其政，所在纷扰，生民涂炭。吾率
众至此，为民除害耳。汝等各守旧业，无怀疑惧。"于是城中军民皆喜
悦，更相庆慰。改集庆路为应天府。太祖嘉福寿之忠，以礼葬之。

张士诚、康茂才来降。士诚，泰州白驹场亭民，及其弟士德、士信举兵

① 溧水：州名，治今江苏南京市溧水区。
② 集庆路：治今江苏南京市。
③ 部曲：部下。
④ 秦淮：秦淮河，在今江苏南京市。
⑤ 攒：拿，取。槊：长矛。
⑥ 蒋山：在今江苏南京市内，又称紫金山、钟山。
⑦ 南台御史大夫：元代江南诸道行御史台长官。

陷泰州,据高邮,称诚王,时据平江来降①。茂才,蕲州人②,初结义旅,为元捍寇江上,有功累迁宣慰使都元帅③,戍采石。及太祖兵渡江,茂才奔金陵,至是率众来附。

金陵既定,太祖欲发兵取镇江,虑诸将不戢(jí)士卒④,为民患,命徐达为大将,率诸将浮江东下,戒之曰:"吾自起兵未尝妄杀,今尔等当体吾心,戒戢士卒,城下之日,毋焚掠杀戮。有犯令者,处以军法。纵者,罚无赦。"达等顿首受命。进兵攻镇江,克之。达等自仁和门入,号令严肃,城中晏然。

六月,命邓愈等将兵攻广德路,克之,改为广兴府。

秋七月,诸将奉太祖为吴国公。遣使聘镇江秦从龙,既至,太祖亲迎之入,事无大小皆与谋。从龙尽言无隐,每以笔书漆简,问答甚密,左右无知之者。太祖呼为先生而不名。九月,太祖如镇江府,谒孔子庙,分遣儒士告谕乡邑劝农桑。

十七年(1357),夏四月,命徐达、常遇春帅师攻宁国⑤,久不下。太祖乃亲往督师,守将杨仲英开门降,其百户张文贵杀其妻子,自刎死。寻遣诸将取江阴、徽州、池州⑥,皆下之。秋八月,张士诚降于元。九月,太祖取扬州。

十八年(1358),春二月,以康茂才为营田使,太祖谕之曰:"比因兵

① 平江:路名,治今江苏苏州市。
② 蕲州:路名,治今湖北蕲春县。
③ 宣慰使都元帅:元代宣慰使司都元帅府长官,掌军民之务。
④ 戢:约束。
⑤ 宁国:路名,治今安徽宣城市。
⑥ 徽州:路名,治今安徽歙县。

乱,堤防颓圮,民废耕耨(nòu)①,故设营田使以修筑堤防。今军务实
殷,用度为急,理财之道,莫先于农事,故命尔此职。大抵设官为民,
非以病民,若所至纷扰,无益于民,则非付任之意!"

冬十二月,太祖取婺州②,命知府王宗显开郡学,延儒士叶仪、宋濂为
五经师。时丧乱之余,学校久废,至是始闻弦诵之声。

太祖欲遂取浙东未下诸郡,谕诸将曰:"克城虽以武,而安民必以仁。
吾每闻诸将下一城得一郡不妄杀人,辄喜不自胜。为将者能以不杀
为心,非惟国家所利,在己亦蒙其福。"

十九年(1359),春三月,方国珍以三郡来附。国珍,台州人③。戊子
(1348)冬起兵,后降于元。至是以温、台、庆元三郡来献④,且以次子
关为质。太祖曰:"既诚信来归,便当推诚相与,何以质为!"乃厚赐关
而遣之。

秋九月,太祖兵取处州⑤。冬十月,遣使征青田刘基⑥、龙泉章溢⑦、丽
水叶琛及浦江宋濂⑧,以胡大海荐也。时朱文忠守金华,亦荐王祎、
许元、王天锡,太祖皆征用之。

十二月,天完将陈友谅称汉王。友谅,沔(miǎn)阳渔人子⑨,尝为县

----

① 耕耨:耕田除草。
② 婺州:路名,治今浙江金华市。
③ 台州:路名,治今浙江临海市。
④ 庆元:路名,治今浙江宁波市。
⑤ 处州:路名,治今浙江丽水市。
⑥ 青田:县名,今浙江青田县。
⑦ 龙泉:县名,今浙江龙泉市。
⑧ 丽水:县名,今浙江丽水市。浦江:县名,今浙江浦江县。
⑨ 沔阳:府名,治今湖北仙桃市。

吏,不乐。会徐寿辉兵起,慨然往从之。寿辉称帝于蕲水①,国号天完,后据汉阳②。至是,友谅徙寿辉都江州③,自称王。

〔征召四先生入礼贤馆〕

二十年(1360),春三月,刘基、宋濂、章溢、叶琛至建康,入见,太祖喜甚,曰:"我为天下屈四先生。"赐坐,从容与论经史及咨以时事,甚见尊礼,命有司创礼贤馆处之。

基自幼聪明绝人,凡天文、兵法、性理诸书,过目洞识其要。至正初以《春秋》举进士,授高安县丞④,累官江浙儒学副提举⑤。元政乱,投劾去⑥。尝建议剿方国珍,不用,安置绍兴。游西湖,有异云起西北,诸同游者皆以为庆云,将分韵赋诗,基独纵饮不顾,大言曰:"此天子气也,十年后应在金陵,我当辅之。"时杭州犹全盛,皆大骇,以为狂。无知基者,惟西蜀赵天泽奇之,以为诸葛孔明之流。至是,基趋建康,陈时务十八策。太祖嘉纳之,留基帷幄,预机密谋议。

夏五月,陈友谅攻太平,城陷,守将花云被获。贼缚云急,云怒骂曰:"贼奴! 尔缚吾,吾生必灭尔!"遂奋跃大呼起,缚尽绝,夺守者刀,连杀五六人。贼怒,缚云,丛射之,比死,骂贼不绝口。

方云之与贼战也,势甚急,妻郜氏生子炜方三岁,抱之泣,语家人曰:

———————

① 蕲水:县名,今湖北浠水县。
② 汉阳:府名,治今湖北武汉市汉阳区。
③ 江州:路名,治今江西九江市。
④ 高安:县名,今江西高安市。县丞:元代上县副长官。
⑤ 江浙儒学副提举:江浙行省儒学提举司副长官。
⑥ 投劾:呈递引罪自责的辞呈。

"城且破,吾夫必死之。吾夫死,吾不独生,然不可使花氏无后。儿在,若等善抚育之。"已闻云就缚,郜氏即赴水死。侍儿孙氏收郜瘗(yì)之①,抱儿逃,汉军掠之。军中恶小儿啼,孙氏恐被害,以簪珥属渔家鞠之②。汉败,孙氏脱身,至渔家,窃儿去,夜宿陶穴中。天曙,登舟渡江,遇汉溃军夺舟,捽(zuó)孙氏及儿投之江③。江中得断木,附之入芦渚中④,渚有莲实,孙氏取啖儿,凡七日不死。忽夜半闻人语声,呼之,逢老父,号雷老,告之,遂与偕行达太祖所。孙氏抱儿拜泣,太祖亦泣,置儿于膝曰:"此将种也!"命赐雷老衣,忽不见。

[陈友谅称帝,建立大汉政权]

陈友谅弑其主徐寿辉,遂自称帝,国号汉。二十一年(1361),秋八月,太祖帅师伐汉,拔江州,友谅挈(qiè)妻子夜奔武昌。既而友谅伪相胡廷瑞见江州已破,遣使诣军请降,太祖遂至龙兴⑤。改为洪都府。

[鄱阳湖之战大败陈友谅]

二十三年(1363),秋七月,陈友谅作大舰攻洪都,空国而来,以兵围城。守将朱文正遣使赴建康告急,太祖亲帅舟师二十万进次湖口⑥。友谅闻之,即解围东出,与太祖兵遇鄱阳湖之康郎山⑦。友谅联舟纵

---

① 瘗:埋葬。
② 珥:耳环。鞠:养育,抚养。
③ 捽:揪、抓。
④ 渚:水中小块陆地。
⑤ 龙兴:路名,治今江西南昌市。
⑥ 湖口:鄱阳湖入长江口。
⑦ 康郎山:在今江西余干县康山乡。

战,望之如山。太祖军舟小,怯于仰攻,往往退缩。郭兴曰:"彼舟如此,大小不敌,非火攻不可。"太祖然之。明日,东北风起,令诸将乘风纵火,焚其水寨舟数百艘,友谅弟友仁、友贵及其平章陈普略皆焚死。明日,复联舟大战,敌兵大败。友谅敛舟自守,不敢战,相持者三日。友谅计穷,冒死突出,将奔还武昌。太祖麾诸将邀击之,友谅中流矢,贯睛及颅而死。其将张定边乘夜以小舟载友谅尸及其子理径趋武昌,复立理为帝。

初,鄱阳湖之战,太祖亦屡濒于危。一日,被围莫解,指挥韩成请服太祖冠袍,对贼众投水中,围乃解。又一日,太祖方与友谅鏖战,刘基忽跃起大呼曰:"难星过,速更舟!"太祖急更之,旧舟已为敌炮碎矣。

先是,有周颠者,举措诡谲①,人莫能识,每见太祖,必曰"告太平",太祖厌之。至是征陈友谅,太祖问:"此行何如?"颠应声曰:"好。"从行至皖城②,苦无风,问颠。颠曰:"只管行,只管有风。无胆不行,便无风。"行不三十里,果大风,倏忽达小孤③,竟如其言。

〔朱元璋称吴王〕

二十四年(1364),春正月,李善长、徐达等以太祖功德日隆,屡表劝进,不允,乃于是月朔,即吴王位。

陈理既还武昌,太祖复进兵围之,久不下,乃亲往视师。遣其降将罗复仁入城谕理使降,理遂率其太尉张定边等诣军门降,凡府库储蓄令

---

① 诡谲:怪诞。
② 皖城:怀宁县古地名,今安徽潜山市。
③ 小孤:小孤山,在今江西彭泽县北长江中。

理自取。城中饥困,命给粟赈之。于是湖广、江西悉平。江西行省以陈友谅镂金床进,太祖观之,曰:"此与孟昶七宝溺器何异①? 陈氏穷奢极侈,安得不亡!"即命毁之。

张士诚自立为吴王,即平江治宫室,立官属。士诚委政于弟士信,士信荒淫,每事惟与王敬夫、叶德新、蔡彦夫三人谋,三人者皆谄佞憸(xiān)邪,惟事蒙蔽。太祖闻之曰:"我无一事不经心,尚被人欺。张九四终岁不出门理事②,岂有不败者乎!"时有十七字谣曰:"丞相做事业,专用王、蔡、叶,一朝西风起,干瘪。"

二十六年(1366),夏五月,太祖命有司访求古今书籍,因谓侍臣詹同等曰:"吾每取孔子之言观之,如'节用而爱人,使民以时',真治国之良规。孔子之言,诚万世之师也。"

太祖议讨张士诚,李善长以为未可。徐达进曰:"张氏骄横,暴殄奢侈,此天亡之时也。其所任骄将如李伯升、吕珍之徒,皆龌龊不足数,王、蔡、叶三参军,迂阔书生,不知大计。臣奉主上威德,声罪致讨,三吴可计日而定③。"太祖大喜曰:"汝合吾意,事必济矣。"

〔伐吴王张士诚〕

秋八月,命徐达为大将军,常遇春为副将军,帅师二十万伐张士诚,集诸将佐谕之曰:"卿等宜戒饬士卒,毋肆房掠,毋妄杀戮,毋发邱垄,毋毁庐舍。闻士诚母葬姑苏城外④,慎勿侵毁其墓。"诸将皆再拜受命

①七宝溺器:五代后蜀末代皇帝孟昶生活奢侈淫靡,用黄金打造夜壶,镶嵌七种宝石。
②张九四:即张士诚。
③三吴:泛指长江下游江南一带。
④姑苏:古地名,今江苏苏州市。

出。太祖复召达、遇春曰："尔等此行，用师孰先？"遇春曰："逐枭者必覆其巢①，去鼠者必熏其穴。此行当直捣平江，平江既破，其余诸郡可不劳而下。"太祖曰："不然。士诚起盐贩，与张天骐、潘原明辈皆相为手足。士诚穷蹙(cù)②，天骐辈惧俱毙，必并力救之。今不先分其势，而遽攻姑苏，若天骐出湖州，原明出杭州，援兵四合，何以取胜？莫若先攻湖州，使其疲于奔命。羽翼既披③，然后移兵姑苏，取之必矣！"

冬十月，徐达师至湖州，士诚发兵来援，大败之，而守将李伯升及张天骐遂举城降。朱文忠师下杭州，守将潘原明籍土地、钱谷出降。文忠入宿城上，秋毫无犯。一卒强入民家，磔(zhé)以徇。

徐达既下湖州，会诸将进攻平江，士诚诸将多降。康茂才至尹山桥，遇士诚兵，击败之，遂进兵围其城。达、遇春等四面筑长围困之，城中震恐。

十二月，群臣咸请太祖定宫阙制度。太祖以国之所重，莫先宗庙、社稷，遂定议以明年为吴元年，命有司立庙、社，建宫室。

二十七年(1367)，春二月，太祖定文武科取士之法。

夏六月，士诚被围既久，欲突围出，将奔常遇春营。遇春觉其至，严阵待之。遇春抚王弼背曰："军中皆称尔为猛将，能为我取此乎？"弼应声驰铁骑挥双刀往击之，敌小却。遇春率众乘之，遂大败其军，溺于沙盆之潭。士诚故有勇胜军，号"十条龙"，常银铠、锦衣出入阵中，是

---

① 枭：猫头鹰。
② 穷蹙：困厄窘迫。
③ 披：折断。

日皆溺死。士诚马惊,堕水,几不救,肩舆入城。逾三日,士信方在城楼上督战,忽飞炮碎其首而死。

秋九月,达、遇春率众渡桥进薄城下①,士诚军大溃。诸将蚁附登城,城破。士诚收余兵二三万,亲率之战于万寿寺东街,复败。士诚仓皇归,从者仅数骑。

初,士诚见兵败,谓其妻刘氏曰:“我败且死,若曹何为?”刘氏曰:“君勿忧,妾必不负君!”乃予乳媪金,抱二幼子出,积薪齐云楼下,驱其群妾、侍女登楼,令养子辰保纵火焚之。刘氏自缢死。日暮,士诚距户经,旧将李伯升决户抱解之。徐达令人慰谕之,反覆数四,士诚瞑目不言,乃以旧盾舁至舟中,送建康。士诚卧舟中不食,至龙江②,坚卧不肯起。舁至中书省,李善长问之,不语。已而士诚言不逊,善长怒骂之,士诚竟自缢死。改平江曰苏州府,浙西、吴会(kuài)皆平。

冬十月,太祖既扫除群雄,乃遣大将军徐达、副将军常遇春率甲士二十五万北伐以定中原,驰檄谕齐、鲁、河、洛、燕、蓟、秦、晋之人。

太祖定律令。十一月,颁戊申历。

太祖遣兵讨方国珍。初,国珍怀诈反覆,云“俟克杭州即纳土”。及大兵克杭州,犹自据如故。至是,太祖命汤和等帅师讨国珍于庆元,国珍遁入海岛。太祖复命廖永忠帅师自海道会汤和等兵讨之。国珍惶惧,遂及其弟国珉(mín)、兄子明善率家来降。和送国珍于京师,浙东悉平。徐达、常遇春引兵徇山东郡县,皆下之。

① 薄:逼近,迫近。
② 龙江:在今江苏南京市仪凤门外。

评朱元璋起义成功原因：

朱元璋在与元末群雄争霸天下过程中，非常注重招揽各地文人儒士，共谋经邦治国方略，呈现包容开明的胸襟气度。鉴于西有陈友谅、东有张士诚等复杂地缘形势，为避开元军主力、积聚实力，朱元璋选择应天为根据地，相继夺取了皖南、浙东等大片地区。同时，以"高筑墙，广积粮，缓称王"为策略，积极扩张以南京为中心的江南根据地，为扫除群雄、建立明朝奠定了基业。最终，朱元璋先灭陈友谅，后平张士诚，北伐以定中原，推翻了元朝统治。

是年（1368）①，正月，李善长率群臣奉表劝进，上曰："恐德薄不足以当尊。"善长曰："天命已有归矣，若不正大位，何以慰天下臣民之望？"上固却之。明日，善长复固请，乃从之。

編 立妃马氏为皇后。

紀 上初渡江时，后尝谓上曰："今豪杰并争，虽未知天命所归，以妾观之，惟以不杀人为本。人心所归，即天命所在。"上深然之，至是册立为皇后。上因谓侍臣曰："昔光武劳冯异曰：'仓卒芜蒌（lóu）亭豆粥②，滹沱（hū tuó）河麦饭③，厚意久不报。'朕念皇后起布衣，常仓卒自忍饥饿，怀糗（qiǔ）饲食（sì）朕④，比之豆粥、麦饭，其困尤甚。昔长孙皇后当隐太子构隙之际⑤，内能尽孝，谨承诸妃，消释嫌疑。朕素为郭氏所疑，径情不恤，将士或以服用为献，后辄先献郭氏，慰悦其意。及欲

---

① 明洪武元年，元至正二十八年。
② 芜蒌亭豆粥：东汉刘秀至饶阳芜蒌亭，天寒饥疲，冯异献豆粥为食。
③ 滹沱河麦饭：刘秀至南宫，遇大风雨，冯异进麦饭，因复渡滹沱河至信都。
④ 糗：干粮。饵：糕饼。食：以食与人。
⑤ 长孙皇后：唐太宗皇后。隐太子：唐太宗兄长李建成。

危朕,后乃为宽解,卒免于患,尤难于长孙皇后也。朕或因服御诘怒小过,辄劝朕曰:'主忘昔日之贫贱耶?'朕为恻然。家之良妻,犹国之良相,岂忍忘之!"罢朝,因以语后。后曰:"妾闻夫妇相保易,君臣相保难。妾安敢比长孙皇后,但愿陛下以尧舜为法耳。"

编立世子标为皇太子。

编以李善长为左丞相①,章溢为御史中丞②。

编命廷臣兼东宫官。

纪礼部尚书陶凯请选人专任东宫官属,上曰:"朕以廷臣有德望者兼东宫官,非无谓也。常虑廷臣与东宫官属有不相能③,遂成嫌隙,江充之事④,可为明鉴!朕今立法,令台省等官兼东宫官赞辅之⑤。父子一体,君臣一心。"于是太子官属,以李善长、章溢、刘基等兼之。

编二月,定郊社宗庙礼。

[创立明代卫所制度]

编定卫所官军及将帅将兵之法。

纪自京师及郡县皆立卫所,大率以五千六百人为一卫,一千一百二十人为一所,一百一十二人为百户所。每百户所设总旗二名,小旗十名,

---

① 左丞相:明初中书省丞相,职分左右,以左为尊,左丞相即首席丞相。
② 御史中丞:明初御史台副长官,佐御史大夫掌风宪纲纪。
③ 相能:彼此亲善和睦。
④ 江充构陷戾太子,导致戾太子起兵造反,最终兵败而死。
⑤ 台省:御史台、中书省。

官领钤束,通以指挥使等官领之。有事征伐,则诏总兵官佩将印领之。既旋,则上所佩将印于朝,官军各回本卫,大将军身还第。权皆出于朝廷,不敢有专擅,自是征伐率以为常。

评明初制度建设:

明太祖在建国伊始,制定了一整套行之有效的国家制度,为明朝国祚延续 276 年奠定了基础。洪武初年,朱元璋创立以卫所制为骨干的军政制度,自京师至郡县、边疆军事要地,皆立卫所,最高军权由皇帝牢牢掌控。明太祖起自民间而得天下,对基层管理的重要性有深刻认识,因而大力加强国家对基层社会的治理;建立了严密的户籍制度,以民户、军户、匠户为主体,世代沿袭,对基层户口的控制有了可靠保证。此外,朱元璋建立礼制、法制、学校与科举制度,重视礼乐教化对社会治理与涵育人才的重要作用。

编 汤和等克福州,闽地悉平。

纪 先是,帝命汤和、廖永忠等取闽,进兵延平①,先遣使招谕元福州平章陈友定②,不从,遂进攻之。参政文殊海牙开门出降③,执友定械送京师④。胡廷瑞等进兵克兴化⑤,元汀州路守将陈国珍纳款⑥,于是郡县相继降附,福建悉平。

---

① 延平:路名,治今福建南平市。
② 福州平章:据《明太祖实录》应作"福建平章"。即元福建行省平章政事。陈友定:元末明初陈友定割据福建八郡,但始终效忠元朝,坚决抵抗红巾军。
③ 参政:即福建行省参知政事。
④ 械送:加刑具押送。
⑤ 兴化:路名,治今福建莆田市。
⑥ 汀州路:治今福建长汀县。

编 诏以太牢祀孔子于国学。

纪 仍遣使诣曲阜致祭。

编 诏衣冠悉如唐制。

编 命中书议役法。

纪 上以立国之初,经营兴作,恐役及平民,乃命中书省验田出夫①。于是省臣奏议:"田一顷出丁夫一人,不及顷者以别田足之,名曰'均工夫'。遇有兴作,农隙用之。"

编 命选国子监生侍太子读书。

编 三月,以廖永忠为征南将军,朱亮祖副之,由海道取两广。

编 命翰林儒臣修《女诫》。

纪 上谓学士朱升等曰:"治天下者,修身为本,正家为先。观历代宫阃(kǔn)②,政由内出,鲜有不为祸乱者也。卿等纂修《女诫》及贤妃之事可为法者,使后世子孙知所持守。"

编 蕲州进竹簟(diàn)③,命却之。

纪 谕中书侍臣曰:"古者方物之贡,惟服食器用,无玩好之饰。今蕲州进竹簟,未有命而来献,天下闻风争进奇巧,则劳民伤财自此始矣。其勿受。"仍令四方,非朝廷所需,毋得妄献。

---

① 中书省:明初宰相机构,统领全国庶务。
② 宫阃:帝王后宫,亦指后妃。
③ 簟:竹席。

编 夏四月,命图古孝行,及身所经历艰难、起家、战伐之事,以示子孙。

〔以汉唐宦祸为历史教训,禁宦官预政典兵〕

编 禁宦官预政典兵。

编 六月,两广平。

编 秋七月,徐达、常遇春帅诸将入通州①,元主避兵北行。

纪 达与遇春会诸将于临清②,遂入通州。元主大惧,集后妃、太子议避兵
　　北行,召群臣会议端明殿。元主徘徊叹息曰:"今日岂可复作徽、
　　钦③!"遂决计北徙,命淮王帖木儿不花监国,丞相庆童留守。是夜三
　　鼓,元主及后妃、太子开健德门④,由居庸北走如上都⑤。

〔明军攻克元大都,元朝灭亡〕

编 八月,徐达、常遇春克元都⑥。

纪 达等进师取元都,至齐化门⑦,将士填壕,登城而入。达登齐化门楼,
　　执帖木儿不花、庆童等戮之,并获诸王子六人及玉印二、成宗玉玺一。
　　封府库、图籍、宝物及故宫殿门,以兵守之。宫人、妃主,令其宦寺护

---

① 通州:治今北京市通州区。
② 临清:县名,今山东临清市。
③ 徽钦:宋徽宗、宋钦宗。
④ 健德门:元大都北门。
⑤ 居庸:今北京市昌平区西北居庸关。上都:在今内蒙古正蓝旗境内。
⑥ 元都:即元大都,今北京市。
⑦ 齐化门:元大都东门。

视。号令士卒,毋得侵暴,人民安堵。元翰林待制黄殷仕投井死,左
丞丁敬可、总管郭允中皆死之。学士危素寓僧寺,亦欲赴井,一僧止
之曰:"公死,亡国史也。"遂往见徐达,达寻以素归。

编 命大将军徐达、副将军常遇春往取山西。

编 漳州通判王祎上书①。

纪 祎上言:"人君修德之要有二:忠厚以为心,宽大以为政。昔者周家忠
厚,故垂八百年之基;汉室宽大,故开四百年之业。盖上天以生物为
心,春夏长养,秋冬收藏,其间雷电霜雪,有时而薄击肃杀焉,然皆暂
而不常。向使雷电霜雪无时不有,上天生物之心息矣。臣愿陛下之
法天道也。"上嘉纳之。时尚严厉,故祎以为言。

编 始置六部官。

纪 先是,中书省惟设四部,掌钱谷、礼仪、刑名、营造,至是乃定置吏、户、
礼、兵、刑、工六部,分理庶务。

编 诏以汴梁为北京②,金陵为南京。

编 御史中丞刘基致仕。

纪 先是,上北巡,命基同李善长留守京师。中书都事李彬犯法③,事觉。
彬素附善长,善长请基缓其狱,基不听,驰奏,上竟杀彬,善长衔之。

---

① 通判:知府的佐贰官。
② 汴梁:今河南开封市。
③ 中书都事:明初隶中书省左、右司,掌管案牍。

上还,善长诉之①,会基有丧告归,许之。

编 放元宫人。

编 旁求隐逸之士。

纪 命学士詹同等十人,分行十道求之。

编 诏乘舆服御诸物毋饰金。

纪 有司奏造乘舆服御诸物应用金者,特命以铜为之。有司言:"费小,不足惜。"上曰:"朕富有四海,岂吝于此。然所谓俭约者,非身先之,何以率下?且奢侈之原,未有不由小至大者也。"

编 冬十月,碎元水晶刻漏②。

纪 钦天监进元所置水晶刻漏③,备极机巧,中设二木偶人,能按时自击钲鼓④。上览之,谓侍臣曰:"废万几之务,用心于此,所谓'作无益,害有益'也。"命碎之。

编 诏御史大夫汤和⑤、平章杨璟并从西征⑥。

编 召刘基至京师。

纪 基至,赠其祖父爵永嘉郡公,欲授基爵,辞曰:"陛下乃天授,臣何敢贪

① 诉:控告。
② 刻漏:漏壶,一种古代计时器。
③ 钦天监:掌天文历算的官署。
④ 钲:古乐器,形似钟而狭长,有长柄。
⑤ 御史大夫:明初御史台长官,掌监察风纪。
⑥ 平章:明初行省首席长官亦为平章政事,杨璟时任湖广行省平章。

天之功？显荣先人足矣。"

编 十一月，建大本堂①。

纪 命取古今图籍充其中，延儒臣教授太子、诸王。以起居注魏观侍太子
说书②。

编 以孔希学袭封衍圣公，孔希大为曲阜知县。

纪 皆世袭。立孔、颜、孟三氏教授③，司尼山、洙泗二书院。命博士孔克
仁等授诸子经④，功臣子弟亦令入学。

编 十二月，大将军徐达帅诸军取太原。

编 己酉，二年(1369)，春正月，诏免中原田租。

编 诏免江南田租。

编 副将军常遇春帅师取大同。

编 二月，大将军徐达师次河中⑤，副将军常遇春、冯宗异渡河趋陕西。

〔诏修《元史》，宣告明朝代元而立〕

编 诏修《元史》。

纪 上谓廷臣曰："近克元都，得元十三朝《实录》，元虽亡，史所以劝惩，

---

① 大本堂：明初太子、皇子讲读之所。
② 起居注：掌记录皇帝起居言行。
③ 教授：学官。
④ 博士：翰林院、国子监学官。
⑤ 河中：府名，治今山西永济市。

不可废。"乃诏左丞相李善长、前起居注宋濂、漳州府通判王祎总裁，征山林遗逸之士汪克宽等十六人同纂修。

编 亲耕藉田①。

纪 上躬耕藉田于南郊。既又命皇后率内外命妇蚕于北郊②，以为祭祀衣服。

编 三月，敕翰林为文无事浮藻。

纪 上谓詹同曰："古人为文，以明道德，通世务。《典》《谟》之言，皆明白易知。至如诸葛孔明《出师表》，亦何尝雕刻为文，而诚意溢出，至今诵之，使人忠义感激。近世文士，立辞虽艰深，而意实浅近，即使过于相如、扬雄，何裨(bì)实用③？自今翰林为文，但取通道理、明世务者，无事浮藻。"

编 大将军徐达克河中，遂会诸将进取陕西。

纪 大军至西安，营于长安城北，元平章王武率官属迎降。达遂遣冯宗异取凤翔④，元将李思齐奔临洮⑤。

编 夏四月，淮安、宁国、镇江、扬州、台州各献瑞麦。

纪 一茎五穗、三穗者甚众，群臣贺，上曰："朕为生民主，惟思修德致和，

①藉田：古时帝王于春耕前亲耕农田，寓劝农之意。
②命妇：有封号的妇女。
③裨：增添，补助。
④凤翔：府名，治今陕西宝鸡市凤翔区。
⑤临洮：府名，治今甘肃临洮县。

使三光平①,寒暑时,为国家之瑞,不以物为瑞也。"

编 大将军徐达至凤翔,遣冯宗异进攻临洮,李思齐举城降。

编 五月,大将军徐达师至萧关②,下平凉。指挥朱明克延安,以明守之。

编 元将张良臣以庆阳降。

编 六月,蓟北悉平③,改元都为北平府。

纪 元也速复侵通州,上命常遇春以所部军自凤翔还御之。复命李文忠为偏将军,副遇春自北平往开平,道三河,经鹿儿岭④,败元将江文清于锦州,也速复以兵迎战,又败之。也速遁,遂帅兵进攻开平。元主先已北走,追奔数百里,俘其宗王庆生等斩之,凡得将士万人、车万辆、马三万匹、牛五万头。蓟北悉平,遂改元都为北平府。

编 秋七月,副将军常遇春卒于军。

纪 遇春还次柳河川,得疾卒。上令偏将军李文忠代领其众,寻诏文忠自北平会师攻庆阳。

编 八月,大将军徐达克庆阳。

纪 大军列营庆阳城下,张良臣数出战,俱不利,粮饷乏绝,至煮人汁和泥咽之。其平章姚晖等开门纳降,达勒兵自北门入,良臣投井中,引出斩之,陕西悉平。达帅诸军还京师。

① 三光:日、月、星。
② 萧关:在今宁夏固原市东南。
③ 蓟北:泛指今北京市及其东北一带。
④ 鹿儿岭:在今河北遵化市北。

编 建功臣庙。

纪 庙成,叙功,以徐达为首,次常遇春、李文忠、邓愈、汤和、沐英、胡大海、冯国用、赵德胜、耿再成、华高、丁德兴、俞通海、张德胜、吴良、吴祯、曹良臣、康茂才、吴复、茅成、孙兴祖,凡二十一人。

编 命吏部定内侍诸司官制。

纪 上曰:"朕观《周礼》,阉寺未及百人①。后世至逾数千,卒为大患。今虽未能复古,亦当为防微之计。可斟酌其宜,毋令过多。"又顾侍臣曰:"求善良于中涓②,百无一二。用为耳目,即耳目蔽;用为腹心,即腹心病。驭之之道,但当使之畏法,不可使之有功。有功则骄恣,畏法则检束。"

编 九月,诏以濠州为中都。

纪 上问群臣建都之地。或言关中天府之国,或言洛阳天地之中,汴梁亦宋旧京,或言北平宫室完备。上以平定之初,民未休息,供给力役悉资江南。建业长江天堑③,足以立国。临濠前江后淮,以险可恃,以水可漕,诏以为中都。

编 冬十月,诏天下郡县皆立学。

纪 府设教授一,训导四,生员四十人。州设学正一,训导三,生员三十人。县设教谕一,训导二,生员二十人。学者专治一经,以礼、乐、射、

---

① 阉寺:宦官。
② 中涓:代指宦官。
③ 建业:古地名,今江苏南京市。

御、书、数设科分教,务求实才,顽不率者黜之。

编 庚戌,三年(1370),春正月,帝命徐达等往征沙漠。

纪 元王保保为西北边患①,上命右丞相、信国公徐达为征北大将军②,浙
西行省平章李文忠为左副将军③,都督冯胜为右副将军④,御史大夫
邓愈为左副副将军,汤和为右副副将军,往征沙漠。上问诸将曰:“元
主迟留塞外,王保保近以孤军犯我兰州,其志欲侥幸尺寸之利,不灭
不已。卿等出师,当何先?”诸将皆曰:“保保之寇边者,以元主之犹在
也。若以师直取元主,则保保失势,可不战而降。”上曰:“王保保方以
兵临边,今舍彼而取元主,是忘近而趋远,失缓急之宜,非计之善。吾
意欲分兵二道:一令大将军自潼关出西安捣定西以取王保保⑤,一令
左副将军出居庸入沙漠以追元主,使彼此自救,不暇应援。元主远居
沙漠,不意吾师之至,如孤豚之遇猛虎,擒之必矣! 事有一举而两得
者,此是也。”诸将皆曰:“善。”遂受命而行。

编 二月,诏群臣亲老者许归养。

纪 上行后苑,见鹊巢卵翼之劳,喟然而叹,因有是命。

编 夏四月,以危素为翰林侍读学士⑥,已,谪素居和州⑦。

---

① 王保保:即元末名将扩廓帖木儿。
② 右丞相:明初中书省丞相。
③ 浙西行省平章:据《明太祖实录》应作“浙江行省平章”,即浙江行省长官。
④ 都督:明初大都督府长官,职分左右,掌军旅要务。
⑤ 潼关:在今陕西潼关县北。定西:州名,治今甘肃定西市。
⑥ 翰林侍读学士:翰林院属官,掌制诰、史册、文翰之事。
⑦ 和州:治今安徽和县。

纪素居弘文馆，一日上御东阁，闻履声橐橐（tuó）①，上问："为谁？"对曰："老臣危素。"上曰："是尔耶，朕将谓文天祥耳。"素惶惧顿首，上曰："素元朝老臣，何不赴和州看守余阙庙去②？"遂有是谪。素逾年卒。

编大将军徐达帅师出安定，与王保保战，大败之，保保奔和林③。

纪达出安定，驻沈儿峪口，与王保保隔深沟而垒。一日，达整众出战，大败保保兵于川北乱冢间，擒元诸王、国公及平章等官一千八百六十五人，将校士卒八万四千五百余人，获马万五千二百八十余匹，骆驼驴骡杂畜称是。保保仅与其妻子数人从古城北遁去，至黄河，得流木以渡，遂出宁夏奔和林。

编五月，左副将军李文忠克应昌④，获元主孙买的里八剌等。帝谥元主曰顺帝。

纪文忠与左丞赵庸师出野狐岭，擒元平章祝真，进败元太尉蛮子等于白海之骆驼山，遂次开平，元平章上都罕等降。文忠帅师趋应昌，未至百余里，获元骑问之，知四月二十八日元主已殂。文忠至应昌，围其城，获元主孙买的里八剌，并后妃、宫人、诸王，宋代玉玺金宝一十五，宣和殿玉图书一、玉册二、镇国玉带、玉斧各一，及驼马牛羊无算，惟太子爱猷识理达腊与数十骑遁去。文忠帅精骑追之，至北庆州⑤，不

---

① 橐橐：象声词，指脚步声。
② 余阙：元末进士。元至正十八年，余阙守安庆，坚决抵抗红巾军，兵败自刎。
③ 和林：全称哈剌和林，大蒙古国都城，遗址在今蒙古国后杭爱省额尔德尼昭旁。
④ 应昌：路名，治今内蒙古赤峰市克什克腾旗西部。
⑤ 北庆州：即元代全宁路庆州，治今内蒙古巴林右旗索博日嘎苏木。

及而还。捷闻,百官称贺,上命礼部榜示,凡经仕元者不与。又以庚申元主不战而奔①,克知天命,谥曰顺帝。

编 诏设科取士,定科举法。

纪 初场,各经义一道,四书义一道。二场,论一道,诏诰表笺内科一道。三场,策一道。中式者,后十日以骑、射、书、策、律五事试之。

编 诏行大射礼②。

纪 令太学生及天下郡县学生员皆习射。

编 诏定服色。

纪 礼部奏:“夏尚黑,殷尚白,周尚赤,秦尚黑,汉尚赤,唐服饰尚黄、旗帜尚赤。国家取法周、汉、唐、宋以为治,尚赤为宜。”上从之。

编 册封诸王。

纪 诏曰:“诸子之封,本待报赏功臣之后,然尊卑之分所宜早定。”乃封樉(shǎng)为秦王,㭎(gāng)为晋王,棣为燕王,橚(sù)为周王,桢为楚王,榑(fú)为齐王,梓为潭王,杞为赵王,檀为鲁王,侄孙守谦为靖江王,皆授以册宝,置相、傅、官属。

编 严宫阃之政,著为令。

纪 上以元末宫嫔女谒私通外臣,或番僧入宫摄持受戒,而大臣命妇亦往来禁掖,淫渎亵乱。遂深戒前代之失,著为典,俾世守之。皇后止得

---

① 庚申元主:即元顺帝,生于延祐七年庚申年。
② 大射礼:明代军礼。凡郊庙祭祀,先期行大射礼。

治宫中嫔妇事,宫门之外不得与焉。宫费奏自尚宫①,内使监覆之②,始支部,违者死。私书出外者,罪如之。宫人疾,言其状,征药。群臣命妇节庆、朔望朝见中宫③,无故不得入。人君无见外命妇礼。天子、亲王后、妃、宫嫔,慎选良家子女,进者勿受。

编 六月,李文忠遣人送元买的里八剌等及其宝册至京师。

纪 省臣杨宪等请以买的里八剌献俘于庙,宝册令百官具朝服进。上曰:"宝册贮之库,不必进也。古者虽有献俘之礼,武王伐殷曾用之乎?"宪对曰:"武王事殆不可知,唐太宗尝行之。"上曰:"太宗是待王世充,若遇隋之子孙,恐不行此礼。元人入主中国,百年之内,生齿甚繁,家给人足,朕之祖先亦预享其太平,虽古有献俘之礼,不忍加之。"乃赐买的里八剌第宅于龙山,封为崇礼侯。

编 颁《平定沙漠诏》于天下。

纪 是日百官表贺,上谕之曰:"当元之季,盗贼蜂起,天下已非元有矣。朕取天下于群雄,非取天下于元氏。向使元君克畏天命,不自暇逸,其臣各尽乃职,罔敢骄奢④,天下豪杰其得乘隙而起耶!"

编 秋九月,《大明集礼》书成,诏刊行之。

编 冬十一月,大将军徐达、左副将军李文忠等振旅还京师。

---

① 尚宫:女官,尚宫局之长。
② 内使监:明初宦官机构,皇门官设皇门使,后改置内使监。
③ 朔望:初一、十五。
④ 罔:无,没有。

〔大封功臣〕

编大封功臣。

于　月 评注

万　明　彭　勇　邓阔旸 审定